教育部人文社科规划基金项目（批准号：12YJA790029）研究成果

人民币国际化及其货币政策效应

方显仓 著

华东师范大学出版社

序　言

　　2009 年 7 月，我国试行跨境贸易用人民币清算的试点，至今已经九年，人民币国际化取得了很大的进展。但我们不可盲目乐观，对人民币国际化进程及其引致的综合影响，尤其是人民币国际化进程中可能产生的一系列风险，包括对国家宏观经济政策的影响要有预估。所以，关注人民币国际化问题时，就不可不关注它所产生的负面冲击，其中，对货币政策的冲击就是"综合影响"研究的重要课题之一。方显仓教授的新作《人民币国际化及其货币政策效应》，抓住学科前沿问题，具有很强的理论价值和实践意义。

　　但是，研究人民币国际化与货币政策关系的课题有相当的难度，主要表现在：第一，货币政策本身就是一个复杂的问题。它涉及货币政策最终目标、中间目标、政策工具、政策传导机制及效果等诸多方面。一方面，影响上述货币政策每个方面的因素是错综复杂的，辨识对货币政策的影响就是由于人民币国际化造成的实属不易；另一方面，上述货币政策目标、工具、传导机制等也具有动态特征，它们本身也随着时间的变化(当然意味着经济制度、体制、模式等变化)而发生调整，因此人民币国际化对这些动态变化着的货币问题的影响更加难以判定。第二，货币政策本身对经济的影响是间接的，再考虑人民币国际化对货币政策的冲击尤其是对传导效果的影响，路径由"政策工具→近期中间目标→远期中间目标→效果实现(最终目标)"变成了"人民币国际化→(政策工具→近期中间目标→远期中间目标)→效果实现"，后面的这条路径中，"人民币国际化"这个冲击可能作用于前述括号内的三类变量的任何一类，最后影响到"效果实现"，此冲击可能变得更为间接和复杂。第三，实证中需要用到人民币国际化指数这个指标，但目前国内权威发布的数据只是季度数据，没有月度数据，而且时间序列太短（自 2009 年起）。如何设计并测算有说服力的数据，是个难题。

方显仓教授长期关注中国货币政策问题。本书是他在完成教育部相关研究课题基础上的又一力作。本书梳理了人民币国际化现状、动力机制理论，在理论分析人民币国际化对货币供求和货币政策影响的基础上，实证考察了人民币国际化对我国货币政策利率传导渠道、资产价格渠道、信用传导渠道、汇率传导渠道及其效果的影响。

人民币国际化的动力机制是个有趣的理论问题。关于动力，就是要考察哪些宏微观因素促进了人民币国际化。关于机制，则要考察两点：一是这些因素各自分别通过什么途径或机理影响货币国际化进程；二是这些因素如何相互作用来推动货币国际化进程。本书不仅从国际分工、规模经济、范围经济、网络外部性、货币替代等角度，剖析了人民币国际化的"微观拉动力"——市场内生动力机制，而且从政府创造宏观经济环境、调整外贸和外资战略、发展上海国际金融中心等角度，阐述了人民币国际化的外生"宏观推动力"机制；同时，也从自由贸易区和自由贸易港建设、人民币国际化与上海国际金融中心建设互为内生推动、外生驱动的角度，尝试分析了内生力与外生力的相互融合、相互促进机制。本书作者对人民币国际化动力机制问题的挖掘比较全面、深入。

人民币国际化对货币政策的影响既是理论前沿问题，又是需要实证检验的现实问题。作者先从一般理论上分析人民币国际化对货币政策中间目标的影响，重点考察对货币需求、货币供给的影响，尤其详细分析了人民币国际化对货币乘数的影响，阐述了人民币国际化对利率、汇率的影响；也扼要地分析了对我国货币政策最终目标和对货币政策独立性的影响。这里的最终目标除了传统意义上的经济增长、物价稳定、充分就业和国际收支平衡这四大目标外，作者还考虑了货币当局近年来提出的金融稳定目标，反映了作者研究工作的与时俱进。

在进行一般理论分析后，作者较深入地论证了人民币国际化对货币政策传导机制的影响。关于货币政策传导机制，按照简单的理论划分，包括价格型传导和数量型传导两种。价格型传导包括利率传导、资产价格传导和汇率传导。

最主要的价格型传导机制为利率传导机制；受托宾 q 理论的影响（Tobin，1969），后来发展成为广义利率传导，即资产价格传导；在经济和金融开放条件下，又发展出了货币政策汇率传导机制。数量型传导包括货币数量传导和信用传导。20 世纪 80 年代以来，货币政策信用传导受到关注，著名的有斯蒂格利茨等的均衡信贷配给理论（Stiglitz & Weiss，1981）、CC - LM 模型（Bernanke & Blinder，1988）。难能可贵的是，作者对以上货币政策传导渠道受人民币国际化的影响均进行了理论阐述和非常翔实的实证分析。

作者在写作中运用了多种理论工具和分析方法。理论论证运用一般均衡分析方法，将人民币国际化纳入产品市场、资本市场、货币市场、信贷市场，构建了包含人民币国际化因子的 IS - LM、CC - LM 宏观经济模型，通过建立一般均衡模型，并运用比较静态分析法来分析人民币国际化对货币政策利率渠道和信用渠道的影响。实证分析运用对比法来检验人民币国际化前与国际化后货币政策各传导渠道传导的效果及其不同。除实证外，书中多处运用了对比分析法进行论证。比如，运用历史对比分析，将美元、日元、欧元三种货币国际化进程与人民币区域化（乃至国际化）进行对比，分析差异，得出启示；运用了比较静态分析方法理论，论证人民币国际化对货币政策利率渠道和信用渠道的不同影响。

总之，本书探讨的是一个前沿性和深层次的问题。对人民币国际化的动力机制、时空路径和制约因素的分析，对中国货币政策及其传导渠道受人民币国际化冲击的研究，是在中国货币制度持续变革、经济实力不断增强和人民币国际地位日益提高的背景下，对货币政策传导机制及其有效性理论的有益补充和发展。本书观点明确、资料丰富、论证充分，理论分析与实证论证相得益彰，具有很高的学术价值，对货币当局的政策制定也具有借鉴意义。

黄泽民

2018 年 7 月 3 日

目 录

图目录

表目录

第1章 绪论

1.1 选题背景和研究目的

货币国际化是一个大国经济社会发展到一定阶段的产物，是国家金融战略的重要组成部分。随着中国经济的崛起和综合国力的提升，人民币非国际化的弊端逐步显现，学术界认为人民币在国际上的地位与中国经济的地位不相称，尤其是 2008 年全球金融危机爆发，拥有巨额美元储备的中国国家利益受到重大挑战，人民币没有实现国际化的弊端逐步显现；此次危机使世界经济受到巨大的冲击，进一步显示出当前国际货币体系的不合理，美元的国际地位进一步受到质疑，国际上对人民币国际化的呼声日益增加。

在此宏观背景下，中国政府推行了一系列经济金融的重大举措来加速人民币国际化进程——与他国进行货币互换，在跨境贸易和投资中鼓励使用人民币进行计价结算，出台意见措施加快上海国际金融中心的建设，推进中国（上海）自由贸易试验区项目，发展国际人民币离岸交易市场等，人民币国际化已经进入了快车道。那么，人民币国际化目前发展到了什么阶段？是什么力量推动了人民币国际化进程？人民币应该选择什么样的国际化路径？人民币国际化对中国货币政策产生了哪些影响？中国政府要采取怎样的政策和措施来稳步推进本币国际化和提高货币政策的有效性？对这些问题的探讨就是本书研究的目的。

1.2 研究意义

1.2.1 理论价值

2008 年的全球金融危机削弱了美元的国际信用，与此同时，随着中国国际地位的提升，中国与周边国家和地区的经贸往来日益加深，人民币在周边国家逐步被接受并发挥区域货币职能，在边境贸易中已有较多地区使用人民币进行计价结算，少数国家已把人民币作为储备货币之一。本书对人民币国际化进行研究正是顺应了市场的需求，结合国际经济学、国际关系学等学科知识，运用规模经济、范围经济、货币替代理论等来分析人民币国际化的动力机制，并将三元悖论、最优货币区理论、区域汇率协作理论等运用到人民币国际化的路径选择中。

本书认为人民币区域化和国际化研究与货币政策制定、执行问题是我国"创新驱动、转型发展"目标的一个重要组成部分。由于中国在国际货币体系及其改革中发挥着重要作用，本书的研究对于提高中国在国际货币金融体系的影响力、避免对货币政策产生负面冲击等方面具有重大意义。

1.2.2 实践应用价值

近些年，我国采取积极的财政政策和货币政策，在通过扩大投资和促进消费来提升经济的同时，人民币对内产生了通胀，在国际上又面临升值的压力，导致人民币面临对内贬值、对外升值的失衡局面，人民币汇率也多次成为他国打压中国经济的手段之一，这都是因为人民币还未成为可自由兑换货币和国际储备货币。研究人民币国际化的发展有利于在一定程度上缓解人民币内外不均衡的尴尬局面，缓解国内过多的流动性压力，完善人民币汇率形成机制；降低我国持有的美元外汇储备量，减少美元的制约因素；改变我国"贸易大国、货币小国"的尴尬处境,提高我国在国际经济和金融体制中的地位与发言权。推进人民币国际化不是一朝一夕的事,它是一个渐进发展的过程,可以制定一个长期的分阶段的人民币国际化战略,这对中国实施外向型经济发展战略,最终发展成世界经济大国具有重要的现实意义。

本书从中国转型发展的实际出发,为推进我国金融产品和服务创新,提供对策建议和理论支持。由于人民币国际化与国际金融中心建设两大目标的实现过程是互为促进的,故本书需要研究人民币国际化如何为我国国际金融中心建设提供动力和决定机制;同时研究中国的国际金融中心建设如何为推动人民币国际化提供重要创新平台和渠道,如何在人民币国际化进程中提高货币政策的有效性。

1.3 文献综述

1.3.1 关于货币国际化的含义界定

货币国际化一方面缘于经济国际化,另一方面也是经济国际化的表现。学术界对货币国际化的解释很多,至今尚未形成统一的说法。

马克思在《资本论》中从货币职能的角度定义了世界货币,即世界货币具有支付手段、购买手段和财富化身的职能,并对货币的含义、货币的本质、流通范围的含义进行了阐述,这是货币国际化研究早期的成果。

Cohen(1971)从货币职能扩张的角度对货币国际化进行了阐述。他认为,货币具有交易媒介、会计单位、价值储藏三个职能,货币国际化是货币国内职能扩张到国外的结果,并且从私人部门和官方部门的角度划分了货币的职能。林乐芬和王少楠(2015)认为货币的国际化,是指一国货币走出国门,在其他国家和地区的一定范围内被普遍接受,发挥一般货币的职能(功能),充当一般等价物最终成为极具影响力的国际货币的过程,是由低到高的推进与发展过程;简单地说,是一个主权国家的信用货币职能逐步向国外领域推进的过程,是由非国际货币向国际货币发展的过程。Hartmann(1998)、陈雨露等(2005)经济学家又从 Cohen 的角度定义了货币国际化，他们认为，货币国际化开始于一国货币被该货币发行国以外的国家接受并用作价值尺度、交易媒介、储藏手段。Chinn 和 Frankel(2005)编制了国际化货币所具备的国际功能的一份清单，根据这份清单，一种国际货币能为居民或非居民提供价值储藏、交易媒介和记账单位的功能。Mundell(2003)认为，当一国货币流通范围超出法定的流通区域，或该货币被其他国家与地区模仿，这种货币就上升为国际货币。Tavlas(1997)从狭义的角度认为，国际货币是在国际交易中充当价值储藏、交换媒介和记账单位手段，这种国际交易中没有货币发行国参与。周林、温小郑(2001)把货币国际化分为初级、中级、高级三个阶段，三个阶段的特征分别是：一国货币和其他货币的汇率关系、适当放开经常项目或资本项目、该货币成为世界其他国家的储备资产。陆磊和李宏瑾(2016)认为，如果一国经济具备一定的规模，同时也是国际贸易的主要参与者和世界资金的主要来源国，其他国家持有该国货币将更有利于国际经济往来，那么这个国家的货币将自然而然地被其他国家持有，逐步实现货币的国际化并成为国际储备货币。

胥良(2010)认为，货币国际化的实质就是一种货币替代现象，即一种货币在发行国境外大规模代替当地货币，充当价值尺度、支付手段和贮藏手段。

高海红和余永定(2010)在 Chinn 和 Frankel 编制的清单的基础上，从官方用途和私人用途的角度总结了人民币国际化的程度，认为人民币已经开始成为贸易和金融交易的载体与计价货币，但是作用范围还非常有限。

综上所述，货币国际化是一国货币能够为国际社会普遍接受和认可，在世界范围内自由流通、交易和兑换，充当价值尺度、流通手段、支付手段和贮藏手段等职能。货币国际化也是货币职能跨越国界的一个动态运动的结果，最终的目标是形成国际货币。

1.3.2 关于货币国际化条件的研究

1. 国外研究综述

Bergsten(1975)认为，强大的经济和政治实力是一国货币国际化的必要条件。经济条件从内部和外部两个角度分析，内部经济条件包括经济增长、价格稳定、货币的独立性、发达的金融市场、国际经济规模的相对优势；外部经济条件包括健康的国际收支及其结构、维持可兑换信心、合理的流动性比率。Eichengreen(1994)认为国家经济实力的差别对国际货币体系结构的形成和维持具有很大的作用。

Carse 和 Wood(1979)通过总结国际贸易的结算情况发现：大宗商品市场交易中通常使用单一货币；而在产品差异较大的制造业贸易中，通常用出口方货币作为计价货币。Page(1977)认为货币国际化过程中，国际贸易的规模起着很大的作用，贸易规模越大，使用该国货币的可能性就越大，从而该国货币的流动性越高。更有人提出广泛的视角，He 和 Yu(2016)指出金融深度、贸易份额和货币发行国的债券市场规模是决定货币在全球外汇市场交易占比的关键因素。

Kenen(1988)认为，在货币国际化的过程中，资本能够自由流动是前提条件，这又取决于金融市场的开放性。金融市场越开放，资本的流动性越强，货币就越能拓展国际化的深度和广度，因而金融市场的开放性对货币国际化起着关键的作用。Tavlas 和 George (1998)也持有相似的观点，认为一国货币要实现国际化应拥有稳定的不受管制的金融市场。Hartmann(1998)结合货币交换模型和交易商外汇买卖价差模型研究发现：货币交换的交易成本和汇率波动性成正比，和交易量成反比；由于建立成本和网络外部性的存在，交易中的主要媒介货币存在一种惯性，这一方面使得新的货币要进入存在困难，另一方面主要货币就算竞争力大大降低也还是会在位一段时间；一种货币媒介的消失方式取决于贸易、投资规模，以及外汇交易商对订单规模的预期；存在多种货币媒介同时存在的均衡情况。因此，他认为货币的交换结构同时受到世界贸易、资本流动和外汇市场微观结构的影响。

Alogoskoufis 和 Portes(1992)不同于以上的观点，他们认为需求决定了哪种货币在全球经济中成为国际货币，这种货币需求来自国家和私人部门，其中政府可以通过税收等方式影响货币需求从而影响货币国际化的发展。Hayek(1970)认为货币作为一种资产，它的价值的稳定性和未来价值的预期会影响该货币的国际地位，而且把货币的波动性作为衡量一国货币能否成为国际货币的一个标准。Cooper(1986)也发表了同样的观点，认为货币的价值在国际化过程中很重要，货币的实际购买力是其持有者关注的焦点。

国外学者对人民币是否具备国际化条件有以下研究成果：Ito(2010)通过实证分析表明，在多数东盟国家的货币篮子中，人民币占有相当大的权重，给定中国经济增长的速度，中国很快会成为亚洲具有压倒性优势的国家，继而成为美国霸权的挑战者。Ito甚至预测，中国将在2027年之前成为世界第一大经济体。Eichengreen(2011)指出，中国拥有建立有深度且流动性好的金融市场所必需的经济规模；同时，规模巨大的对外贸易与外资流入为建立以人民币为基础的金融交易市场提供了良好的内生条件。Kang和Maziad(2012)认为，就对货币的潜在需求而言，人民币已经基本满足了跨境使用的前提条件，对人民币的国际需求来源于中国已经成为全球第二大贸易体和亚洲供应链的中心，以及经济规模和强劲增长前景。

2. 国内研究综述

吴富林(1991)从内部环境和外部环境的角度分析，内部环境表现为安定的社会政治环境、强经济实力、货币对内价值的稳定、开放的货币政策与健全的金融制度；外部环境表现为国际政治可容性、加强国际经济协调、消除国际货币垄断等。此外，刘光灿等(2003)、孙刚(2007)等学者通过对货币国际化的条件进行整体的分析，也提出相似的观点，即一国货币要实现国际化需把经济搞强大、把金融体制搞健全、把金融市场搞发达、保持金融市场稳定等条件。

黄梅波(2001)从经济、历史和政策三个因素分析货币国际化条件，经济因素主要强调了国家经济实力的决定性作用；历史因素主要是在位国际货币的惯性作用，使得一国货币要成为在位国际货币存在一定困难；政策因素主要指中央银行采取的态度，通过权衡货币国际化的收益和成本，对货币的国际化采取加快或限制的措施。

黄泽民(2009)认为，一国货币要成为国际货币取决于该国的外部性交易分别占国际交易与本国经济的比重，前一个比值要足够大，后一个比值要适当。杨雪峰(2009)认为，一国货币成为国际货币取决于经济规模、金融市场成熟度、货币价值稳定性和网络外部性。李晓、丁一兵等(2010)总结了关于货币国际化的条件：国家的经济规模、国际贸易地位、金融市场成熟程度、货币的可兑换性及公信力等。张文佳（2013）也归纳了成为国际货币的主要条件，包括经贸实力、货币的公信力和惯性、金融市场的发达程度、政治地位等多个方面。彭红枫和谭小玉（2017）将货币国际化的必备条件分为经济基本面因素和结构性因素两方面，根据国际货币的三大职能，利用主成分分析法构建了货币国际化总量指数，将其分解为绝对程度指数和相对程度指数，以此测算了八种主要货币的国际化程度并分析了货币国际化的影响因素。结果表明，受制于中国的政策制度和金融体系等结构性因素的不足，人民币在全球市场上使用的份额始终较低，但呈现出逐渐上升的趋势。经济实力、贸易规模和币值稳定性等基本面因素是决定货币国际化总量指数的关键，资本账户开放度、金融市场发展程度、政治稳定性和军事实力等结构性因素能显著影响货币国际化相对程度。

朱堃（2011）从经济规模、国际贸易规模、充足的清偿手段、合理的汇率体制、发达的金融市场、较高的政治地位六个方面分析了人民币国际化所具备的条件并给出了相应的政策建议。杨均华（2012）总结了当前国际货币所具备的条件，认为人民币国际化已具备如下坚实的条件：强大的经济实力是前提条件，领先全球的制造业产能和贸易地位是物质条件，完善和稳定的金融体系是必要条件，适时的国际金融环境是外部机遇条件，有效的货币国际化战略是政策条件。李景晶（2014）认为，人民币国际化的国内有利条件有中国经济增长迅速、外贸规模巨大、外汇储备充足等，而美国采取量化宽松政策、欧元的制度缺陷、亚洲经贸合作加强等国际经济形势为人民币国际化创造了契机。但李艳军、华民（2016）认为，本国优质商品、服务的供给能力和优质资产的供给能力是本国货币国际化的基本条件。张礼卿（2016）进一步从理论上分析一国货币成为国际货币必须同时满足三个基本条件：其一，该国经济规模足够大，包括经济总量、对外贸易规模和金融市场规模等均处于全球前列；其二，该国的金融市场足够成熟并且具有高度流动性，这意味着金融市场有着完备的基础设施、丰富的金融市场工具以及基本开放的资本账户；其三，该国的经济、金融和货币具有可信度，这意味着能够保持良好的经济增长势头、稳定的金融体系和货币价值（尤其是对外货币汇率）。2010 年以来，人民币在国际范围内充当计值工具、交易媒介和价值储藏的情况已在不同程度上出现，加入特别提款权（SDR）

货币篮子更是为这一进程提供了继续快速发展的可能性，但与此同时，人民币国际化也面临诸多挑战，为此，还需要进行多方努力：第一，积极推进市场化的经济改革，为经济增长提供新动力，从而为人民币国际化提供最基本的保障；第二，加快技术进步和制造业升级，构建新的贸易优势，为人民币长期稳定创造条件；第三，加快金融改革，建立市场化的现代金融体系；第四，积极推动国际经济和金融合作等。

最近，一些专家从"一带一路"倡议实施角度探索人民币国际化。林乐芬、王少楠（2015）利用系统 GMM 模型，探讨中国"一带一路"建设有利于人民币国际化的影响因素，按照影响程度大小排列分别是：经济规模因素、货币惯性、对外投资因素、贸易出口和币值稳定性。首先，扩大对外投资与贸易出口是"一带一路"建设中人民币国际化的重要途径。其次，币值稳定性因素对人民币国际化水平影响相对较弱，而保持低通胀目标是中国多目标货币政策体系中占有权重最高的一项，因此保持对内物价稳定是必然选择。最后，人民币的国际化道路依然需要发挥政府的调控作用，不能完全依靠市场调节。

陈雨露（2015）指出，在"一带一路"倡议实施中推动人民币国际化，应当从大宗商品的计价和结算、基础设施投融资、产业园区的建设和跨境电子商务四个方面寻求有效突破。王成瑶（2016）从货币流通的角度，通过对汉代与魏晋南北朝的丝绸之路上货币流通情况进行分析，认为作为政权象征之一的货币可以在本土之外被隶属于另一个货币体系的区域接受并流通使用，根本原因就是经济发展的可持续性促成了货币币值的稳定。研究者强调随着经济的日益繁荣与壮大，一国货币逐渐被不同货币体系的地域接受，用于支付、结算，从而起到了国际货币的作用。

曹远征等（2018）发现传统发达国家主权货币国际化路径选择应满足三元悖论角点解约束，认为在中国资本项目不开放、不可兑换的前提下，人民币国际化的起步是从双边贸易的结算开始的，其主要回流机制采取了《关于建立更紧密经贸关系的安排》（CEPA）中规定的港澳人民币跨境使用的"离岸市场加清算行"模式。这一具有中国特色的人民币国际化路线，超越了历史上主权货币国际化的传统模式，有效化解了发展中国家货币国际化面临的难题。

通过整理国内外学术界对货币国际化所需条件的研究，我们可以发现，国外学者对货币国际化的研究起步较早，加上美元、欧元等货币国际化的成功经验，国外学者对该问题的研究也已比较成熟。相对而言，国内学者对货币国际化的研究起步比较晚；但是通过借鉴西方学者的研究成果，国内在这方面的研究也有所深入。通过对学者们的研究总结，我们认为一国货币国际化需要具备以下几个条件：一是强大的综合国力，比如国家的稳定、经济的繁荣、国际贸易成规模等；二是健全的金融体制，如资本账户开放等；三是完善、开放的金融市场；四是开放的利率和自由浮动的汇率等。

1.3.3　对人民币国际化制约因素的研究

对国外学者关于人民币国际化的研究进行梳理，发现他们的基本观点是，中国经济与贸易规模使得人民币初步具备了国际化的条件，但国内金融市场发展滞后、资本项目不完全可兑换以及汇率管理构成了人民币国际化的主要障碍。

Cohen(2012)认为，人民币实现国际化的关键是成功改变市场需求面的偏好。需求面的偏好取决于三方面：第一，至少在货币跨境使用的初始阶段，市场上广泛存在对该货币未来价值稳定性的信心。这种信心来自货币发行国政治稳定性以及尊重财产权利与法律规则的良好声誉。第二，高度的市场流动性和对资产价值的可预见性。这取决于一个发展良好、交易成本低且没有正式或非正式进入障碍的金融市场，该金融市场必须具有一定的广度和深度。第三，该货币必须拥有广泛的交易网络，即具有网络外部性。这就要求经济体的绝对规模大，且与世界市场的一体化程度高。就中国目前的情况而论，只有广泛的交易网络这个方面得到满足。Cohen认为，经济规模本身并不足以使人民币具有竞争力，广泛的交易网络并不能弥补其他重要条件的欠缺。

Ye和Prasad(2012)认为，中国金融市场发展滞后，主要表现为：金融体系仍然由银行主导，且受到政府的直接控制；股票市场虽然得到显著发展，但在外国投资者参与市场方面仍然存在诸多限制；债券市场的规模与流动性远远落后于现有储备货币发行国；外汇市场发展刚起步，外汇衍生品发展滞后。欠发达的金融市场可能在中期内阻碍人民币国际化所能达到的高度。Frankel(2012)

也有类似观点，认为仅仅具有较高的 GDP 和贸易规模并不足以成为货币国际化的决定因素，对人民币国际化而言，更重要的是中国金融市场的发展水平。

Kawai 和 Takagi(2011)基于日元国际化的经验认为，中国强大的经济基础可以在某种程度上提高人民币的国际作用，但经济基础本身并不能确保人民币成为关键国际货币。一个缺乏资本账户可兑换性的货币绝不可能成为一个拥有支配地位的国际货币，特别是当存在其他有吸引力的竞争性国际货币时。Kroeber(2011)指出，日元国际化不成功的一个重要原因是日本政府从来不肯让外国人过多地涉足金融市场，特别是政府债券市场。中国对于外国人进入其国内金融市场的偏见至少与日本同样强烈，如果这一点不改变，人民币至多只能成为一个区域性的储备货币。Bottelier 和 Dadush(2011)认为，短期来看，中国被高度控制的汇率、严格的资本项目管制以及经常项目的结构性盈余，使得人民币难以外流，也使得对人民币投资收益流动的管理更加复杂。

国内对人民币国际化问题的研究最早可以追溯到 20 世纪 80 年代末，美国金融危机爆发使当前国际货币体系的缺陷暴露出来，国际上对国际货币体系改革的诉求增加。与此同时，中国深受美元贬值的损害，政府采取了一系列加快人民币国际化的措施，在此背景下学者们对人民币国际化的研究进一步深入，而当前制约人民币国际化发展的因素就成了热门的研究问题。

穆西安(2009)、戴鸿广等(2009)总结了人民币国际化的利弊，认为人民币国际化面临可兑换程度低和资本市场开放度低等内部因素的制约。王大树、房飞(2011)在分析了人民币国际化的条件后，认为推进人民币国际化的制约因素有：我国经济增长方式需要转变、金融市场不成熟、人民币未完全可兑换及我国财政体系建设不完善。鲁力(2013)分析了人民币国际化的有利影响和不利影响，认为人民币国际化存在以下制约因素：国内金融市场体系不够完善、汇率决定机制和利率决定机制与货币国际化要求不相符。潘理权(2013)认为，本币国际化深入发展的约束条件有：流通地域集中在周边地区，人民币发挥国际货币的职能很有限，跨境人民币金融产品交易的品种和金额有限，以及一些制度性障碍。姚雪松、王志勇(2014)指出，当前人民币国际化存在以下制约因素：输出国外的困境、资本管制、国内经济持续增长有隐患。徐敬红和张岳(2014)分析得出当前制约人民币国际化的因素主要有：中国经济实力不够强、人民币国际化的负效应影响、金融市场相对落后、国际舆论，等。林乐芬和王少楠（2015）认为，目前中国金融市场仍不够健全，过于依赖市场机制将很难应对人民币在国际化道路上所遇到的外部冲击风险，不利于中国经济的稳定，因此人民币国际化仍需要政府发挥调控作用。谭小芬、耿亚莹和徐慧伦（2017）认为，人民币国际化的推进还面临着中国经济不确定性加大、金融市场体系不完善、资本项目管制、国际货币的历史惯性等制约因素。因此，彭红枫和谭小玉（2017）认为，现阶段推进人民币国际化的关键在于完善我国的制度体系和金融市场等结构性因素。

通过对国内外学者的研究总结，大多数学者认为就目前来看，人民币国际化还处于起步阶段，实现人民币国际化存在一定的障碍。具体而言，我国金融市场不完善、资本账户受到管制、利率和汇率市场化程度低都制约了人民币国际化的进程。

1.3.4 对人民币国际化的路径研究

1. 关于人民币国际化的具体模式

国内大部分学者认为，人民币国际化要借鉴世界主要货币国际化的模式。孙健等（2005）通过考察当前世界三大货币国际化的路径及特点，指出我国货币国际化可以同时选择两种模式：借鉴"欧元模式"，实现内地（大陆）和港澳台货币的统一；借鉴"日元模式"，在东盟或更大的区域范围内推进人民币国际化。方琢（2006）通过比较研究日元、马克国际化的路径，认为中国可以借鉴德国和法国这两个大国的合作模式，在东亚地区实行中国和日本的合作模式。张洪梅等（2008）认为通过东亚地区货币合作，使人民币实现从区域化到国际化。

越来越多的学者认为人民币国际化要结合自己的国情，走具有中国特色的国际化道路。李晓等（2004）分析了"人民币亚洲化"的必要性和可行性，认为要实现亚洲化，需要先推进人民币次区域化和泛区域化。高洁（2007）认为，应结合货币国际化的一般规律与中国的国情来实现人民币国际化。先整合内地与港澳、大陆与台湾的货币，实现"中元"，加强与其他地区和国家的经济合作与货币合作，推动人民币成为亚洲的关键货币，继续扩大货币同盟范围，最终实现人民币的国际化。曹龙骐等(2015)从全球视野和深港结合的视角，提出中国实施扩大境外贸易结算、创建离岸市场和搞好深港合作这一人民币国际化的试验场。

何慧刚(2007)从中国的现实经济条件出发，认为人民币国际化应该走"强制度—弱经济"模式。刘建丰和潘英丽(2018)认为，一个好的人民币国际化路径应该从中国实体经济的比较优势出发，重点采用渐进、稳定的"人民币资本直接输出＋适度外汇管制＋离岸人民币产业园区＋封闭式跨境人民币交易网络"的模式。高洪民(2016)提出构建跨境实体经济循环和跨境金融循环的人民币国际化路径研究框架，并结合日元国际化的经验教训和中国实际，给出人民币国际化的时空和国际货币职能三维演进路径。刘有树(2017)归纳了"一带一路"倡议下人民币国际化的发展路径，包括人民币国际化制度路径、经济实力提升路径、职能路径、空间路径等。

2. 关于人民币国际化的地域演进路径

Subramanian(2011)认为，人民币国际化将通过增加其在亚洲的使用而逐步实现。因为中国和亚洲国家之间的贸易联系越来越紧密，贸易量的上升将增加亚洲国家使用人民币的利益。人民币区域使用的增加还会导致一些政策变化，比如亚洲国家将其货币汇率与人民币挂钩，这将进一步增加人民币的使用。因此，人民币国际化的路径可能是首先在亚洲地区实现区域化。Ranjan 和 Prakash(2010)认为，在人民币成为国际储备货币之前，由于中国和亚洲国家日益增长的贸易联系，人民币可能会首先成为区域性货币。为了能够进入稳步增长的中国市场，东盟国家可能会采用人民币进行双边贸易结算，在成为结算货币之后，下一步自然是人民币成为区域储备货币。从中长期来看，人民币区域化将是国际化的必由之路。Park 和 Song(2011)同样认为，人民币国际化的自然路径是从作为区域计价结算货币开始的。

国内很多学者(王元龙，2009；曾宪明，2012；林成，2015 等)认为，人民币国际化应该在空间和货币职能上采取"三步走"。从空间角度，先推进人民币的周边化，使人民币能够在周边国家与地区自由流通，再推进人民币区域化，最后逐步实现人民币的国际化。从货币职能的角度，先扩大跨境贸易中的人民币结算份额，然后逐步扩大国际金融市场上人民币投融资的份额，最后实现人民币的国际储备职能。鲁国强(2008)分三个阶段构建了人民币国际化的进程：第一阶段，人民币在中国香港地区和周边国家继续流通，通过投资、贸易实现人民币的周边化；第二阶段，人民币自由兑换后，实现人民币在世界部分国家和亚洲地区的国际化；第三阶段，实现人民币在全球的国际化。张晓(2016)给出了人民币国际化可供选择的路径以及现阶段的现实选择。他认为现阶段人民币国际化的重点是在人民币周边化的基础上推动人民币区域化，可以通过三个方面的共同努力来加以实现：一是推动人民币的跨境贸易支付结算功能；二是进一步拓宽人民币双边货币互换规模；三是加大资本项目的开放力度，完善人民币流出和回流机制建设。

丁立(2015)认为，应当针对中国的特殊国情，走一条渐进式和区域化并行的路径。他通过对三种货币国际化路径的探究，发现三种货币的国际化均建立在强大的经济基础之上。其着重强调了加强区域内经济金融合作以及与东亚和东南亚各国合作的作用，建议大力发展旅游业和双边贸易，同时逐步放宽人民币的流通和使用范围，构建人民币汇率协调机制，降低中国与东亚和东南亚各国间的兑换汇成本。王博和赵明(2018)也通过比较美元、日元和欧元的国际化路径，结合中国的特殊国情，提出了适合中国的人民币国际化战略路径。

任玮(2003)探讨了从"中华经济圈"到"中华经济体"再到"中华元"的路径来实现人民币区域化，然后在东亚货币联盟创立"亚元"以推进人民币国际化。毕颖娟(2005)认为人民币国际化不能操之过急，首先应促进边贸推动人民币区域化，其次尽快建成香港人民币离岸中心，最后实现大中华区人民币国际化。黄泽民(2009)认为人民币国际化是一个长期进程，可以分步实施：第一步，实现经常项目下人民币的结算，并为人民币的跨境流通提供制度保障；第二步，要逐步完善人民币金融市场，丰富人民币金融产品；第三步，当我国经济达到一定条件时，国内金融市场可以全面放开，形成顺畅的人民币回流机制。

朱卫娟(2017)探讨了"一带一路"倡议下人民币国际化的路径：基于人民币国际化 SWOT 分析，认为中国应充分利用"一带一路"区域优势，以"一带一路"地域经济格局为依托，充分发挥"一带一路"建设的辐射效应，逐步扩大人民币在"一带一路"区域的结算、计价、流通与储备，逐步建立与实现以"一带一路"为主轴的人民币区域化，进而有序推进人民币从区域化到国际化的过渡。

3. 关于发展人民币国际化的对策建议

Maziad 等（2011）认为，尽管货币国际化是一个渐进且主要是市场选择的过程，然而适当的政府政策可以加速这一进程。国内政策应该着力推动金融深化与开放，构筑良好的市场基础设施。

Eichengreen（2011）指出，对于像中国这样受资本项目可兑换限制的国家，如果政府想要建立一个有深度且流动性强、外国私人与官方投资者广泛参与的金融市场，那么放松资本项目管制势在必行。这就意味着需要更大的汇率弹性，以支持更大规模且更具波动性的国际资本流动。Ito（2011）同样认为，如果中国想要真正实现人民币国际化，政府和中央银行必须放松对资本流动的管制，实现资本项目自由化。然而，考虑到当前中国金融市场的现实，需要谨慎设计自由化的次序。Mallaby 和 Wethington（2012）指出，开放一个受抑制的、封闭的金融体系的最好办法就是从国内金融改革开始。在允许大规模外国资本流入流出之前，银行需要良好的资本化并被有效地监管；债券市场必须有深度且流动性好，以使其能够吸收外国资金的流动而不会发生价格的剧烈波动；政府必须欢迎各类具有不同投资目标和投资期限，且具有国际视野的多样化投资者，从而减少具有破坏性的"羊群效应"的发生。只有当国内金融体系得到强化之后，开放资本项目、允许汇率浮动、允许本币在离岸市场流通才是安全的。

巴曙松（2003）认为，人民币国际化应该从边境贸易中履行计价和交易媒介职能开始。刘崇（2007）的观点也类似，认为人民币国际化应该以贸易为切入口，同时改革和完善我国的金融体制。高洪民（2010）研究了在沪港构建人民币金融循环来推动人民币区域化和国际化的方向与路径。

高海红和余永定（2010）认为政府要顺应市场规律，为人民币国际化创造条件，比如减少资本管制、增加汇率和利率弹性、增加金融市场的自由化程度。范祚军、凌璐阳（2010）认为，后危机时代国际金融竞争格局转换对人民币区域化、国际化是新的战略机遇，提出通过东亚区域货币合作推进人民币国际化进程，同时提出仅靠市场自发力量还不够，需要政府适度干预，并加强地区政府合作与协调。

钟伟（2002）总结美元和欧元的经验教训：美国金融市场国际化程度最高的是债券市场，欧元内在不稳定的原因是缺乏国际化资产池支撑，因此他认为人民币的国际化要以国际化的债券市场为支撑。陈晞和虞红霞（2009）有相似的观点，认为可以用好香港国际金融中心的优势，把它培育成人民币国际化的资产池，具体通过把香港建设成人民币离岸金融中心，发挥人民币的储备与投资职能，逐步实现人民币国际化。陈江生、丁俊波（2012）认为，人民币国际化应该独立推进，通过建立联合货币的合作推进模式不可行。李稻葵、刘霖林（2008）认为，推进人民币国际化应该充分利用境内和境外两个市场，采用双轨制：第一个轨是在境内实行渐进式的资本项目可兑换；第二个轨是在境外，主要运用香港的金融优势，扩大人民币金融市场规模，为人民币国际化创造条件。徐敬红和张岳（2014）在分析了人民币国际化的现实条件和制约因素后，对路径选择作了阐述：实现人民币周边化可以考虑建立内地（大陆）—香港—澳门—台湾自由贸易区，扩大人民币地区计价结算范围；要实现区域化，积极推进东亚货币合作，考虑人民币和日元合作；要实现国际化，应该构建全球的银行体系。

上述文献从多个角度研究人民币国际化，对本书的研究起了很好的铺垫和借鉴作用。其中，对于"货币国际化的条件"研究的文献，主要是从宏观和中观角度进行研究，目前的研究趋势是，不少学者也逐步转入微观视角来研究人民币国际化的决定因素。本书将在此基础上从国内、国际、微观角度进一步补充，不仅论证人民币国际化的决定因素，更突出其动力机制。

对于"人民币国际化的路径"问题研究的文献，主要是从区域空间和时间维度进行研究，目前的研究趋势是，将空间维度与时间维度相结合来研究人民币国际化的方向。本书拟在借鉴这类文献的基础上，结合货币职能的论述，进一步突出人民币国际化的时空二维组合螺旋式进程及其对上海国际金融中心建设的作用。

对"制约因素"的研究，文献主要集中分析人民币国际化的利弊和条件的不足。本书拟在此基础上进一步从历史的视角进行拓展研究，结合当前国内外经济形势，从制度经济学的视角，突出人民币国际化的制度保障机制、金融创新机制和监管协调机制。

随着中国经济的发展壮大，人民币的国际化也备受关注，尤其是国内学者对人民币如何实现国际化、路径安排等问题讨论热烈。虽然目前人民币要实现国际化还存在许多制约因素，但从长远来看，伴随着中国经济的持续增长、金融改革的深入、汇率形成机制的改革，人民币会逐步实现国际化，而这个过程必定是长期的。在这个过程中，一方面有市场自发演进的力量推动，另一方面需要政府的政策支持和制度安排助推，两者相互融合，共同推动人民币国际化的进程。

1.3.5　人民币国际化对货币政策影响的研究

从货币国际化对货币量影响的角度，姜波克等(2005)认为货币国际化后会使大量人民币在境外流通，从而扰乱国内货币政策，如果货币当局不采取一定措施则货币政策难以发挥作用，而如果货币当局采取一定的预防措施，一旦预判错误将对国内经济发展造成伤害。王鸿飞(2013)表示，人民币国际化会产生货币替代现象，从而货币当局难以决定货币供应量。何金旗、张瑞(2016)认为，由于我国经济体量大，境内人民币流通量相对于境外人民币存款规模差距甚大，所以短期内境外人民币存款规模的变动对于国内货币供给基本不会产生影响，而在中长期对货币政策的制定是会产生影响的。

从货币国际化对利率影响的角度，姜波克等(2005)认为：低利率有利于资本流出，但不利于资本流入；高利率则有利于资本流入，但不利于资本借出。张青龙(2011)认为，货币政策对利率有放大效应，且境外资金流入会阻止利率下降。毕海霞(2013)认为，人民币国际化会使利率的调控作用受到限制，在资本项目开放后，利率下降会使资金流出。这一方面会导致国际收支逆差，人民币贬值，从而促进出口和经济增长；但另一方面资本流出导致外汇占款降低，减少货币供应，利率上升，投资意愿减弱，从而导致经济下滑。何金旗、张瑞(2016)认为，人民币国际化对市场利率的影响主要是通过汇率的传导渠道，人民币国际化程度提高会形成人民币的升值预期，进而导致人民币升值。而人民币汇率与利率之间有着显著的联动机制，人民币升值最终会促进市场利率的提高。

从货币国际化对汇率影响的角度，姜波克等(2005)认为，要实现人民币国际化，就要在较长时间内实现汇率稳定，这将导致金融政策的独立性削弱。张青龙(2011)认为，人民币国际化对汇率有放大效应。即人民币升值时会出现正向货币替代，促进其进一步升值；人民币贬值时会出现反向货币替代，导致其进一步贬值。范祚军、阮氏秋河和陆晓琴（2012）认为，人民币国际化会导致资本大规模进出。资本大规模流入会打破原来供求态势，人民币升值；资本大量输出，会使外汇储备下降，人民币存在贬值压力。Triffin（1975）认为对于国际货币的需求，要求美国存在贸易逆差，从而使美元存在贬值压力。沙文兵和刘红忠（2014）通过 SVAR 模型用中国香港地区人民币存款余额数据检验了汇率预期的影响，发现人民币国际化程度的提升不仅会引起人民币升值，还会形成人民币升值预期。人民币升值预期对人民币国际化具有一定的促进作用，但人民币过快升值反而不利于人民币国际化。何金旗和张瑞（2016）认为，人民币国际化程度提高在中短期内会导致人民币汇率下降，即人民币升值。王胜、廖曦（2017）认为，随着人民币国际化的推进，本国汇率传递程度上升将直接影响两国的最优货币政策，并能同时提高本国与外国的福利水平。达到纳什均衡时，人民币国际化将加剧两国的汇率波动幅度；但是在合作均衡下，汇率波动随着汇率传递程度增加，呈现出先增加后减小的变化趋势。

从货币国际化对最终宏观和实体变量的影响角度来看，有关物价方面，夏斌（2009）认为，人民币自由兑换会使中国金融市场面临资金如洪水般"大进大出"的风险，国际游资将会扰乱国内市场，恶性通货膨胀将可能是其产物。姜波克等（2005）认为，稳定的物价会促进国际收支顺差，但减少国际流通量，国际收支顺差导致的本币升值，导致借出减少，低通胀不利于就业和经济增长，而高通胀会导致货币对内贬值。范祚军、阮氏秋河和陆晓琴（2012）认为，人民币国际化后一旦资本大规模流入，可能导致货币供应量失控而出现通胀压力。江凯（2010）认为，人民币国际化会促进对人民币的需求，货币当局会增加货币供给，导致通胀压力的积累，同时人民币币值上升的预判也会导致大量热钱输入，从而会使流动性传递到基本生活层面，更进一步将会危及金融市场稳定。在对国民收入影响方面，张青龙（2011）认为在扩张性的货币政策下，人民币国际化会促进消费增加幅度，并结合货币政策汇率、利率和消费效应，将会对国民收入也产生放大效应。在对金融市场的影响方面，王思程（2008）认为，人民币国际化将会把国外金融市场的波动，通过国际途径影响到我国金融市场和经济体系，同时会出现非法资金流动现象。梅建予和陈华（2017）认为，人民币国际化程度不影响货币政策对国内价格的有效性，而是否影响货币政策对国内经济产出的有效性，则取决于经济结构特征。

从货币国际化影响货币政策独立和效果的角度，范祚军等(2012)认为，伴随人民币国际化会产生货币替代现象，影响货币政策的独立和效果。匡可可(2011)认为，人民币国际化将会使货币当局难以监测和管理货币存量，利率的杠杆作用减弱，汇率调控在一定程度上失效，从而削弱货币政策的独立性。另外，人民币离岸中心的存在将导致信贷调控难度加大，人民币离岸市场汇率和利率影响人民币大陆市场。Tavlas(1997)指出，无论是在固定汇率还是在浮动汇率制度下，国际货币的流动很大程度上由国外持币者的偏好所决定，从而削弱国际货币发行国的政策调控能力。刘克和王曦(2015)认为，人民币国际化可能削弱我国实施货币政策的独立性，大大增加货币政策的实施难度，并对我国金融环境的稳定、国民经济的宏观调控产生一系列负面影响。梅建予和陈华(2017)认为，人民币国际化均未明显影响国内货币政策的有效性。

从货币国际化对货币政策传导机制影响的角度，刘力臻等(2005)认为，人民币国际化可以逐步提高货币政策中货币供应量和利率对于汇率传导机制的作用，增强传导的有效性；但是影响方向和程度具有一定的不明确的风险。王思程(2008)认为，人民币国际化有利于形成良好的人民币汇率机制，完善我国经济调控系统，提高货币政策的执行效果。范祚军、阮氏秋河和陆晓琴(2012)认为，人民币国际化后货币政策的汇率传导机制会加强。王鸿飞(2013)认为，人民币国际化将会对我国货币政策传导路径的选择上产生影响，从原来的信用渠道变为汇率渠道。宿玉海、刘璐和刘春宏(2017)根据脉冲响应函数发现，货币政策的利率和汇率传导机制都会受到人民币国际化进程的冲击，其中利率渠道受到的冲击相对较大。

从应对货币国际化对货币政策影响的政策建议角度来看，孙立坚(2003)认为，应该进一步完善汇率形成机制，在汇率基本稳定的大前提下，扩大汇率双向浮动的范围，增加以我国货币为结算货币的跨境贸易，从而提高人民币向外输出和循环回流。姜波克等(2005)认为，应将汇率基于市场小幅波动与长期稳定相结合，将人民币对外输出与当前我国经济实力和全球地位匹配，综合考虑国际化给予我国的损失和收益。张青龙(2011)认为，要加快利率市场化推进，增强利率汇率之间的联系机制，打造发达的人民币资产市场，增加公开市场业务操作，加强对跨境资本进出的准确计量和可能性预估。董拓和尹逊钊(2012)认为，要提高对利率的控制来应对人民币国际化干扰我国货币政策独立性，措施包括提升我国经济实力，提升我国货币在国际货币体系中的地位并完善利率体系建设。范祚军等(2012)认为，要强化货币控制效应，加强政策之间的联合。朱锦(2012)则认为，人民币国际化后在制定国内宏观经济政策时，要同时平衡国内均衡和国外均衡，完善相应的法律监管，助推利率市场化，提高对实际利率变化的敏感度，减弱货币政策对利率的放大效应。刘克和王曦(2015)认为，政府应通过加强资本跨境流动信息统计监测、开拓新的金融工具、深化国内金融市场改革等途径，减轻人民币国际化对我国货币政策带来的负面影响。余翔(2016)认为，在推进汇率形成机制改革过程中需要统筹兼顾人民币国际化战略目标，探索研究建立区域汇率联动机制的可行性，保留必要时期干预汇率的恰当手段，加快完善人民币汇率中间价形成机制。王胜和廖曦(2017)认为，要将汇率纳入到最优利率政策的制定中。宿玉海、刘璐和刘春宏(2017)认为，要通过资本监管和流量控制，降低货币政策调控的复杂性，加强世界各国货币政策的相互协调，建立与世界不同国家之间的货币合作机制，加强与各国央行之间的沟通、协调与信任。

对于人民币国际化影响或制约货币政策的研究，文献主要集中于分析人民币国际化对货币政策的负面冲击。本书拟在此基础上，进一步从历史对比的视角进行理论和实证拓展，研究人民币国际化对我国货币政策的影响，再结合当前国内外经济形势，从制度经济学的视角，突出阐释人民币国际化与货币政策的制度保障机制、金融创新机制和监管协调机制。

1.4 主要内容与框架安排

本书在文献研究的基础上，通过进一步深入挖掘，实现了如下目标：

(1) 通过梳理和借鉴美元、日元、欧元等国际化的经验与教训，挖掘人民币国际化的决定因素与动力机制。

（2）通过论证货币国际化与国际金融中心建设之间的相互支撑性，提出并论证人民币区域化、国际化的时间（短期、中期、长期）与空间（周边、区域、泛区域、国际）二维组合螺旋式进程的层次性和必然性，及其对上海国际金融中心建设的作用。

（3）通过理论分析和实证，论证人民币国际化对我国货币政策总目标、中间目标、政策工具、政策传导机制与效果的影响。

（4）通过进一步探讨与借鉴，提出一套实现人民币国际化有序进展的制度政策保障、金融监管与协调机制。

研究框架见图1-1。

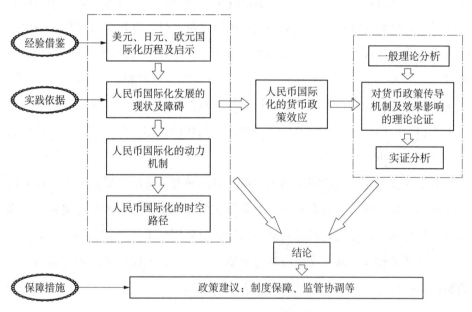

图1-1　本书的基本思路及框架安排

各章主要内容如下：

第1章，绪论。主要介绍本书的选题背景、研究目的和意义，对货币国际化的概念进行了界定；在人民币国际化的条件和路径安排方面，对国内外学者的相关观点进行了综述，为本书的研究提供了学术准备。此外，还阐述了本书的内容框架、研究方法、创新点和不足之处。

第 2 章，美元、日元、欧元等国际化与相应国际金融中心建设、发展的经验。通过梳理并总结美元、日元、欧元三大世界货币国际化的发展历程，得出其对人民币国际化的启示，也可以从中归纳出货币国际化的一般规律，为人民币国际化的路径选择及政策措施提供借鉴。

第 3 章，回顾人民币国际化建设的现状、主要制约因素及其原因。首先从八个方面考察人民币国际化的现状，据此基本能够判断人民币国际化处在初级阶段向中级阶段的过渡中。然后从经济结构、金融体制、在位货币的竞争、人民币国际化产生的负面效应四个角度分析了目前制约人民币国际化的主要因素。

第 4 章，主要阐述人民币国际化的动力机制。首先从理论上利用外部规模经济、范围经济、货币替代、网络外部性理论论证人民币国际化的决定因素和动力机制。然后分析推动人民币国际化进程的动力所在，主要分为市场需求力量和政府力量，两者相互融合，相互促进，共同推动人民币国际化。

第 5 章，分析人民币国际化的时空路径选择。基于前面的分析，对人民币国际化的路径选择作出安排，构建了人民币国际化发展的三个阶段以及每个阶段的具体实施过程，最后从时间和空间两个维度阐述了人民币国际化的螺旋式发展进程。

第 6 章，人民币国际化对我国货币政策影响的一般分析。先从理论上分析人民币国际化对货币需求、货币供给的影响；对利率工具、汇率和汇率政策的影响，包括特里芬难题和汇率政策失效；简单分析人民币国际化对实体变量和金融市场的影响；阐述人民币国际化对我国货币政策独立性的负面效应。

第 7 章，理论论证人民币国际化对我国货币政策传导机制及效果的影响。主要运用 $IS\text{-}LM$ 模型、$CC\text{-}LM$ 模型分析人民币国际化对我国货币政策利率传导机制、广义利率传导机制（资产价格机制）及信用传导机制进行理论上的比较论证，同时分析了货币政策汇率传导及其效果。

第 8 章，在前两章理论论证的基础上，运用对比法，实证检验人民币国际化对各经济变量以及货币政策传导渠道和效果的影响。

第 9 章，结论与政策建议。基于人民币国际化所处的阶段，第 9 章从巩固基础、完善流通机制、打造金融市场平台、防范风险四个方面提出了推进人民币国际化和上海国际金融中心有序运作与良性发展的保障措施、监管机制以及协调政策。同时，从转变货币政策调控模式、保持货币供给量稳定、完善货币供给量的监测统计和预测、金融业有效竞争机制、金融市场与金融制度改革、增强公开市场操作灵活性、重视汇率渠道的传导，以及把握"时空"路径，循序渐进推动人民币国际化进程等方面分析人民币国际化条件下提高货币政策有效性的举措。

1.5　研究方法

1. 对比分析法

（1）历史对比分析

本书查阅了美、日、欧三大货币国际化进程的相关文献，并做了归纳总结，将这三种货币的国际化进程与人民币区域化(乃至国际化)进行对比，分析差异，得出其对人民币区域化(乃至国际化)发展的启示，也为更加有效地推进人民币国际化进程、为我国加快国际金融中心建设提供思路。

（2）比较静态分析

理论论证人民币国际化的影响时，对货币政策利率渠道和信用渠道的不同影响做了对比分析。实证分析人民币国际化的影响时，对人民币国际化前后，货币政策各渠道的不同传导效果也做了对比分析。

2. 时间序列实证分析

本书在分析人民币国际化对货币政策的影响时，采用了时间序列实证方法。从凯恩斯的货币需求理论出发，选取了广义货币量 M_2、工业增加值增长速度 y、实际利率、通货膨胀率和人民币国际化程度五个变量来考察，通过Eviews软件对变量进行相关性分析，得出人民币国际化会对货币政策的效果产生负面影响。

3. 动静相结合、时空相结合的分析方法

从动态分析的角度，按时间演进分析了主要货币国际化的历程，而且从时间演进层面预测了人民币国际化短期、中期、长期阶段的特点；从静态分析的角度，在空间区域层面分析了人民币国际化各个阶段的情况和特征。最后阐述人民币国际化是时间与空间动静结合的螺旋式演进过程。

4. 经济学理论分析

其一，在论述人民币国际化的动力机制中，利用微观经济学中的规模经济、范围经济、外部性理论、货币替代理论，阐述了人民币国际化的微观动力机制。

其二，在论证人民币国际化对货币政策利率渠道和信用渠道的影响时，构建了包含人民币国际化因子的 $IS\text{-}LM$、$CC\text{-}LM$ 宏观经济模型。

5. 一般均衡分析法

将人民币国际化纳入产品市场、资本市场、货币市场、信贷市场，通过建立一般均衡模型方法来分析人民币国际化对货币政策的影响。

1.6 研究特色与不足

本书在论证解释中存在如下特色或可能的创新。

1. 经济理论应用方面

其一，对人民币国际化动力的论述，构建了人民币国际化的动力机制模型：从宏观和微观层面进行论证，运用国际分工、规模经济、范围经济、网络外部性、货币替代等理论论述人民币国际化的市场内生"微观拉动力"，政策当局的外生"宏观推动力"，以及内生力与外生力的相互融合和促进，包括人

民币国际化与上海国际金融中心互为内生推动、外生驱动机制。较完整地阐释了各个"动力"和目标(货币国际化)之间的机制关系,为人民币国际化提供了部分理论支持。把规模经济、范围经济和外部性理论、货币替代理论运用到分析无形的金融交易和人民币国际化实践中,理论应用有新意。

其二,对人民币国际化影响货币政策传导的论述,构建了包含人民币国际化因子的 $IS - LM$、$CC - LM$ 宏观经济模型,并由此论证了人民币国际化条件下货币政策利率渠道、信用渠道的传导效果会受到削弱,一定程度上丰富了凯恩斯主义的宏观经济理论尤其是货币政策理论。

其三,人民币国际化对货币供求的影响:构建了包含人民币国际化因子的凯恩斯货币需求函数和货币主义式的货币需求函数模型,这是对货币需求理论的一个补充与完善。同时,在卡甘货币乘数理论的基础上,论证了人民币国际化对法定存款准备金率、对超额存款准备金率和对现金—存款比率的影响,从而剖析了人民币国际化对货币乘数和货币供给的影响。

2. 描述方面的特色

在人民币国际化发展路径的研究中,从时间和空间两个维度阐述了人民币国际化的螺旋式进程,并对各个阶段作了具体操作上的安排。

3. 理论与方法运用方面

其一,在分析人民币国际化对货币政策的影响时,通过构建产品市场、货币市场、信贷市场等的一般均衡模型,运用比较静态方法进行理论论证,对比分析人民币国际化前后货币政策的利率传导、信用传导效果减弱;同时通过实证分析,对比人民币国际化前后货币政策的传导机制和效果之不同,来说明人民币国际化的影响。

其二,在分析人民币国际化对货币信贷的影响时,通过构建离岸金融市场人民币贷款和东道国在岸金融市场的贷款模型,运用最优化方法论证了离岸市场的信贷量增加会诱使在岸市场的信贷量增加、信贷波动增加,从而使国内信贷风险扩大。

其三,在分析人民币国际化对资产价格影响的微观机制时,通过构建跨期资本流动模型，运用最优化方法论证了资本流动增加会导致投资者收益的不确定性、离岸金融中心的资本流入在岸市场会导致在岸资本市场的价格上涨、人民币离岸金融市场的建立会导致股价大幅波动，增加了股票市场的风险等问题。

当然本书的研究也可能存在如下不足：

第一，对人民币国际化的度量及其对实体经济和金融经济的影响还需要进一步加强实证论证。

第二，人民币国际化是一个动态发展的过程，各个阶段实现的具体时间是有弹性的，本书对各个阶段实现时间的设定可能只是构想，尚需实证数据的支持。

第 2 章　美元、日元、欧元的国际化发展进程及启示

本章主要介绍和借鉴美元、欧元、日元国际化发展的经验教训，以及它们的国际化对各自国家货币政策的影响，以便为人民币国际化进程和如何避免人民币国际化对我国货币政策的负面冲击提供借鉴思路。

2.1　美元国际化的进程及启示

美国强大的经济实力、发达的金融市场、广泛的贸易网络、完善的制度安排，以及历史性机遇等多种有利因素共同促使美元实现了国际化。而美国政府能够准确把握每次历史性机遇，更是成就了美元国际化的实现。因此，分析美元成为国际货币的历程，可以让我们认识一国货币走向国际化所需的条件，从而为人民币国际化提供借鉴。

2.1.1　美元国际化的进程

1792 年，美国颁布《铸币法》。此后美元主要在境内流通，美国的经济实力还不足以支撑美元的国际化。历史的拐点出现在 19 世纪后半期，在第二次科技革命的推动下，美国迅速完成了工业化，制造业快速增长，到 1913 年，美国已经成为世界头号工业大国。在对外经济交往方面，美国也取得了巨大的发

展。美国的经济总量超过英国，成为世界第一经济大国（见表2-1）。这些变化为美元国际化和崛起提供了经济上的支持与准备。

表2-1　1870年和1913年历史上主要国家的经济规模比重[①]

年份	英国	美国	德国	法国	日本
1870	9.0	8.8	6.5	6.5	5.8
1913	8.2	18.9	8.7	5.2	5.0

数据来源：ToruIwami and Kiyotaka Sato，"The Internationalization of the Yen：With an Emphasis on East Asia，"*International Journal of Social Economics*，1996，23(10)：192-208.

第一次世界大战是美元崛起的一个重要转折点。由于美国远离战争和恪守中立的政策，向欧洲交战国的商品出口大量增加，而从欧洲进口不断减少，因而形成了巨大的贸易顺差。同时，美国利用其充裕的资本，积极向欧洲国家和企业进行放贷以及承销外国的美元证券，吸收黄金，美国成为持有大量黄金储备的债权大国。这个时期，美联储通过政策支持贸易信贷，大大发展了贸易承兑汇票市场，纽约成为能够和伦敦匹敌的国际金融中心，美元的国际地位自然有很大的提升，而且成为和英镑相当的国际主导货币。

第二次世界大战后，英国经济遭受重创，而美国由于远离战场，经济实力发展壮大，对外贸易份额大大增加，在世界贸易总额中超过33%，黄金储备在世界总储备中占59%。[②] 同时，美国在政治、军事方面也建立起自己的霸权地位。美国欲在战后建立美元的霸权地位，提出"怀特方案"，该方案提出建立国际货币稳定基金，由各个会员国认购基金份额，认购份额的大小决定了会员国在基金组织中的投票权；提出把"尤尼它"作为国际货币。1944年7月，为了重建战后国际货币秩序的布雷顿森林会议召开，会议确定了以下内容：实行美元—黄金本位制，美元等同于黄金，其他国家的货币钉住美元，即布雷顿森林体系。此后，美国通过"马歇尔计价"向西欧提供美元信贷帮助其国家重建，大量输出美元，美元被广泛使用和接受，美元顺理成章地成为最主要的国

---

① 经济规模比重为一国的GDP占世界GDP的比重。
② 张青龙. 中国和平崛起背景下人民币国际化战略研究[M]. 上海：上海财经大学出版社，2014：139.

际货币，国际货币体系也成为名副其实的美元本位体系。

2.1.2 美元国际化的启示

1. 美国强大的经济实力是物质基础

1870年以后，第二次科技革命发生，美国依靠大量的科技和管理创新成果，工业和经济迅速发展，超过英国成为世界头号工业大国。1913年以后，美国总体经济实力一直保持在世界前列。美国经济的竞争力和国际分工的优势成就了美元的优势地位和国际竞争力。

2. 建立币值稳定的货币运行制度是前提条件

南北战争结束后，美国非常注重币值稳定的货币制度的建立和完善。1880年，美国开始实行金本位制，以黄金为本位币，为美元稳定奠定了制度基础。1913年美联储成立，建立起比较完善的金融管理体系以防范金融危机的发生。这些都为美元成为国际货币提供了前提条件。

3. 对历史机遇的把握是关键因素

两次世界大战大大削弱了英国、欧洲集团和日本的经济实力，强烈冲击了英镑体系。美国把握住这个战后重建国际货币秩序的历史机遇，主导并推出了布雷顿森林体系，真正确立了美元作为世界主导货币的地位，将英镑排挤出国际货币体系。

4. 发达的自由贸易网络体系是贸易支撑

第二次世界大战后，美国积极推行贸易自由化，倡议建立国际贸易组织。通过多轮谈判，关税及贸易总协定（GATT）产生。自由贸易的发展大大促进了美国的对外贸易，同时也为美元发挥国际货币职能提供了更多的渠道，美元作为国际贸易计价交易和结算货币的范围扩大。除此以外，美国利用其资本优势扩大对外投资，以贸易和投资网络带动了美元计价、结算和交易网络的发展，从而巩固了美元的地位。

5. 发达的国际金融市场是重要的金融支撑

金融市场的广度和深度对一国货币的流动性和被接受程度都非常重要。美国建立了纽约国际金融中心，能够为全世界的美元持有者提供投资和交易平台，从而确保了美元的流动性和安全性。与此同时，美国非常注重金融业务和产品的创新、扩大金融交易的规模，提高了人们持有美元的吸引力。

2.2 日元国际化的进程及启示

2.2.1 日元国际化的进程

1. 起步阶段（20 世纪 50 年代中期至 20 世纪 70 年代后期）

二战以后，日本经济通过重建，从 20 世纪 50 年代中期进入经济高速增长期。在国际贸易自由化趋势下，日元放开了经常项目下的管制，于 1964 年实现可自由兑换。这个期间日元持续升值。随着布雷顿森林体系的瓦解，1973 年日本从固定汇率制转向了浮动汇率制。日元升值一方面给以美元计价的出口企业和拥有美元债权的企业带来损失，另一方面国外投资者对日元资产的需求快速增加，由此产生了日元国际化的需求。20 世纪 70 年代后期，日本政府允许非居民发行欧洲日元债券并逐步取消限制。加上政府政策的推动，世界各国对日元的需求急速增加，日元国际化的进程开始加快。

2. 发展阶段（20 世纪 80 年代初期至 20 世纪 80 年代后期）

20 世纪 80 年代后，日本经济进一步发展，但是日本国内金融市场还未开放，日本政府希望金融体系能和日本的经济实力相匹配。1980 年 12 月，日本修订了《外汇法》，取消了外汇管制，实现了日元资本项目下可自由兑换，这是日元国际化的重要标志。1983 年 10 月，日本大藏省正式将日元国际化纳入政府政策目标，日元国际化的重点由经常项目转向资本项目。1985 年，日本大藏省提交了一份"日元国际化"的报告，就国际化所需的环境提出建议，随后日本对日元欧洲债券和欧洲日元贷款放松了限制。1986 年 12 月，东京离岸金融市场成立。日本政府陆续颁布了一系列开放金融市场的措施，放松对离岸市场的监管，这些措施加速了日元国际化的进程，日元在国际贸易和投资中的地位越来越重要，成为国际储备货币中仅次于美元、马克的国际货币。

3. 衰落阶段（20 世纪 90 年代至今）

进入 20 世纪 90 年代，由于日本股市、楼市泡沫破灭，日本经济开始衰退。日本过早开放资本账户，没有及时解决自身金融系统存在的效率低下、信息披露不够、不良债等问题；同时，亚洲金融危机给日本经济带来巨大的冲击，许多金融机构倒闭。日元大幅度贬值，日元国际化的进程停滞甚至倒退。日本政府逐渐意识到自身金融市场的问题，决心彻底改革金融系统，即著名的"金融大爆炸"。不久日本发生金融危机，改革"破产"。亚洲金融危机以后，日本政府希望重启日元国际化的进程。1999 年欧元诞生，日本被迫放弃本币国际化的计划，转向亚洲区域化战略；通过加强与亚洲地区和国家的货币金融合作，谋求日元成为亚洲地区的主导货币。

2.2.2 日元国际化的启示

第一，经济的起落决定了日元国际化的"进"与"退"。战后日本经济快速增长，国际收支常常顺差，大量外汇储备积累起来，日元处于升值的状态；随着国际社会对日元的需求不断增大，日元国际化进程顺利推进。日本股市、楼市泡沫破灭以后，经济一蹶不振，日元贬值，日元国际化的进程也停滞甚至倒退。

第二，强大的贸易规模是有利条件，贸易结构是不利条件。日本在经济迅速崛起后，国际收支的规模迅速扩大，日元首先在日本进出口企业中用于贸易结算。其后，随着经济实力的增强，日本对资本管制逐步放松，日元在金融投资领域发挥货币职能的范围扩大。一国的对外贸易规模是影响一国货币能否成为国际货币的关键因素，贸易规模越大，对该国货币计价、结算、支付的需求也就越大，从而其国际化程度就会被推高。从日本的贸易结构看，日本的资源比较匮乏，需要进口大量的原材料，而国际大宗商品多以美元计价；而日本的出口对美国市场的依存度很高，这类贸易也多以美元计价。因此，从这个角度讲，日元的贸易支付职能会受到限制。

第三，日元汇率波动过大，币值不稳定阻碍了日元国际化的进程。由于日本经济过度依赖美国市场，日元对美元也存在高度依赖性；同时日本不像美国、欧洲一样拥有庞大的黄金储备作支撑，日元汇率波动很大，无法保持币值的稳定性。币值的不稳定，阻碍了日元在贸易和投资中发挥计价货币的职能，也阻碍其成为各国的国际储备货币。

第四，日本国内金融市场还无法满足货币国际化的要求。只有具备发达、开放的金融市场，持币者能够投资于多种金融产品或服务，他才愿意持有更多该货币资产。在日元国际化的进程中，日本采取措施使国内金融市场的开放度提高，比如成立离岸金融市场、欧洲债券市场等，但是其金融市场还不够发达，资本市场的效率低下。而日本政府急于开放国内资本市场，却忽略了金融系统存在的深层次问题，最终引发金融危机，日元国际化也就"破产"了。

2.3 欧元国际化的进程及启示

2.3.1 欧元国际化的进程

1. 欧洲单一货币的萌芽阶段

20 世纪 50 年代开始，欧洲各国不断尝试区域货币合作。1958 年 1 月 1 日，欧洲经济共同体成立，其目标是实现欧洲内部市场统一、贸易自由化和要素自由流动。20 世纪 70 年代，布雷顿森林体系解体，为了减少世界货币金融不稳定对区内经济的不利影响，欧洲经济共同体在 1971 年通过了《维尔纳报告》，该报告主张建立欧洲货币合作基金、联合浮动汇率制和欧洲计算单位(EUA)。EUA 是一种由欧共体成员国货币组成的复合货币，它是欧洲单一货币的萌芽。

2. 欧洲单一货币的雏形——ECU

为了提高欧洲经济体在国际金融领域中的地位，也为了防止美元汇率剧烈波动对各国经济的不利影响，1978 年 12 月欧共体就"建立欧洲货币体系"达成协议。1979 年 3 月欧洲货币体系正式成立，该货币体系主要包括三方面的内容：一是建立欧洲货币合作基金；二是建立稳定汇率的机制；三是设立欧洲货币单位(ECU)。ECU 是由当时的 12 个欧共体成员国货币加权平均得到，币值比较稳定。ECU 逐渐成为欧共体成员国的储备资产之一，也成了官方的清算手段和外汇市场的干预手段。在国际金融市场上，使用 ECU 的范围也不断扩大，成为仅次于美元、马克的最主要储备资产。

3. 欧元单一货币的创建

20 世纪 80 年代后半期开始，欧洲经济一体化加速。1989 年，欧共体委员会主席雅克·德洛尔提交了一份报告，即著名的《德洛尔报告》，内容包括建立欧洲中央银行体系、发行统一的欧洲共同体货币。1991 年 12 月，欧共体成员国签署了著名的《欧洲联盟条约》，该条约的内容之一是于 1998 年 7 月 1 日成立欧洲中央银行，负责制定实施货币政策，并从 1999 年起实行单一货币。1995 年 12 月，欧盟理事会在马德里举行会议，确定向单一货币——欧元过渡，并作出了时间上的安排。

4. 欧元的实质性进展阶段

按照欧盟的时间表，欧元于 1999 年 1 月 1 日正式发行。从 2002 年 1 月 1 日起，欧元现钞正式开始流通，它和现存的成员国货币竞争。2002 年 7 月欧元完全取代其他货币，成为欧共体市场上流通的唯一法定货币；同时，欧洲中央银行也开始履行其职责，制定货币政策、维护欧元稳定等。由于欧元有欧洲多个国家整体的经济、金融、社会的综合实力作支撑，欧元区成为一个在国际上有竞争力的经济主体(见表2-2)。

表2-2　欧元区与德国、美国、日本经济指标的比较

指标	欧元区	德国	美国	日本
GDP(亿美元)	64 387.00	19 238.00	101 899.00	46 883.00
占世界 GDP 的比重(%)	19.30	5.80	30.50	14.10
货物进出口总额(亿美元)	39 607.00	11 055.00	18 960.00	7 524.00
占国内 GDP 的比重(%)	61.50	57.50	18.60	16.00
总储备(亿美元)	3 588.60	891.40	1 577.60	4 696.20
占世界总储备比重(%)	12.90	3.20	5.70	16.90
股票市场市值(亿美元)	35 155.00	6 911.00	110 981.00	21 261.00
占国内 GDP 比重(%)	50.88	34.27	104.80	54.26

数据来源:根据世界经济统计年鉴2002—2003、国际统计年鉴2003:283—286、中国商务部官方网站数据整理所得。

表2-2显示,2002年欧元区除了总储备以外,其他几个指标都超过了日本,有些甚至赶超美国。由此表明,欧盟经济体已经成为一个可以和美国相媲美的"经济大国"。欧元启动后不久,它在国际上的地位便远超之前的德国马克,成为仅次于美元的第二大国际储备货币。

5. 欧元区主权债务危机

2000年开始欧盟经济进入缓慢增长阶段,为了刺激经济增长,欧元区各国纷纷采取宽松的财政政策,使得财政赤字和国家债务纷纷超标。2001年,欧元区主要国家财政状况开始恶化,希腊、葡萄牙、德国、法国等先后出现财政赤字超标。2009年,希腊主权债务危机爆发,随后欧洲其他国家也开始陷入危机,整个欧盟受到债务危机的困扰。由于市场对欧元区债务危机的担忧,投资者纷纷抛售欧元,欧元也一度面临存亡危机。

2.3.2　欧元国际化的启示

第一,随着经济全球化的深入,区域货币合作是货币实现国际化的有效途

径。无论是日本还是欧洲，都不具备当时美元国际化的历史机遇。欧洲国家基于自身的利益，依托欧洲地区各国经济发展水平相近等因素积极开展区域货币合作，保护自身经济不受美元制约，很快形成了能与美元相抗衡的欧元，这为亚洲地区货币合作提供了很好的借鉴。

第二，完善和发展本国的金融市场是重要保障。日本签订"广场协议"以后，日本政府没有致力于解决国内金融市场的深层次问题，而是集中于促进日元国际化来带动国内金融改革的步伐；但日元一直升值，最终泡沫破灭导致金融危机。而德国政府在促进马克国际化的过程中，注重国内经济优先发展，不断改革和完善国内金融市场。另外，德国依靠欧洲地区货币合作来缓解马克的升值压力。

第三，制度缺陷和欧元区内部经济失衡是欧洲主权债务危机发生的根本原因。欧元区由欧洲中央银行实行统一的货币政策，各成员国只能使用财政政策来调节本国经济，而无法利用货币政策调节货币供应量来减轻债务负担。失去货币政策的自主性，就意味着失去了调节经济波动的有力工具。又由于欧元区国家的债务规模较高，限制了其财政政策的作用范围。另一方面，欧元区内长期形成的成员国经济失衡是造成债务危机的根源。欧元区大部分贸易来自内部，核心国家经济实力较强，外围国家劳动生产率低，贸易模式主要是核心国家向外围国家出口，又对其放贷来维持出口。一旦外围国家的债务规模达到其经济无法支撑的地步，债务危机就会爆发。这也是亚洲效仿欧洲货币合作需要冷静思考的问题。

2.4 三种货币国际化对货币政策的影响及启示

2.4.1 货币国际化削弱货币政策独立性

在推进货币国际化的进程中，必然会有外国居民与政府持有和储备该货币，形成货币离岸中心，例如欧洲美元市场和欧洲日元市场。离岸市场的形成势必给货币量监测、统计和货币调控带来一定难度。在 20 世纪末，美国国内面临严重的滞涨危机，货币当局试图采取紧缩性的货币政策来缓解日益高涨的通胀压力；但由于欧洲美元离岸市场的存在，当美元利率上升时，会有大量资金流入，从而导致美联储没能将货币供应量控制在一定的浮动范围内。

2.4.2 货币国际化面临"特里芬难题"

随着大宗商品贸易等都以美元计价，世界各地对于美元的需求日益增加，这就要求美联储增加美元的供给和输出，进而要求美国在贸易上出现逆差，他国出现顺差，国际金融和国际贸易的发展要求国际储备相应扩大，保持国际贸易和国际支付手段充裕。在这种情况下，世界各国储备的增长也需要依靠美国国际收支持续出现逆差，而美国长期逆差必然影响美元信用，导致美元贬值，甚至引起美元危机，使得美元无法再维持 35 美元等于一盎司黄金的官价。这样，世界经济就会陷入"美元灾"。

如果要避免美元贬值和"美元灾"的发生，就要求美国必须稳定国际收支，在贸易上保持顺差，他国保持逆差；但这又将导致美元供给不足、需求增加。因此，断绝国际储备的来源，会导致国际支付手段短缺、国际清偿能力的不足，这样世界经济就会出现"美元荒"。

美元货币国际化使美元陷入无法避免的"美元灾"、"美元荒"的"特里芬难题"。这种两难困局中伴随的是国际化货币的供给和需求失衡，这也会导致美国在货币政策制定和执行中的两难。人民币国际化同样也无法避免"特里芬难题"，故只能循序渐进。

2.4.3 货币国际化对汇率政策效果的影响

由于日本资源较少，导致其原材料大多依靠进口，而出口国家则主要是欧美国家。由于对欧美国家的依赖程度很高，导致日元汇率的持续变化，从而削弱日本运用汇率政策调节其进出口的能力。

从 2007 年开始，美国贸易出现赤字，美国希望通过美元贬值来提高其出口的竞争力，但其他国家，尤其是美国的出口对象国，大多采取的是钉住美元的汇率制度，从而使美元没有实现实际意义上的贬值，无法改善贸易条件。

因此货币国际化的国家，很难通过汇率政策来调节经济。

2.4.4 货币国际化对国内实体经济的影响

由于日元国际化使得日元的国际地位逐渐提高，同时日元又处于升值通道，大量的国外资本涌入日本，使日本国内的房地产和股票市场出现严重的泡沫；而1997年亚洲金融危机的爆发，使得泡沫破裂，导致日本陷入了长期经济低迷。

另一个例子就是美国的次贷危机。由于美元所处的核心地位，大量的资本流入国内；同时美国居民的生活模式是"高消费、低储蓄"，他们以信贷的方式借钱买房，其间，房地产市场因为热钱的流入已经处于高位。而2008年次贷危机的爆发，使得房地产价格严重下挫，美国居民的资产严重缩水，这反过来又限制了消费和投资的扩张。在美国经济遭遇重创的同时，其货币的核心地位造成了全球性的连锁金融危机。

本章小结

本章对美元、日元、欧元三大世界货币的国际化历程进行了总结，分析了各货币国际化带给我们的启示以及教训，为人民币国际化发展提供借鉴意义。总结各货币国际化的成功经验，可以发现，拥有强大的经济实力、币值稳定、强大的贸易规模和发达的金融市场是货币国际化必须的条件，政府对历史机遇的准确把握也是关键因素。而日元国际化失败的经验告诉我们，健全国内金融市场体系、完善汇率形成机制很重要，中国要坚持金融体制改革。而欧元危机的发生使我们明白：人民币要实现国际化，需要坚持独立自主的货币政策，保持币值稳定。

第3章 人民币国际化的现状

本章主要回顾人民币国际化的现状，包括货币互换、跨境贸易人民币结算、人民币直接投资、人民币债券投资、人民币境外信贷、人民币离岸市场、资本账户对外开放等方面，也讨论人民币国际化的主要障碍。

3.1 人民币国际化指数

人民币国际化指数（RMB internalization index，RII）是中国人民大学国际货币研究所从国际货币的基本职能出发，强调人民币作为贸易计价结算、直接投资和国际债券交易货币的职能而编制的综合的多变量的合成指数，用来衡量和反映人民币国际化的真实水平。[①] 根据人民币在国际上的实际使用情况，该研究所制定了三级指标体系来表示人民币国际化指数（见表3-1）。

表3-1　人民币国际化指数三级指标体系

一级指标	二级指标	三级指标
国际计价支付功能	贸易	世界贸易总额中人民币结算的比重
	金融	全球对外信贷总额中人民币信贷比重
		全球国际债券和票据发行额中人民币债券及票据比重

---

① 中国人民大学国际货币研究所. 人民币国际化报告 2014［R］. 北京：中国人民大学出版社，2014：32-33.

一级指标	二级指标	三级指标
		全球国际债券和票据余额中人民币债券及票据比重
		全球直接投资中人民币直接投资比重
国际储备功能	官方外汇储备	全球外汇储备中人民币储备比重

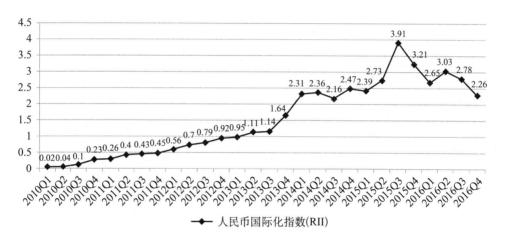

图 3 - 1　人民币国际化指数走势图

数据来源：中国人民大学国际货币研究所 2012—2017 年人民币国际化报告。

从图 3 - 1 中可以看出，2010 年至 2015 年，RII 几乎持续上升，从 2010 年第一季度的 0.02 上升到 2015 年第三季度的 3.91，增长了 194.5 倍，创历史新高。之后虽有所回落，但人民币国际化程度上升的趋势未变。截至 2017 年第四季度，人民币国际化指数（RII）为 3.13，同比上升 44.80%，强势反弹。① 人民币在国际贸易、国际金融交易及外汇储备等方面也越来越受欢迎。

但是，和世界主要货币国际化指数相比较（见图 3 - 2 - a），人民币国际化指数还很小。比如，2010 年第一季度美元、欧元、日元和英镑的国际化指数分别是 52.79、26.95、3.59、4.64，而人民币只有 0.02；2016 年底各国际货币的国际化指数为 54.02、24.57、4.26、5.50，人民币国际化指数上升到 2.26，其间经历了 2015 年第三季度的最高点 3.91（与英镑的 4.1、日元的 3.94 非常接

---

① 数据源自：人民币国际化报告 2018——结构变迁中的宏观政策国际协调［R］.中国人民大学国际货币研究所，2018 - 07 - 14.

近)后又逐渐下降到 2.26。为了更清晰地看出趋势，我们去掉美元和欧元的国际化指数线，如图 3-2-b 所示。可见自 2015 年第三季度至 2016 年第四季度，人民币国际化程度呈下降趋势。总之，人民币国际化程度经历了先升后降但整体呈现升高的趋势。再由图 3-2-c 可见，人民币国际化程度与美元的差距基本稳定，与欧元的差距整体上缩小，与英镑、日元的差距先缩小；但 2015 年

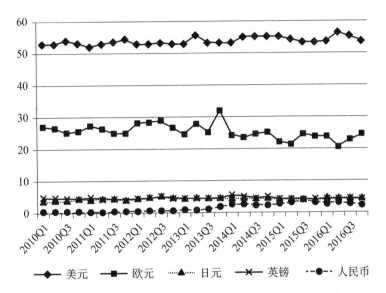

图 3-2-a 世界主要货币和人民币国际化指数变化趋势 1

数据来源：中国人民大学国际货币研究所 2012—2017 年人民币国际化报告。

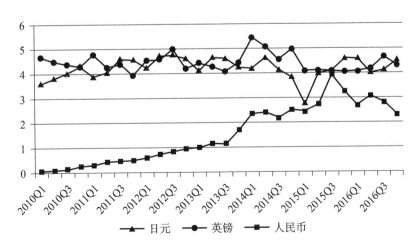

图 3-2-b 世界主要货币和人民币国际化指数变化趋势 2

数据来源：中国人民大学国际货币研究所 2012—2017 年人民币国际化报告。

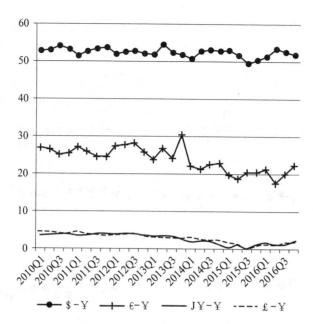

图 3-2-c　世界主要货币和人民币国际化指数之差变化趋势
数据来源：根据中国人民大学国际货币研究所 2012—2017 年人民币国际化报告整理。

下半年后有扩大趋势。综上所述，虽然人民币国际化程度和世界主要货币相比还是相差甚远，但其差距有所缩小。

3.2　人民币国际化的发展现状

人民币国际化这个问题，是在特定的背景下提出来的。2001 年我国加入世界贸易组织，随后我国国际贸易顺差快速增长，外汇储备也快速积累，人民币国际化也就顺势被提上议程。2008 年全球金融危机爆发以后，美元和其他主要国际货币币值不稳定，国际上普遍认为当前的国际货币体系存在很大的问题，需要改革；同时中国经济的稳步增长，中国在国际上的地位有所提升，人民币国际化一时成为经济热点。《跨境贸易人民币结算试点管理办法》于 2009 年 7 月 1 日正式实施，这是人民币国际化正式启动的标志。此后，人民币国际化进程在政府政策和市场推动下不断前进。

3.2.1 我国签订货币互换协议的情况

货币互换是指两笔金额相同、期限相同但币种不同的货币资金，在期初交换、在期末换回本金并相互支付相应利息的交易行为。货币互换协议是一种服务于双边实体经济的金融安排，互换双方可以在必要时在协议规定的规模内用本国货币作抵押换取等额对方货币，向两地商业银行设于另一方的分支机构提供短期流动性支持。通过货币互换，将得到的对方货币注入本国金融体系，使得本国商业机构可以借到对方货币，用于支付从对方的进口。① 因此，货币互换有利于降低汇率风险，减少融资成本，保持金融体系稳定，促进各国经贸与金融合作。

基于双边贸易、投资往来以及抵御金融危机的需要，货币互换在全球各央行之间非常普遍。截至 2018 年 5 月，中国人民银行先后与 36 个国家签订了双边货币互换协议，与香港特别行政区签订了货币互换协议(见表 3 - 2)，总额度将近 7 万亿元人民币。这不仅可以缓解其他国家贸易融资困难，稳定区域经济，更重要的是，对人民币在贸易与投资中发挥计价和结算功能有促进作用。

表 3 - 2 中国人民银行和其他中央银行/货币当局签订双边货币/货币互换协议的情况
(截至 2018 年 5 月)

签订时间	货币当局	期限(年)	规模(a 亿元人民币/b)
2008 - 12 - 12 2011 - 10 - 26(＊＊) 2014 - 10 - 11(＊＊)	韩国	3	1 800/38 万亿韩元 3 600/64 万亿韩元(＊＊) 3 600/64 万亿韩元(＊＊)
2009 - 01 - 20 2011 - 11 - 22(＊＊) 2014 - 11 - 22(＊＊)	中华人民共和国香港特别行政区	3	2 000 4 000/4 900 亿港元(＊＊) 4 000/5 050 亿港元(＊＊)
2009 - 02 - 08 2012 - 02 - 08(＊＊) 2015 - 04 - 17(＊＊)	马来西亚	3	800/400 亿林吉特 1 800/900 亿林吉特(＊＊) 1 800/900 亿林吉特(＊＊)

---

① 参见中国人民银行海口中心支行网："人民币本币互换协议"。

签订时间	货币当局	期限(年)	规模(a 亿元人民币/b)
2009 - 03 - 11 2015 - 05 - 10(＊＊)	白俄罗斯	3	200/8 万亿白俄罗斯卢布 70/16 万亿白俄罗斯卢布(＊＊)
2009 - 03 - 23 2013 - 10 - 01(＊＊)	印度尼西亚	3	1 000/175 万亿印尼卢比 1 000/175 万亿印尼卢比(＊＊)
2009 - 04 - 02 2014 - 07 - 18(＊＊) 2017 - 07 - 18(＊＊)	阿根廷	3	700/380 亿阿根廷比索 700/900 亿阿根廷比索(＊＊) 700/1 550 亿阿根廷比索(＊＊)
2010 - 06 - 09 2013 - 09 - 11(＊＊) 2016 - 12 - 21(＊＊)	冰岛	3	35/660 亿冰岛克郎 35/660 亿冰岛克郎 35/660 亿冰岛克郎(＊＊)
2010 - 07 - 23 2013 - 03 - 07(＊＊) 2016 - 03 - 07(＊＊)	新加坡	3	1 500/300 亿新加坡元 3 000/600 亿新加坡元(＊＊) 3 000/600 亿新加坡元(＊＊)
2011 - 04 - 18 2014 - 04 - 25(＊＊) 2017 - 05 - 19(＊＊)	新西兰	3	250/50 亿新西兰元 250/50 亿新西兰元(＊＊) 250/50 亿新西兰元(＊＊)
2011 - 04 - 19	乌兹别克斯坦	3	7/1 670 亿乌兹别克苏姆
2011 - 05 - 06 2012 - 03 - 20(＊) 2014 - 08 - 21(＊＊) 2017 - 07 - 06(＊＊)	蒙古国	3	50/1 万亿蒙古图格里克 100/2 万亿蒙古图格里克(扩大) 150/4.5 万亿蒙古图格里克(＊＊) 150/4.5 万亿蒙古图格里克(＊＊)
2011 - 06 - 13 2014 - 12 - 14(＊＊)	哈萨克斯坦	3	70/1 500 亿哈萨克坚戈 70/2 000 亿哈萨克坚戈
2011 - 12 - 22 2014 - 12 - 22(＊＊)	泰国	3	700/3 200 亿泰铢 700/3 700 亿泰铢
2011 - 12 - 23 2014 - 12 - 23(＊＊)	巴基斯坦	3	100/1 400 亿巴基斯坦卢比 100/1 650 亿巴基斯坦卢比(＊＊)
2012 - 01 - 17 2015 - 12 - 14(＊＊)	阿联酋	3	350/200 亿阿联酋迪拉姆 350/200 亿阿联酋迪拉姆
2012 - 02 - 21 2015 - 09 - 26(＊＊)	土耳其	3	100/30 亿土耳其里拉 120/50 亿土耳其里拉(＊＊)
2012 - 03 - 22 2015 - 03 - 30(＊＊) 2018 - 03 - 30(＊＊)	澳大利亚	3	2 000/300 亿澳大利亚元 2 000/400 亿澳大利亚元(＊＊) 2 000/400 亿澳大利亚元(＊＊)

签订时间	货币当局	期限(年)	规模(a 亿元人民币/b)
2012-06-26 2015-05-15(＊＊)	乌克兰	3	150/190 亿乌克兰格里夫纳 150/540 亿乌克兰格里夫纳(＊＊)
2013-03-26	巴西	3	1 900/600 亿巴西雷亚尔
2013-06-22 2015-10-20(＊＊)	英国	3	2 000/200 亿英镑 3 500/350 亿英镑(＊＊)
2013-09-09 2016-09-12(＊＊)	匈牙利	3	100/3 750 亿匈牙利福林 100/4 160 亿匈牙利福林(＊＊)
2013-09-12 2018-04-03(＊＊)	阿尔巴尼亚	3	20/358 亿阿尔巴尼亚列克 20/342 亿阿尔巴尼亚列克
2013-10-09 2016-09-27(＊＊)	欧洲央行	3	3 500/450 亿欧元 3 500/450 亿欧元(＊＊)
2014-07-21 2017-07-21(＊＊)	瑞士	3	1 500/210 亿瑞士法郎 1 500/210 亿瑞士法郎(＊＊)
2014-09-16	斯里兰卡	3	100/2 250 亿斯里兰卡卢比
2014-10-13	俄罗斯	3	1 500/8 150 亿卢布
2014-11-03	卡塔尔	3	350/208 亿里亚尔
2014-11-08	加拿大	3	2 000/300 亿加元
2015-03-18	苏里南	3	10/5.2 亿苏里南元
2015-03-25	亚美尼亚	3	10/770 亿德拉姆
2015-04-10	南非	3	300/540 亿南非兰特
2015-05-25	智利	3	220/22 000 亿智利比索
2015-09-03	塔吉克斯坦	3	30/30 亿索摩尼
2016-05-11	摩洛哥	3	100/150 亿迪拉姆
2016-06-17	塞尔维亚	3	15/270 亿塞尔维亚第纳尔
2016-12-06	埃及	3	180/470 亿埃及镑
2018-04-27	尼日利亚	3	150/7 200 亿奈拉
总金额			68 147 亿元人民币

＊＊表示央行与其他国家或地区续签货币互换协议。

资料来源：根据历年中国人民银行网站公布数据整理而得，http://www.pbc.gov.cn/huobizhengceersi/214481/214511/214541/index.html。

由表 3 - 2 可知，人民币互换协议的规模在不断扩大，地域上正从亚洲和新兴市场国家向西方国家延伸。人民币与欧元、日元、英镑、澳大利亚元、新西兰元、新加坡元、俄罗斯卢布、马来西亚林吉特等实现了直接交易，一些央行已经或者准备把人民币纳入其外汇储备。双边本币互换安排是我国与国际间经济金融领域合作深化的表现，便利双方贸易投资中使用本币，规避汇率风险；也在维护金融市场稳定，为金融市场提供紧急流动性支持方面发挥了重要作用。无论是把人民币用于贸易结算还是用于国际储备，货币互换协议的开展无疑大大推进了人民币国际化的进程。

3.2.2 跨境贸易人民币结算的情况

考虑到中国已经具备的金融条件、外部市场基础，也为了维持中国与周边国家和地区的贸易正常开展，2008 年 12 月，中国政府提出在中国国内一些地区与周边特定国家和地区开始试点以人民币为贸易结算货币。跨境贸易使用人民币计价结算为人民币国际化奠定了坚实的基础。

2009 年 4 月 8 日，上海、广州、深圳、珠海、东莞 5 个城市的 365 家企业，首先试点跨境贸易人民币结算业务，目的是帮助企业节约汇兑成本、规避汇率风险；同时，境外的地域范围限定为中国港澳地区和东盟国家。此后，中国央行出台了多项政策措施促进跨境人民币结算：一是将跨境贸易人民币结算在全国范围全面推行；二是将境外区域由中国港澳、东盟地区扩展至全球；三是将跨境贸易人民币业务范围由货物贸易扩展到所有经常项目结算；四是将试点企业由 365 家企业扩大到所有具有进出口经营资格的企业。目前，除了银行等金融机构和企业可以使用人民币进行跨境结算，个人该业务试点范围也逐步扩大。

总体上，人民币业务在跨境贸易方面有以下几个特点。

1. 规模不断扩大，结算额和结算比例快速上升

图 3 - 3 显示，人民币在跨境贸易中的结算额稳步增长，人民币结算占进出口的比例增长较快。2012 年，银行累计办理跨境贸易人民币结算业务 2.94 万亿元，同比增长 41%；2013 年办理业务 4.63 万亿元，比上年增长 57.5%；

2014 年办理业务 6.55 万亿元，同比增长 42%。① 从 2011 年第一季度到 2014 年末，跨境贸易人民币结算比例由 6.97% 上升到 25.03%，提高了将近 18 个百分点。2015 年，经常项目下跨境人民币收付金额合计 7.23 万亿元，同比增长 10%。但 2016 年和 2017 年，经常项目下跨境人民币收付金额分别为 5.23 万亿元、4.36 万亿元，同比下降 27.7% 和 16.6%。②

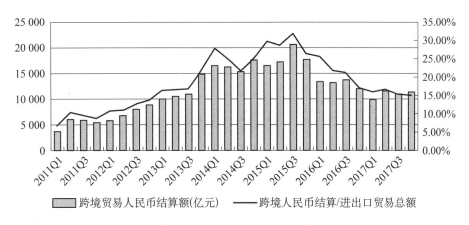

图 3-3 跨境贸易人民币结算规模（季度）

数据来源：根据央行 2011—2017 年《中国货币政策执行报告》以及国泰安数据库整理得到。

2. 仍以货物贸易结算为主，服务贸易结算规模显著扩大

跨境贸易主要包括货物贸易和服务贸易，从人民币结算的规模看，两者使用人民币的规模持续增加，货物贸易使用人民币的比例比服务贸易大（见图 3-4 和图 3-5）。货物贸易人民币结算额从 2011 年第一季度的 3 056 亿元，扩大到 2014 年第三季度的 12 400 亿元，增加了约 3 倍。到 2015 年第三季度，货物贸易人民币结算额达到 18 700 亿元；但之后逐渐减少，到 2017 年第四季度降低到 8 509 亿。服务贸易从 2011 年第一季度的 547.2 亿元，扩大到 2014 年第二季度的 6 200 亿元，增加了近 10 倍。2014 年第三季度服务贸易人民币结算规模有较大幅度的下降，从上个季度的 6 200 亿元下降到 2 900 亿元。此后服务贸

---

① 中国人民银行网站 . 2012 年第四季度货币政策执行报告、2013 年第四季度货币政策执行报告，http://www.pbc.gov.cn/publish/zhengcehuobisi/591/index.html.

② 数据源自中国人民银行 2017 年《中国货币政策执行报告》。

易人民币的结算规模涨跌互现，到 2017 年第四季度回落至 2 791 亿元。从图 3-5 显示的占比来看，2011—2017 年货物贸易人民币结算占比都在 80％上下；2014 年第二季度最低但也超过 60％；2015 年第三季度最高，超过 90％。其间服务贸易人民币结算占比总体上经历了先升后降再升的过程，2017 年四个季度占比都在 20％—30％。

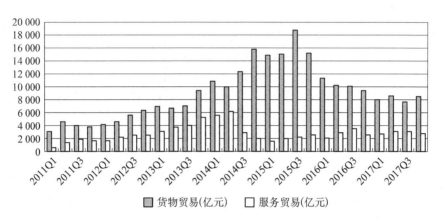

图 3-4　货物贸易、服务贸易人民币结算规模趋势变化(至 2017 年第四季度)
数据来源：根据央行 2011—2017 年《中国货币政策执行报告》以及国泰安数据库整理得到。

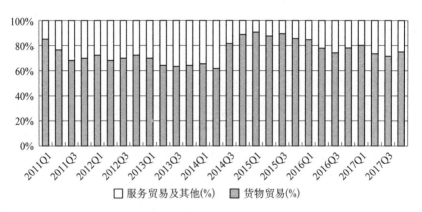

图 3-5　货物贸易、服务贸易人民币结算比例(至 2017 年第四季度)
数据来源：根据央行 2011—2017 年《中国货币政策执行报告》以及国泰安数据库整理得到。

3. 从跨境贸易人民币结算的区域来看，存在地区不均衡性

李婧(2010)分析了人民币在跨境贸易结算中的境内外地域分布，发现人民币境内结算主要集中在广东，境外主要集中在中国香港和新加坡等周边地区，呈现出明显的区域非均衡性。近些年，中国与周边国家以及东亚国家的货币经贸合作越来越频繁，中国在亚洲地区的国际分工优势地位也有所提高，这就决定了在初级阶段人民币的贸易结算业务集中于这些地区。

3.2.3 人民币直接投资

人民币直接投资是在人民币跨境贸易结算的基础上开展起来的。我国政府采取了三步走的策略。

第一步，把新疆维吾尔自治区列为首个开展跨境直接投资结算的试点。2010年10月，经国务院批准出台了《新疆跨境直接投资人民币结算试点暂行办法》，该办法为人民币在跨境直接投资的结算提供了先行先试的经验。

第二步，在全国范围全面推行跨境对外直接投资人民币结算业务。2011年1月，中国人民银行发布《境外直接投资人民币结算试点管理办法》，允许境内机构用人民币进行对外直接投资，且银行可以按照有关规定向境内机构在境外投资的企业或项目发放人民币贷款。

第三步，建立人民币在直接投资方面的回流机制。2011年10月，商务部发布《商务部关于跨境人民币直接投资有关问题的通知》，中国人民银行发布《外商直接投资人民币结算业务管理办法》，允许境外投资者以人民币来华开展直接投资，这种回流机制的确立促进了人民币在直接投资领域的跨境流动。自此，跨境投资人民币结算全面起步，我国跨境人民币结算业务从经常项目扩展至部分资本项目。

从2011年到2014年，跨境投资人民币结算业务规模不断扩大，特别是2014年，中国直接投资人民币结算业务累计发生1.05万亿元，较2013年增长96.7%。

1. 人民币境外直接投资规模增长迅速

2011年试点初期，对外直接投资的人民币结算规模只有93亿元，仅占中国对外投资总额的4.5%。此后随着相关政策的出台以及资本账户逐步开放，中国对外投资的规模不断扩大。到2014年末，以人民币进行结算的对外直接投资额达到1 865.6亿元，是试点初期该值的20倍，占2014年中国直接对外投资额的 29.5%，比试点初期提高了 25 个百分点。到 2017 年第三季度人民币结算直接投资达到 3 439 亿元，占中国直接对外投资额的 34.8%（见图 3 - 6）。

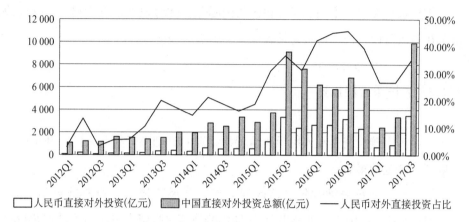

图 3 - 6 人民币对外直接投资和中国对外直接投资

数据来源：根据中国商务部网站、《中国货币政策报告》以及国泰安数据库整理所得。

2. 人民币外商直接投资规模快速增长

改革开放以来中国快速增长的经济，加上政策支持，大大提高了外商来华直接投资的吸引力。试点初期，外商直接投资人民币结算规模仅有 3 亿元，而 2014 年全年，中国实际使用外资金额 7 363.7 亿元人民币（不包括金融领域），同比增长 1.7%；而人民币 FDI 已攀升至 8 620.2 亿元，增幅 92.4%，超过非金融类 FDI 金额（见图 3 - 7），这说明人民币在金融投资领域也逐步发挥计价结

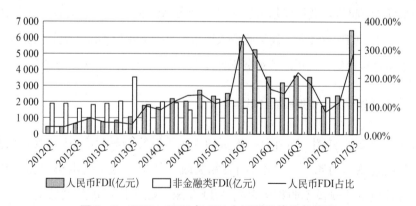

图 3 - 7 2012—2017 年 FDI 人民币结算业务情况

数据来源：根据中国人民银行网站《中国货币政策报告》以及国泰安数据库整理所得。

算职能。2017 年第三季度人民币 FDI 为 6 446 亿元，远远超过非金融类 FDI，是非金融类 FDI 的 3 倍左右。

对比对外直接投资和外商直接投资中人民币结算规模的增长趋势，后者的涨幅远远大于前者的涨幅。比较两者的规模，到 2014 年末，对外直接投资人民币结算规模为 1 865.6 亿元，而外商直接投资中人民币结算规模达到 8 620.2 亿元，该显著差异一方面说明了在人民币国际化的过程中，直接投资是境外人民币回流的有效渠道；另一方面也揭示了在人民币国际化的过程中，人民币对内对外的流向具有不对称性，隐含着一定的金融风险。

3.2.4　人民币债券投资

人民币债券的含义是指债券的利息和本金都用人民币进行计价结算。目前人民币债券的品种主要有"点心债券"和"熊猫债券"等。"点心债券"主要指在香港发行的以人民币计价的债券，目的是让人民币"走出去"；"熊猫债券"是境外机构在中国发行的用人民币计价的债券，目的是让境外机构获得人民币，然后用人民币进行交易投资，与此类似的还有"宝岛债"等离岸人民币债券。

2005 年 10 月，国际金融公司(International Finance Corporation)和亚洲开发银行(Asian Development Bank)分别发行"熊猫债券"11.3 亿元和 10 亿元[①]，这是外资机构首次进入中国债券市场。

香港特别行政区是人民币国际债券发行的主要场所。2007 年 6 月，在岸金融机构获得在香港发行人民币债券的资格。同年 7 月，国家开发银行成为在香港特别行政区发行人民币债券的领头机构。2010 年 2 月，香港金融管理局向认可机构发出通告，简化人民币结算在跨境贸易中的运作安排。此后，人民币在港的发债规模不断扩大(见图 3 - 8 - a、图 3 - 8 - b)；[②] 但是，2012 年和 2013 年，人民币在港发债规模基本上和 2011 年持平，开始进入"瓶颈期"。同时，

---

① 数据来源：根据香港特别行政区金融管理局网站整理所得。
② 香港特别行政区金融管理局年报中 2013 年后只提及人民币在港债券未赎回余额，没有写明当年发债规模。

在产品方面，人民币债券各个产品的存量和发行量都有较快增长，2011年只有157.86亿元，而2015年已升至3 971.16亿元(见表3-3)，这在一定程度上与内地和香港特别行政区频繁的贸易结算形成较多的人民币存量有关。同时，发债主体也开始往多元化方向发展，最初是中资银行和财政部，然后扩大到在港的外资机构，随后香港特别行政区银行内地分公司、国际金融机构和跨国企业纷纷加入发债队伍。人民币债券的发行和流通规模的扩大为人民币国际化提供了"资产池"，从而有利于大大推进人民币国际化的进程。

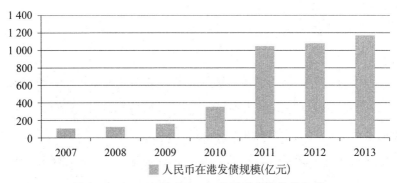

图3-8-a 2007—2013年人民币在港发债规模

数据来源：根据香港特别行政区金融管理局年报数据整理所得(http://www.hkma.gov.hk/chi/publications-and-research/annual-report/)。

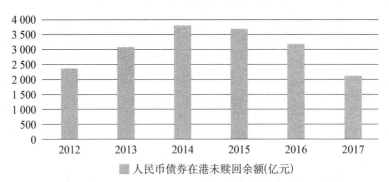

图3-8-b 2012—2017年人民币债券在港未赎回余额

数据来源：根据香港特别行政区金融管理局年报数据整理所得(http://www.hkma.gov.hk/chi/publications-and-research/annual-report/)。

表3-3 2011年和2015年中国香港人民币债券产品规模和结构

类别	存量总额（亿元）		占比（%）		债券数目		占比（%）	
年份	2011	2015	2011	2015	2011	2015	2011	2015
企业债	99.77	1 761.22	63.20	44.35	90	154	72.00	43.87
国债	31.00	934.00	19.60	23.52	11	37	8.80	10.54
金融债	20.84	1 203.24	13.20	30.30	19	152	15.20	43.30
可转债	6.25	72.70	4.00	1.83	5	8	4.00	2.28
合计	157.86	3 971.16	100	100	125	351	100	100

数据来源：Wind资讯。

近年来，全球人民币基础设施快速发展，2014年，伦敦、法兰克福、首尔、巴黎、卢森堡、多哈、多伦多和悉尼等国际金融中心纷纷成立离岸人民币清算中心，发行点心债不再局限于中国香港地区。到2014年底，境外人民币债券的余额约为4 816亿元人民币，仅占5.8万亿美元本币债券规模的1.2%，因此这类债券的发展仍然处于起步阶段，还有很大的发展空间。另外，到2013年底，人民币国际债券和票据的存量达到719.45亿美元，同比增长24.9%；但是在全球国际债券和票据余额中仅占0.33%（见图3-9）。到2015年底，人民币国际债券和票据的存量达到1 427.62亿美元，同比增长30.8%；但是在全球国际债券和票据余额中仅占0.59%，同期其他国际货币所占份额要大得多（见图3-10）。我们可以看出，国际债券和票据用人民币结算的量在全球来说

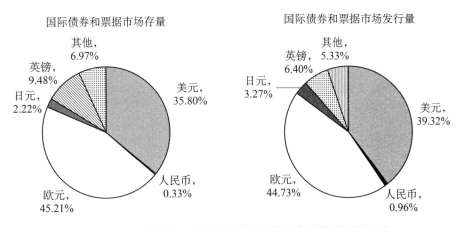

图3-9 2013年底国际债券和票据存量及发行量的币种结构

数据来源：国际清算银行网站（http://www.bis.org/publ/arpdf/ar2014e.pdf）。

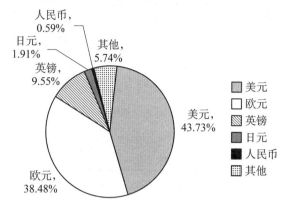

国际债券和票据市场存量

人民币，
0.59%

日元，
1.91%

英镑，
9.55%

其他，
5.74%

美元，
43.73%

欧元，
38.48%

- 美元
- 欧元
- 英镑
- 日元
- 人民币
- 其他

图3-10　2015年底国际债券和票据存量的币种结构

数据来源：国际清算银行网站。

是很小的，相比其他世界货币，差距还是很大的。①

3.2.5　人民币境外信贷市场

人民币境外信贷主要包括两个方面：一方面是境内金融机构对境外的人民币贷款；另一方面是离岸市场人民币贷款。

1. 境内金融机构人民币境外贷款发展较缓慢

2009年11月以来，中国央行先后批准境内9家银行可以尝试境外项目人民币贷款业务。2011年1月，央行发布相关管理办法，正式启动了该项业务，办法规定了银行发放人民币贷款的对象是境内机构在境外投资的企业或项目。为了更好地引导银行的人民币境外贷款工作，央行于2011年10月发布了《中国人民银行关于境内银行业金融机构境外项目人民币贷款的指导意见》。但是总体来讲，从2011年到2014年，境内金融机构人民币境外贷款市场发展缓慢，在人民币贷款总规模中占比很小（见图3-11）。截至2014年底，境内金融

————————————

① 中国人民大学国际货币研究所．人民币国际化报告2015[R]．北京：中国人民大学出版社，2016：17-18.

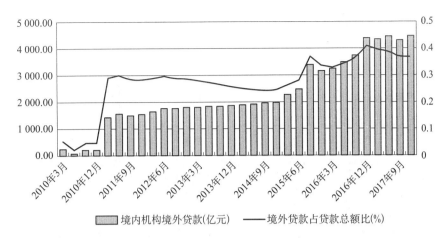

图 3-11　2010—2017 年中国金融机构境外人民币贷款余额及占比

数据来源：根据中国人民银行网站统计数据整理所得，http://www.pbc.gov.cn/publish/diaochatong jisi/133/index.html。

机构人民币境外贷款余额达 1 989.68 亿元，同比增长 6.19%，占贷款总额比为 0.24%，较 2013 年小幅下降。截至 2017 年底境内金融机构人民币境外贷款余额达 4 420.75 亿元，与上年基本持平，占贷款总额比为 0.37%，较 2016 年略有下降。[①] 国际清算银行计算了美元、英镑、日元、欧元的境外贷款额在其贷款总额中的占比，数值都在 20%—40% 之间，因此境外人民币贷款市场要助推人民币成为国际货币，还需大力拓展。

2. 离岸市场人民币贷款规模还较小

香港特别行政区是离岸人民币的主要市场。截至 2014 年 6 月底，香港人民币存款规模达 9 259.14 亿元，加上人民币存款证余额 1 990 亿元，两者超过 11 000 亿元，相比 2013 年底增加 7%；而人民币贷款余额为 1 394 亿元人民币，相比 2013 年底的 1 156 亿元增加 20.6%。[②] 根据香港特别行政区金融管理局年报数据，人民币贷款余额的最新数据只有 2016 年的数据，如图 3-12 所示。我们发现 2015 年、2016 年两年香港人民币存款余额有明显下降，贷款余额有所

---

① 数据来源：中国人民银行网站统计数据：http://www.pbc.gov.cn/publish/html/kuangjia.htm? id=2014s03.htm，http://www.pbc.gov.cn/publish/diaochatongjisi/133/index.html。

② 数据来源：路透中文网，http://cn.reuters.com/article/2014/07/31/idCNL4S0Q65A020140731? feedType=RSS。

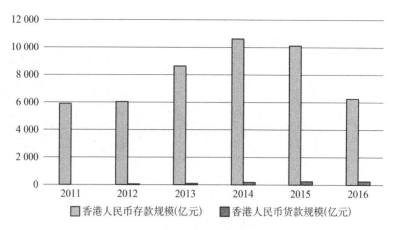

图 3-12　2011—2016 年香港特别行政区人民币存贷款余额情况

数据来源：根据香港特别行政区金融管理局年报数据整理所得，http://www.hkma.gov.hk/chi/publications-and-research/annual-report/。

增加。但总体上，香港人民币贷款市场还处于起步阶段，相比人民币存款市场，贷款规模很小。

深圳前海具有天然的地理位置优势，靠近香港，政府有意将前海打造成珠三角的"曼哈顿"，前海深港合作区正在规划建设中。因此，在前海地区启动人民币跨境贷款业务是理性的选择。2012 年 12 月，中国人民银行发布《前海跨境人民币贷款管理暂行办法》，前海开始尝试双向人民币跨境贷款业务，符合条件的前海企业可以从香港借入人民币资金，这就为香港的人民币回流提供了一个渠道。2014 年 2 月 21 日，中国人民银行上海总部颁布了《中国人民银行上海总部关于支持中国(上海)自由贸易试验区扩大人民币跨境使用的通知》，明确了人民币跨境借款的使用范围和规模，该通知规定区内企业和非银行金融机构可以从境外借用人民币资金。这些举措不仅有利于企业降低融资成本，还有助于扩大人民币境外贷款规模。

3.2.6 · 人民币作为储备货币情况

根据国际货币基金组织(IMF)"官方外汇储备货币构成"(COFER)①季度

---

① "官方外汇储备货币构成"是 IMF 统计部管理的数据库，外汇储备数据包括货币当局对非居民的各类债权，包括纸币、银行存款、国库券、其他短期和长期政府债券以及其他可以用于满足国际收支需求的债权等。

数据，截至 2016 年 12 月末，人民币储备约合 845.1 亿美元，占标明币种构成外汇储备总额的 1.07%。据不完全统计，截至 2016 年末，60 多个国家和地区将人民币纳入外汇储备。

自 2016 年 10 月 1 日起，人民币正式纳入 IMF 特别提款权（SDR）货币篮子，成为继美元、欧元、日元、英镑后的第五种货币，其中人民币权重为 10.92%，位列第三。人民币正式加入 SDR 也成为人民币作为国际储备货币的标志。人民币加入 SDR，体现了国际社会对于中国综合国力和改革开放成效，特别是人民币国际货币职能的认可，是人民币国际化的重要里程碑。人民币加入 SDR 意味着自 20 世纪 80 年代以来，第一次有新兴市场货币进入 SDR 货币篮子，这有助于改善以往单纯以发达国家货币作为储备货币的格局，增强 SDR 本身的代表性和人民币的国际吸引力。同时，人民币加入 SDR 有助于提高 SDR 的稳定性，提升它在国际货币体系中的地位，增强它作为国际储备的功能，进一步改善国际货币体系。

随着人民币储备货币地位逐渐被认可，越来越多的货币当局把人民币作为其储备资产。2017 年上半年，欧洲央行共增加等值 5 亿欧元的人民币外汇储备。新加坡、俄罗斯等 60 多个国家和地区将人民币纳入外汇储备。

3.2.7 人民币离岸市场的发展

从理论上来说，一国货币的国际化应在该国资本项目充分开放及货币可自由兑换的前提下才可以实现。由于我国金融体系目前仍存在诸多风险以及国际金融市场动荡，当前全面开放资本项目的时机还未成熟。在资本项目不完全开放、人民币不可自由兑换以及汇率不完全自由浮动的条件下推进人民币国际化，就需要培育离岸市场来满足我国经济进一步对外开放的需要。人民币持续流出到境外流通后缺少回流的渠道，人民币在境外沉淀下来，因此境外投资者对本币金融业务的需求会增加。而且，为了降低人民币国际化对资本账户的冲击和可能产生的风险，便于人民币跨境流通，就需要开展人民币离岸业务。人民币离岸业务是指在中国境外进行的人民币存贷款业务等，可以有效解决流出境外的人民币的流通和交易问题，也能够使持有人民币的投资者获得投资收益，通过人民币拥有者融出和需求者融入，构成一个人民币流通的良性循环。

香港特别行政区作为国际金融中心，又和内地保持着紧密的经贸联系，具备成熟的条件开展人民币离岸金融市场。2003 年 11 月，中国人民银行和香港特别行政区金融管理局签署"合作备忘录"，开启了香港的人民币业务。香港对不同条件的银行颁发牌照，持牌银行可以办理汇款、兑换及信用卡等人民币个人业务。2009 年以来，在各种政策的扶持下，香港离岸人民币业务快速发展（见表 3-4），人民币债券发行规模迅速扩张，离岸人民币存款也迅速增加。但是，2012 年和 2013 年，香港人民币跨境贸易结算量基本上踟蹰不前，2011 年 12 月该指标为 2 390.36 亿元人民币，2012 年 12 月为 2 641.05 亿元人民币，2013 年前 10 个月基本上在 3 000 亿元左右，11 月骤升至 4 394.14 亿元，而 12 月仍保持在 4 696.27 亿元人民币，表明市场对人民币跨境贸易结算的热情不稳定。由于跨境贸易结算是贸易项下的资金流动，从以上情况可以看出香港离岸人民币中心进入"瓶颈期"。

表 3-4　2009 年以来关于香港人民币跨境业务的大事记

时　间	重　要　事　件
2009 年 6 月 29 日	中国人民银行和香港特别行政区金融管理局签订《中国人民银行与香港金融管理局补充合作备忘录(三)》
2009 年 7 月 3 日	中国人民银行与中国银行(香港)有限公司签署《香港人民币清算协议》
2009 年 9 月 15 日	财政部首次在香港特别行政区发行国债，共计 60 亿元人民币
2010 年 2 月 11 日	香港特别行政区金融管理局发布《香港人民币业务的监管原则及操作安排的诠释》
2010 年 7 月 19 日	中国人民银行和香港特别行政区金融管理局签订《补充合作备忘录(四)》，与中国银行(香港)有限公司签署《关于人民币业务的清算协议》，允许境外金融机构将境外人民币存量投资于国内银行间债券市场
2011 年 8 月 17 日	李克强总理正式宣布允许以人民币合格境外机构投资者(RQFII)的方式投资境内证券市场，标志着香港特别行政区的投资者可以用人民币投资 A 股
2012 年 4 月 3 日	经国务院批准，香港特别行政区人民币合格境外机构投资者(RQFII)试点额度扩大 500 亿元人民币

时间	重要事件
2012 年 11 月 13 日	经国务院批准，香港特别行政区人民币合格境外机构投资者（RQFII）试点额度扩大 2 000 亿元人民币
2013 年 3 月 13 日	中国人民银行印发《关于合格境外机构投资者投资银行间债券市场有关事项的通知》（银发〔2013〕69 号），允许符合条件的合格境外机构投资者（QFII）向中国人民银行申请投资银行间债券市场
2013 年 4 月 25 日	中国人民银行发布《关于实施〈人民币合格境外机构投资者境内证券投资试点办法〉有关事项的通知》（银发〔2013〕105 号）
2013 年 9 月 23 日	中国人民银行发布《关于境外投资者投资境内金融机构人民币结算有关事项的通知》（银发〔2013〕225 号），对境外投资者在境内新设、并购和参股金融机构等业务使用人民币结算进行了规范
2014 年 9 月 28 日	为促进贸易投资便利化，中国人民银行办公厅发布《关于境外机构在境内发行人民币债务融资工具跨境人民币结算有关事宜的通知》（银办发〔2014〕221 号）
2014 年 11 月 6 日	为拓宽境内外人民币资金双向流动渠道，便利人民币合格境内机构投资者境外证券投资活动，中国人民银行印发《关于人民币合格境内机构投资者境外证券投资有关事项的通知》（银发〔2014〕331 号）
2014 年 11 月 10 日	为顺利实施沪港股票市场交易互联互通机制试点，规范相关资金流动，中国人民银行、证监会联合印发《关于沪港股票市场交易互联互通机制试点有关问题的通知》（银发〔2014〕336 号）
2014 年 11 月 22 日	中国人民银行与香港特别行政区金融管理局续签了双边本币互换协议，互换规模为 4 000 亿元人民币/5 050 亿港元，有效期 3 年，经双方同意可以展期
2015 年 6 月 3 日	中国人民银行发布《关于境外人民币业务清算行、境外参加银行开展银行间债券市场债券回购交易的通知》（银发〔2015〕170 号），允许境外人民币业务清算行、境外参加银行在银行间债券市场开展债券回购交易，为其提供了新的人民币资产流动性管理工具
2015 年 9 月 21 日	中国人民银行批复同意香港上海汇丰银行有限公司和中国银行（香港）有限公司在银行间债券市场发行金融债券，这是国际性商业银行首次获准在银行间债券市场发行人民币债券
2015 年 11 月 6 日	为支持内地与香港公开募集证券投资基金互认工作，中国人民银行、国家外汇管理局发布《内地与香港证券投资基金跨境发行销售资金管理操作指引》（中国人民银行 国家外汇管理局公告〔2015〕第 36 号）

时间	重要事件
2016 年 2 月 24 日	发布中国人民银行公告〔2016〕第 3 号，引入更多符合条件的境外机构投资者投资银行间债券市场，取消投资额度限制，简化管理流程
2016 年 7 月 11 日	中国银行(香港)有限公司以直接参与者身份接入人民币跨境支付系统(CIPS)，这是 CIPS 的首家境外直接参与者；同日，中信银行、上海银行、广东发展银行、江苏银行、三菱东京日联银行(中国)有限公司、瑞穗银行(中国)有限公司、恒生银行(中国)有限公司等以直接参与者身份接入 CIPS，CIPS 直接参与者数量增加至 27 家
2017 年 5 月 16 日	中国人民银行和香港特别行政区金融管理局联合发布《中国人民银行 香港金融管理局联合公告》及《内地与香港"债券通"答记者问》，同意中国外汇交易中心暨全国银行间同业拆借中心、中央国债登记结算有限责任公司、银行间市场清算所股份有限公司和香港交易及结算有限公司、香港债务工具中央结算系统开展香港与内地债券市场互联互通合作
2017 年 6 月 21 日	为规范开展内地与香港债券市场互联互通合作相关业务，保护境内外投资者合法权益，维护债券市场秩序，中国人民银行发布《内地与香港债券市场互联互通合作管理暂行办法》(中国人民银行令〔2017〕第 1 号)，随后发布《〈内地与香港债券市场互联互通合作管理暂行办法〉答记者问》
2017 年 6 月 21 日	中国人民银行与中国银行(香港)有限公司续签《关于人民币业务的清算协议》
2017 年 6 月 30 日	中国人民银行和香港特别行政区金融管理局签署《"债券通"项目下中国人民银行与香港金融管理局加强监管合作谅解备忘录》，根据两地的法律和各自法定权限，双方建立有效的信息交换与协助执行机制，加强监管合作，共同打击跨境违法违规行为，确保项目有效运作
2017 年 7 月 3 日	内地与香港债券市场互联互通合作(简称"债券通")正式上线试运行
2017 年 7 月 4 日	经国务院批准，香港人民币合格境外机构投资者(RQFII)额度扩大至 5 000 亿元人民币
2017 年 11 月 22 日	中国人民银行与香港特别行政区金管局续签双边本币互换协议，协议规模为 4 000 亿元人民币/4 700 亿港元，有效期为 3 年

资料来源：根据中国人民银行网站新闻整理所得。

近几年，随着内地与香港出台一系列政策，大大推动了香港人民币业务的发展，香港积极创新人民币金融产品，已经涉及多个市场，在银行信贷产品方面，除了存款，还包括兑换、汇款、信用卡、借记卡、支票、贷款、贸易融资、银团贷款等；在货币市场上，有同业拆借、大额 CDs；在债券市场上，有境内银行债券、国债、香港企业债券、跨国公司债券、国际金融机构债券；在基金市场上，有多只人民币收益基金；在保险市场上，有人民币保单；在外汇市场上，有即期交易、远期交易、NDFs；在衍生产品市场上，有利率互换、结构性股票挂钩票据(ELN)。2014 年 11 月 17 日，沪港通正式开通，进一步增强了境外投资者对人民币的兴趣。

作为东南亚的金融中心，新加坡与中国文化相近，两国在政治、金融、投资上的交流频繁。在我国跨境贸易结算试点启动时，新加坡就积极参与到离岸人民币市场的发展中。2011 年初，华侨银行、星展银行、大华银行等新加坡本地银行以及中国香港汇丰银行驻新加坡分行陆续开始接受人民币存款，提供人民币理财产品。同年，中国工商银行、中信银行先后在新加坡设立分行，开始经营境外人民币业务。这些都标志着新加坡人民币离岸中心在传统业务上初具雏形。2013 年 5 月，新加坡正式展开离岸人民币清算业务，中国香港汇丰和渣打两大银行率先发行首批离岸人民币债券，这是新加坡成为离岸人民币中心的一个里程碑，也标志着新加坡人民币市场进入了快速发展的阶段。

伦敦是老牌的国际金融中心，2012 年 4 月启动"人民币离岸业务中心计划"，该计划受到中英两国政府的大力支持，多个国际大型银行加入该计划，目标是把伦敦打造成人民币业务的"西方中心"，从而扩大人民币在欧洲国家的贸易和投资中的使用。与此同时，汇丰银行在伦敦发行了首批人民币债券，该债券受到投资者热捧，启动了继中国香港之后的第二个离岸人民币债券市场。2012 年 11 月，中国建设银行通过其伦敦分行发行了 10 亿元人民币的点心债，该笔债券的发行是中国政府为推动人民币国际化迈出的实质性的一步。此后，随着双边货币互换、开放金融机构准入、提高 RQFII 投资额度、指定人民币业务清算行等政策举措的落实，伦敦人民币外汇交易的市场份额远远超过中国香港等其他竞争对手，与贸易金融、资本市场相关的人民币业务也取得巨大的发展。为了巩固其离岸人民币业务方面的优势，英国不断丰富并完善离岸人民币产品和服务。2014 年 9 月，英国财政部在西方国家中首发人民币计价国债，推动市场产品多元化，也彰显了政府对人民币国际化的信心。2015 年，建银国际资产管理公司在伦敦证交所成功发行亚洲市场以外首只人民币 RQFII 货币市场 ETF，伦敦和欧洲国家的投资者可以更便利、直接地投资中国内地银行间债券市场。至此，伦敦离岸人民币回流投资领域得到了进一步完善，对伦敦离岸人民币业务的促进作用也是肯定的。截至 2017 年 7 月 31 日，人民币合格境外机构投资者(RQFII)额度总额达到 17 400 亿元人民币，覆盖 18 个国家和地区。

除了中国香港特别行政区、新加坡、伦敦之外，中国澳门特别行政区、中国台湾省等相继建立人民币清算体系，推进了人民币离岸业务的开展；诸如巴黎、法兰克福、卢森堡等欧洲国际金融中心也利用自己的区位和金融条件优势，争相成为人民币离岸业务中心(参见表 3-5)。而在境内上海，市场需求和政府力量推动其成为国际金融中心，人民币离岸市场的建设自然成为重要内容，2013 年上海自贸区的设立以及相应的金融改革措施都有利于发展人民币离岸业务。世界各地竞相开展人民币离岸业务，促进了人民币产品的创新，增加了其对国际投资者的吸引力，推动了本币国际化的进程。

表 3-5　内地与中国香港地区以外的国家及地区就人民币离岸业务作出的相关安排

时间	与建设人民币离岸业务相关的重要事件
2012 年 8 月 31 日	中国人民银行与台湾省方面货币管理机构签署《海峡两岸货币清算合作备忘录》
2012 年 9 月 24 日	中国人民银行与中国银行澳门分行签订《关于人民币业务的清算协议》
2012 年 12 月 11 日	中国人民银行授权中国银行台北分行担任台湾省人民币业务清算行
2013 年 1 月 25 日	中国人民银行与中国银行台北分行签订《关于人民币业务的清算协议》
2013 年 2 月 8 日	中国人民银行授权中国工商银行新加坡分行担任新加坡人民币业务清算行，并于 4 月 2 日与其签订《关于人民币业务的清算协议》
2013 年 6 月 21 日	两岸签署《海峡两岸服务贸易协议》，允许台资金融机构以人民币合格境外机构投资者(RQFII)方式投资大陆资本市场，投资额度为 1 000 亿元人民币
2013 年 10 月 15 日	第五次中英经济财金对话宣布给予英国 800 亿元人民币合格境外机构投资者(RQFII)额度
2013 年 10 月 22 日	中新双边合作联合委员会第十次会议宣布给予新加坡 500 亿元人民币合格境外机构投资者(RQFII)额度

时间	与建设人民币离岸业务相关的重要事件
2014 年 3 月 26 日	中法联合声明宣布给予法国 800 亿元人民币合格境外机构投资者（RQFII）额度
2014 年 6 月 17 日	中国人民银行授权中国建设银行(伦敦)有限公司担任伦敦人民币业务清算行
2014 年 6 月 18 日	中国人民银行授权中国银行法兰克福分行担任法兰克福人民币业务清算行
2014 年 7 月 3 日	中韩同意致力于建立人民币对韩元直接交易机制，在韩国首尔建立人民币清算安排，中方同意给予韩国 800 亿元人民币合格境外机构投资者(RQFII)额度
2014 年 7 月 4 日	中国人民银行授权交通银行首尔分行担任首尔人民币业务清算行
2014 年 7 月 7 日	李克强总理宣布给予德国 800 亿元人民币合格境外机构投资者（RQFII）额度
2014 年 9 月 5 日	中国人民银行授权中国银行巴黎分行担任巴黎人民币业务清算行
2014 年 9 月 5 日	中国人民银行授权中国工商银行卢森堡分行担任卢森堡人民币业务清算行
2014 年 11 月 3 日	中国人民银行与卡塔尔中央银行签署了建立人民币清算安排的合作备忘录，同意给予卡塔尔 300 亿元人民币合格境外机构投资者(RQFII)额度，并将确定多哈人民币业务清算行
2014 年 11 月 8 日	中国人民银行与加拿大中央银行签署了建立人民币清算安排的合作备忘录，同意给予加拿大 500 亿元人民币的合格境外机构投资者(RQFII)额度，并将确定多伦多人民币业务清算行
2014 年 11 月 10 日	中国人民银行与马来西亚国家银行签署了在吉隆坡建立人民币清算安排的合作备忘录。之后，将确定吉隆坡人民币业务清算行
2014 年 11 月 17 日	中国人民银行与澳大利亚储备银行签署了在澳大利亚建立人民币清算安排的合作备忘录，同意澳大利亚试点 500 亿元人民币额度的合格境外机构投资者(RQFII)，并将确定悉尼人民币业务清算行
2014 年 12 月 22 日	中国人民银行与泰国银行签署了在泰国建立人民币清算安排的合作备忘录。之后，将确定曼谷人民币业务清算行
2015 年 1 月 21 日	中国人民银行与瑞士国家银行签署了建立人民币清算安排的合作备忘录，同意瑞士试点 500 亿元人民币额度的合格境外机构投资者（RQFII）
2015 年 4 月 29 日	人民币合格境外机构投资者(RQFII)试点地区扩大至卢森堡，初始投资额度为 500 亿元人民币

时间	与建设人民币离岸业务相关的重要事件
2015 年 5 月 25 日	中国人民银行与智利中央银行签署了在智利建立人民币清算安排的合作备忘录,给予智利 500 亿元人民币合格境外机构投资者(RQFII)额度。同日,授权中国建设银行智利分行担任智利人民币业务清算行
2015 年 6 月 27 日	中国人民银行与匈牙利中央银行签署了在匈牙利建立人民币清算安排的合作备忘录和《中国人民银行代理匈牙利中央银行投资中国银行间债券市场的代理投资协议》。给予匈牙利 500 亿元人民币合格境外机构投资者(RQFII)额度。28 日,授权中国银行匈牙利分行担任匈牙利人民币业务清算行
2015 年 7 月 7 日	中国人民银行与南非储备银行签署了在南非建立人民币清算安排的合作备忘录。8 日,授权中国银行约翰内斯堡分行担任南非人民币业务清算行
2015 年 9 月 17 日	中国人民银行与阿根廷中央银行签署了在阿根廷建立人民币清算安排的合作备忘录。18 日,授权中国工商银行(阿根廷)股份有限公司担任阿根廷人民币业务清算行
2015 年 9 月 29 日	中国人民银行与赞比亚中央银行签署了在赞比亚建立人民币清算安排的合作备忘录。30 日,授权中国银行赞比亚分行担任赞比亚人民币业务清算行
2015 年 11 月 23 日	人民币合格境外机构投资者(RQFII)试点地区扩大至马来西亚,投资额度为 500 亿元人民币
2015 年 11 月 30 日	中国人民银行授权中国建设银行苏黎世分行担任瑞士人民币业务清算行
2015 年 12 月 14 日	中国人民银行与阿联酋中央银行签署了在阿联酋建立人民币清算安排的合作备忘录,并同意将人民币合格境外机构投资者(RQFII)试点地区扩大至阿联酋,投资额度为 500 亿元人民币
2015 年 12 月 17 日	人民币合格境外机构投资者(RQFII)试点地区扩大至泰国,投资额度为 500 亿元人民币
2016 年 6 月 7 日	中国人民银行与美国联邦储备委员会签署了在美国建立人民币清算安排的合作备忘录,并给予美国 2 500 亿元人民币合格境外机构投资者(RQFII)额度
2016 年 6 月 25 日	中国人民银行与俄罗斯中央银行签署了在俄罗斯建立人民币清算安排的合作备忘录
2016 年 9 月 20 日	中国人民银行发布 2016 年第 23 号公告,授权中国银行纽约分行担任美国人民币业务清算行

时间	与建设人民币离岸业务相关的重要事件
2016 年 9 月 23 日	中国人民银行发布 2016 年第 24 号公告，授权中国工商银行(莫斯科)股份有限公司担任俄罗斯人民币业务清算行
2016 年 12 月 9 日	中国人民银行发布 2016 年第 30 号公告，授权中国农业银行迪拜分行担任阿联酋人民币业务清算行
2017 年 3 月 20 日	中国人民银行与中国银行纽约分行签署《关于人民币业务的清算协议》；中国人民银行与中国工商银行(莫斯科)股份有限公司签署《关于人民币业务的清算协议》；中国人民银行与中国农业银行迪拜分行签署《关于人民币业务的清算协议》
2017 年 9 月 21 日	中国人民银行与中国银行澳门分行续签《关于人民币业务的清算协议》
2018 年 1 月 4 日	中国人民银行与中国银行台北分行续签《关于人民币业务的清算协议》
2018 年 2 月 9 日	中国人民银行授权美国摩根大通银行担任美国人民币业务清算行

资料来源：根据中国人民银行网站公告整理所得。

3.2.8　资本账户对外开放的现状

货币国际化的必要条件之一是资本项目完全开放。我国已经实现人民币经常项目下的可兑换，在过去的十几年里，我国一直在稳步推进资本项目的开放。资本项目开放最关键的三大类型是跨境直接投资、外国债务与借款、跨境证券投资。

从 2002 年以来，我国不断放宽国内企业境外投资的限制，简化境外投资审批手续，加大参与境外投资企业的金融扶持力度；同时，积极引进外商直接投资，目前我国已经基本实现跨境直接投资的开放。而对外国债务与借款，也基本实现了一定条件下的可兑换。

在跨境证券投资方面，我国开放的步伐相对较慢，但也陆续出台相关制度和政策(见表 3-6)。

表 3-6 关于跨境证券投资方面的重要政策

日 期	政 策 制 度
2002 年 11 月 8 日	中国人民银行和中国证监会联合发布《合格境外机构投资者境内证券投资管理暂行办法》，标志 QFII 制度在我国内地正式实施
2002 年 12 月	开始实行 QDII 制度，允许符合条件的境内机构在一定额度内投资境外证券市场
2011 年 12 月 16 日	我国发布《基金管理公司、证券公司人民币合格境外机构投资者境内证券投资试点办法》，允许符合条件的机构试点开展 RQFII 业务
2013 年 3 月 1 日	我国证监会公布《关于实施〈人民币合格境外机构投资者境内证券投资试点办法〉的规定》，扩大了 RQFII 机构的类型，放宽了投资范围的限制
2014 年 11 月 5 日	中国人民银行发布了《关于人民币合格境内机构投资者境外证券投资有关事项的通知》，正式开启人民币合格境内机构投资者（RQDII）业务
2014 年 11 月 10 日	中国人民银行、中国证监会联合印发《关于沪港股票市场交易互联互通机制试点有关问题的通知》，为实施沪港股票市场交易互联互通机制进行试点，规范相关资金流动
2016 年 8 月 30 日	中国人民银行、国家外汇管理局发布《关于人民币合格境外机构投资者境内证券投资管理有关问题的通知》，按照宏观审慎管理思路，统一 QFII、RQFII 管理规则
2016 年 11 月 4 日	中国人民银行、中国证监会联合印发《关于内地与香港股票市场交易互联互通机制有关问题的通知》，12 月 5 日正式启动深港通
2017 年 6 月 21 日	中国人民银行发布《内地与香港债券市场互联互通合作管理暂行办法》，规范开展内地与香港债券市场互联互通合作相关业务
2018 年 6 月 12 日	中国人民银行、国家外汇管理局发布《关于人民币合格境外机构投资者境内证券投资管理有关问题的通知》，取消相关资金汇出比例限制、本金锁定期要求

资料来源：根据中国人民银行网站货币政策报告整理所得。

从表 3-6 中可以看到，2002 年我国开始实施 QFII 制度，引进外资进入中国证券市场，此后，我国逐步放宽对 QFII 的管制，目前 QFII 可以投资于境内 A 股、人民币计价的金融工具、一定条件下的货币市场基金、国内的封闭式和开放式基金。我国于 2002 年开始实行 QDII 制度，目前符合条件的机构包括保险外汇资金境外运作、银行代客境外理财、基金管理公司和证券公司境外证券投资等。2011年，我国开始试点 RQFII 业务[①]，此后逐步扩大投资机构的类型和投资范围，目前 RQFII 可以投资于银行间债券市场、证券交易所的相关人民币金融工具，还可以参与新股发行等。近年来，随着中国与其他国家的货币合作不断加强，RQFII 的额度也快速扩大，截至 2015 年 4 月，RQFII 试点额度达到 9 700 亿元，是起初的 200 亿元额度的 48 倍，试点地区由亚洲地区扩大到欧洲地区，包括瑞士、卢森堡等；2017 年 7 月 31 日，RQFII 额度达 17 400 亿元，如表 3-7 所示；截至 2018 年 6 月，RQFII 试点额度达到 19 400 亿元，是起初的 200 亿元额度的 97 倍，试点地区从亚洲地区拓展至 19 个国家和地区。[②]
2014 年，中国开启 RQDII 业务，RQDII 是指境内机构用人民币资金投资于境外人民币计价产品，因此 RQDII 业务的推行意味着我国进一步放宽了跨境证券投资的管制，有助于拓宽境内外人民币资金的流通渠道，促进人民币境外市场进行金融产品创新，扩大境外人民币资金池，满足投资者多层次投资需求，从而形成人民币流通的良性循环。上述 QFII、QDII、RQFII、RQDII 都是面向机构投资者开放的，而对个人跨境证券投资的开放，是从 2014 年 11 月 17 日"沪港通"正式开通后开始的。沪港通丰富了两地投资者的投资渠道，促进了人民币跨境循环流动，人民币的自由度又向前迈了一大步，这无疑会助推本币国际化的进程。

表 3-7 人民币合格境外机构投资者(RQFII)额度一览表
(截至 2017 年 7 月 31 日)

单位：亿元人民币

序号	1	2	3	4	5	6	7	8	9	10	11	12	13	14	15	16	17	18
国别或地区	中国香港	英国	新加坡	法国	韩国	德国	卡塔尔	加拿大	澳大利亚	瑞士	卢森堡	智利	匈牙利	马来西亚	阿联酋	泰国	美国	爱尔兰
总额度	5 000	800	1 000	800	1 200	800	300	500	500	500	500	500	500	500	500	500	2 500	500
总计	17 400																	

资料来源：中国人民银行网站（http://www.pbc.gov.cn/huobizhengceersi/214481/214511/214541/3353449/index.html）。

---

① RQFII：人民币合格境外机构投资者，是指经主管部门批准，运用在中国香港募集的人民币资金开展境内证券投资业务的相关主体。

② 数据来源：中国人民银行网站（http://www.pbc.gov.cn/publish/huobizhengceersi/3135/index.html）。

总体来看，我国资本账户可兑换继续稳步推进。特别是 2014 年金融改革的深化，一系列创新举措推动放松人民币管制，具体包括跨国公司外汇资金集中运营试点推广到全国、逐步扩大资本金意愿结汇改革试点、进一步拓宽"走出去"的资金运用渠道、扩大资本市场双向开放以及落实资本项目便利化措施，可以说 2014 年是资本项目开放的转折点。2016 年，人民币资本项目在全国范围内实施全口径跨境融资宏观审慎管理；进一步开放和便利境外机构使用人民币投资银行间债券市场，更多类型境外主体可在境内发行人民币债券；简化人民币合格境外机构投资者管理；优化沪港通机制，取消总额度限制，启动深港通。目前比照国际货币基金组织(IMF)发布的《汇兑安排与汇兑限制年报》中七大类资本项目交易共 40 个子项目交易，人民币已实现可兑换、基本可兑换、部分可兑换的项目共计 37 项，占全部交易项目的 92.5%。[①] 实现基本可兑换的大类包括直接投资清盘、直接投资以及信贷工具；实现部分可兑换的主要包括股票市场交易、债券市场交易、不动产交易和个人资本流动四大类；不可兑换项目主要为非居民参与集体投资类证券和衍生工具交易。下一步，我国将继续按照"服务实体，循序渐进，统筹兼顾，风险可控"的原则，有序推进人民币资本项目可兑换，提升跨境投资和交易的便利化，促进资源在全球有效配置，助力经济转型升级和稳定发展。

3.3　人民币国际化的基础设施建设

3.3.1　人民币跨境支付系统(CIPS)

在 2015 年 10 月开始的 CIPS 一期建设中主要采用实时全额结算的方式，为跨境贸易、跨境直接投资、跨境融资和跨境个人汇款等人民币业务提供清算、结算服务。其特点是实时全额结算、集中清算，运行时间覆盖亚、欧、

---

① 参见中国人民银行《2017 年人民币国际化报告》。

非、大洋洲等人民币业务主要时区，为境内直接参与者提供专线接入方式。进一步发展须采用节约流动性的混合结算方式，提高人民币跨境和离岸资金的清算、结算效率，覆盖范围面向全球。

2016 年，中国人民银行进一步推动人民币跨境支付系统(CIPS)系统建设和直接参与者扩容。2016 年 7 月，中国银行(香港)有限公司作为直接参与者接入 CIPS，中国银行(香港)有限公司是 CIPS 首家境外直接参与者，其成功接入使 CIPS 业务量大幅提升。截至 2016 年末，CIPS 共有 28 家直接参与者，512 家间接参与者，覆盖六大洲 80 个国家和地区；系统累计运行 312 个工作日，共处理支付业务 722 849 笔，金额 48 427 亿元。[1]

3.3.2 境外人民币业务清算行

2016 年，中国人民银行先后与美联储、俄央行签署了在美国、俄罗斯建立人民币清算安排的合作备忘录，在美国、俄罗斯、阿联酋指定了人民币业务清算行(参见表 3-8)。截至 2016 年末，中国人民银行已在 23 个国家和地区建立了人民币清算安排，覆盖东南亚、欧洲、中东、美洲、大洋洲和非洲。人民币清算安排的建立，有利于上述国家和地区的企业及金融机构使用人民币进行跨境交易，进一步促进贸易投资便利化。

表 3-8　境外人民币业务清算行分布情况

序号	时间	国家和地区	清算行
1	2003 年 12 月	中国香港	中国银行(香港)有限公司
2	2004 年 9 月	中国澳门	中国银行澳门分行
3	2012 年 12 月	中国台湾	中国银行台北分行
4	2013 年 2 月	新加坡	中国工商银行新加坡分行
5	2014 年 6 月	英国	中国建设银行伦敦分行
6	2014 年 6 月	德国	中国银行法兰克福分行

① 参见中国人民银行《2017 年人民币国际化报告》。

序号	时间	国家和地区	清算行
7	2014 年 7 月	韩国	交通银行首尔分行
8	2014 年 9 月	法国	中国银行巴黎分行
9	2014 年 9 月	卢森堡	中国工商银行卢森堡分行
10	2014 年 11 月	卡塔尔	中国工商银行多哈分行
11	2014 年 11 月	加拿大	中国工商银行(加拿大)有限公司
12	2014 年 11 月	澳大利亚	中国银行悉尼分行
13	2015 年 1 月	马来西亚	中国银行(马来西亚)有限公司
14	2015 年 1 月	泰国	中国工商银行(泰国)有限公司
15	2015 年 5 月	智利	中国建设银行智利分行
16	2015 年 6 月	匈牙利	中国银行匈牙利分行
17	2015 年 7 月	南非	中国银行约翰内斯堡分行
18	2015 年 9 月	阿根廷	中国工商银行(阿根廷)股份有限公司
19	2015 年 9 月	赞比亚	中国银行赞比亚分行
20	2015 年 11 月	瑞士	中国建设银行苏黎世分行
21	2016 年 9 月	美国	中国银行纽约分行
22	2016 年 9 月	俄罗斯	中国工商银行(莫斯科)股份有限公司
23	2016 年 12 月	阿联酋	中国农业银行迪拜分行

资料来源:中国人民银行《2017 年人民币国际化报告》。

3.4 人民币国际化所处阶段的基本判断

根据上述人民币国际化指数的变化以及人民币在各个方面的发展情况可见,我国与其他国家的货币互换额度逐年增加,互换区域也在增多,从亚洲地区往欧洲等发达国家拓展,开展货币合作有利于规避汇率风险,降低交易成本;虽然人民币在跨境贸易和投资中的结算规模飞速扩大,但是要进一步扩展还是面临不少问题。比如贸易企业的计价能力低、商业银行的金融服务水平有限等;人民币债券的发行规模逐年上升,但是相比发达国家,我国的债券和票据规模相差甚远；人民币境外信贷市场发展缓慢；人民币离岸市场的建设从中国香港扩展至全球，离岸人民币资金池持续成长；我国虽然资本账户还未完全对外开放，但 RQFII 额度扩大以及沪港通、深港通的推出都加速了外资参与国内资本市场的步伐。这些都促进了人民币国际化的进程。

总体来看，国际市场对人民币的需求正在逐步增加，2015 年前后，人民币支付金额保持三位数的持续增长，累计增长了 321%，人民币贸易结算在中国贸易总额中所占比例超过 20%，人民币在全球支付货币行列从第七位跃居第五位，前四位分别是美元、欧元、英镑和日元。[①] 应该说世界上对人民币的接受程度有了很大的提高，但人民币国际化基本上处于结算货币和投资货币的初期。未来，我们还需步步为营，朝着人民币国际化的目标前进。

3.5　人民币国际化的主要障碍

3.5.1　中国经济结构的阻碍

一国货币国际化最基本的条件是国家经济持续增长。当一国经济持续增长，人们对该国货币的价值就有信心，对该国的货币需求才会持续增加，这时货币国际化就开始了。中国从改革开放以来，经济增长模式是粗放式的增长模式，虽然经济得到了快速发展，但是这是不可持续的。

1. 中国的对外贸易结构对人民币国际化不利

从其他世界货币国际化的经验可以看出，国际贸易是货币国际化的基础。我国的对外贸易发展很快，规模已跻身世界前列，国际收支长期以来保持双顺差，近几年来出现资本项目逆差，但总体上还是顺差，这就不利于人民币流出。除此以外，对外贸易的结构对人民币国际化的长远发展还存在一些阻碍。

---

① 数据来源：路透中文网．人民币迈入全球五大支付货币行列［EB/OL］．2015 - 01. http://cn. reuters. com/article/2015/01/29/cn-frx-idCNKBS0L20WV20150129? sp＝true.

（1）规模结构

规模结构是指一国的对外贸易额占世界贸易总额的比重。一国的对外贸易规模越大，占世界贸易的份额越多，对本币的国际化进程越有利。原因是伴随着该国在世界上贸易地位的提升，本币在贸易中参与计价和结算的可能性就会得到强化。中国的对外贸易规模增长迅速。2009 年中国超过德国成为世界第一大出口国和第二大进口国；2012 年中国超越美国成为全球最大货物贸易国。然而，贸易中计价货币和结算货币的选择要受到现存国际货币使用惯性的影响。我国对外贸易中，计价和结算货币主要还是以美元、日元等为主，这在一定程度上阻碍了人民币的国际化进程。

（2）商品结构

在商品贸易中，交易的商品在市场上的地位不同，导致交易双方的谈判地位不同。计价和结算货币的选择取决于进出口双方地位和利益的博弈。我国很多企业是采用加工贸易方式，处于产业制造链的尾端，附加值低，在贸易中缺少话语权；出口的产品大部分是劳动密集型产品，科技含量不高，替代产品多，竞争力较差，因此在结算货币的选择上主动权在进口方；我国进口产品中国际大宗商品占比较高，而这类商品均以美元计价、结算，用人民币结算的可能性很小。

（3）区域结构

从我国对外贸易的区域结构来看，发达国家在我国对外贸易中占比较大，将近一半，主要包括美国、欧盟、日本等。发展中国家与发达国家进行贸易时，往往处于弱势地位，在选择计价和结算货币时缺乏话语权，因而一般使用发达国家的货币作为计价和结算货币。而中国与非洲、巴西、澳大利亚、中亚等国的贸易多以资源类大宗商品为主，这类商品国际上一般用美元计价和结算。因此，中国对外贸易的区域结构对人民币的跨境贸易结算造成一定的障碍。

2. 中国的投资结构不利于人民币国际化

从对内投资来看，中国改革开放 40 年来，经济保持较快增长，虽说主要依靠三驾马车——出口、投资、消费拉动，但实际上中国国内消费需求长期不足，出口需求由于外部环境恶化、美国重振制造业和人民币持续升值而导致增速明显放缓，因而投资需求成为中国经济保持增长的关键因素。但是过去很多年，中国主要投资于房地产行业和基础设施的建设，对服务业重视不够，导致房地产价格持续上升，政府债务累积。近两年，中国房地产市场泡沫面临破灭的风险，地方政府债务问题也开始显现，房地产产业和政府对基础设施的投资将难以长期维持。中国的经济增速开始下滑，人们担心中国经济会"硬着陆"，一旦中国经济出现衰退的局面，人民币资产的需求必将大幅下降，像日本一样，人民币国际化的进程必会受到严重影响。

从对外投资来看，对外投资具有货币兑换乘数效应，即对外投资活动引起的多次本币与外币的兑换。大量的本币与外币的兑换，能够形成本币在其他货币中的参照价值，从而使本币成为计价和结算货币的中间货币。中国的对外投资一直保持增长的趋势，2013年对外投资流量首次突破千亿美元大关，蝉联全球第三大对外投资国；但对外投资存量仍然很小，仅相当于美国的十分之一，这说明我国对外投资规模还比较小。从对外投资的企业结构来看：以国有企业为主，约占四成；中小企业面临融资难、国际经营人才短缺、信息匮乏等问题。从投资的地域结构来看：我国主要投资于亚洲、非洲、拉丁美洲等发展中国家，对发达国家投资较少。从对外投资规模来看：存量占世界比重很小，对人民币国际化的促进作用不大。

所以，主要靠政府投资来促进经济增长是不可持续的，消除阻碍经济增长的隐患，重视民间投资和服务业的发展，促进企业积极"走出去"，优化投资结构，才能使投资成为助推人民币国际化进程的一股力量。

3. 中国的消费结构不利于人民币国际化

消费需求作为经济增长的一大动力，它通过影响中国经济增长来间接影响人民币国际化。

从消费支出的规模看，改革开放以来，我国消费支出逐年增加，从1978年的2 239.1亿元到2013年的300 337.8亿元，增长了133倍（见表3-9）。但与美国等发达国家相比，我国的消费支出总额远不及它们，我国的人均消费支出更是远远低于发达国家；但是近年来差距在不断缩小。这说明我国总体消费水平不高，人均消费水平更低。

表3-9　1978—2017年中国最终消费情况　　（单位：亿元）

年份	最终消费	国内生产总值（支出法）	最终消费率（%）
1978	2 239.10	3 605.60	62.1
1983	4 126.40	6 216.20	66.4
1988	9 839.50	15 388.60	63.9
1993	21 899.90	36 938.10	59.3
1998	51 460.40	85 486.30	60.2
2003	79 513.10	138 314.70	57.5
2008	157 466.30	319 935.80	49.2
2013	300 337.80	596 962.90	50.3
2014	328 312.61	647 181.68	50.6
2015	362 266.51	689 109.44	52.4
2016	400 175.58	746 314.86	53.6
2017	443 337.39	827 122.00	53.6

数据来源：国家统计局网站，http：//data. stats. gov. cn/workspace/index? m＝hgnd，http：//data. stats. gov. cn/easyquery. htm? cn＝C01。

从消费支出占 GDP 的比重看，总体上中国消费占 GDP 的比重在不断下降，但是美国等发达国家消费支出占 GDP 的比重在不断上升，且该比例远大于中国。这说明中国长期消费增长乏力，储蓄倾向偏大。

数据统计发现，发达国家消费占 GDP 比例普遍达到了 80%，而我国近 10 年时间这一数值占比仅在 50% 附近波动，远远低于发达国家的水平。在中国经济下行压力不断增加的背景下，作为发展经济重要的三台引擎——投资、出口、消费正在遭遇截然不同的发展经历。投资和出口增速有所下降、城乡居民收入较快增长使得最终消费对经济增长的贡献明显提升，国家统计局公布的 2015 年我国最终消费贡献率已经达到了 66.4%，相比 2014 年出现了快速的上升，消费已经成为中国经济增长的最大动力，预计未来消费的地位还将进一步提高。

从消费的行业产品结构来看，中国在统计时把消费支出分为食品、衣着、居住、家庭设备及用品、交通通信、文教娱乐、医疗保健和其他几类，消费支出主要集中在食品、衣着、居住及交通通信等基本需求上；而美国等发达国家主要集中在服务和非耐用品商品上。比如 2013 年，中国城镇居民人均消费支出中食品占 35.0％，衣着占 10.55％，交通通信占 15.19％，居住占 9.68％。^①另外，恩格尔系数是食品支出总额占个人消费支出总额的比重，一个国家该系数越低，说明国民的平均收入中用于购买食物的支出占比越小，这个国家就越富有。中国历年来该系数都较高，例如 1990 年城镇居民家庭恩格尔系数是 54.2％，农村是 58.8％；2013 年城镇是 35.0％，农村是 37.7％，都远远高于发达国家。由此看来，中国的消费层次还较低。

因此，从出口、投资和消费三大需求来看，中国经济增长是投资和出口主导，依赖外需。消费增长乏力不利于内需增长，对投资和出口过度依赖不利于经济持续稳定增长，反而会埋下经济风险的种子。而强大的经济实力是人民币国际化的保障，因此优化中国经济结构，促进经济可持续发展是人民币国际化进程中不可懈怠的重要方面。

3.5.2　中国金融体制的阻碍

1. 金融市场不完善、不够开放

从前面几大世界货币国际化的经验可以看出，货币国际化通常需要完善和开放的金融市场。"完善"是指金融市场具有相当的广度和深度：广度体现金融市场的规模，表现为金融工具的数量；深度体现金融市场的效率，表现为市场完善程度。"开放"是指金融市场几乎不受资本和汇率管制，有相当的自由度。

改革开放以来，我国金融市场已经取得了很大的进步，但是，和发达国家完善的金融市场相比，我国的金融市场还是明显落后的。第一，金融市场的广度不够。我国已经建立了货币市场和多层次的资本市场，但是，货币市场的发

---

① 数据来源：根据中国统计局网站的数据计算所得，http://data.stats.gov.cn/workspace/index? a = q & type = global & dbcode = hgnd & m = hgnd & dimension = zb & code = A0A030D & region = 000000 & time = 2013，2013。

展明显滞后于资本市场；期货市场仍以商品期货为主，金融期货市场规模小；债券市场、创业板、场外规模偏小，远远滞后于股票主板市场。这就使得金融市场整体规模的扩大受阻。金融市场规模小，就难以抵御外部冲击，资产价格的波动性增大，交易成本上升。第二，金融市场的深度不够。这体现在我国金融市场产品不丰富，特别是金融衍生品还处在萌芽阶段，较多金融产品是直接从国外引进的，我国自身产品创新不够。第三，金融市场开放度低。我国实行资本项目和汇率管制，国内金融市场对境外投资者的开放度有限，这会极大地限制外国投资者对人民币资产的持有和置换，另一方面也会削弱本币作为各国央行外汇储备货币的吸引力。

金融市场的广度和深度不够，导致人民币资产流动性偏低、规模偏小，人民币金融产品种类偏少，不能满足国外金融机构对人民币计价资产的流动性、风险对冲和多样化的需求；同样，不能满足境外官方机构对人民币资产保值增值的储备需求，这样会导致人民币金融资产的国际吸引力大打折扣。金融市场国际化和自由化程度低则限制了人民币资产自由流动，因而也会大大削弱境外私人机构对人民币金融资产的兴趣，阻碍人民币的国际化。

2. 人民币汇率形成机制不合理

一国货币成为世界货币取决于市场的选择，在市场中货币的价格由汇率和利率反映出来，所以利率和汇率应该由市场的供求情况来决定。

目前我国还不具备资本项目完全开放的条件，然而，人民币完全国际化必然要求我国资本项目最终完全开放。根据蒙代尔的"三元悖论"，货币政策的独立性、资本自由流动、汇率稳定三者不可兼得，只能同时实现两种。在资本项目开放以后，我国要实现经济稳定发展必须尽可能保持货币政策的独立性，因此，人民币汇率最终会走向浮动汇率制度。虽然人民币汇率形成机制经历了多次调整，整体上汇率弹性有所增强；但是，由于我国出口产品仍然以劳动密集型产品为主，"低价竞争"是我国出口产品普遍采用的竞争手段。[①] 并且这种

---

① 王胜，田涛. 人民币汇率变动的不完全传递：基于非对称视角[J]. 上海金融，2013(9)：59 - 63.

贸易模式在短期内难以得到根本性的改变，因此汇率市场化还有待时日。虽然在中国快速持续的经济增长背景下，人民币的实际汇率是不断上升的，但是汇率的升值会大幅挤压出口企业的利润空间；此外，受到预期作用的影响，大量的国际游资蠢蠢欲动，通过各种途径进入中国。因此，现阶段我国显然还不具备人民币汇率市场化的条件，只能通过现行的汇率管理制度，避免人民币汇率快速波动对我国经济的冲击。

在开放经济体中，国内外的利率差会使投资者产生套利行为，引起对一国货币的需求，从而影响一国汇率。人民币国际化必然会加强国内外金融市场的联系，而利率完全市场化是实现国内金融产品价格与国际接轨的先决条件。目前，我国虽然已基本实现了利率市场化，不同金融机构之间同业拆借利率、国债和政策性金融债发行利率及金融机构贷款利率都实现了市场化，央行也取消了存款利率浮动上限的设置。但是从整体上说，我国利率市场化改革后，金融体系的脆弱性仍然不利于人民币汇率机制的完善。其一，我国各类商业银行还没有实现盈利模式的多元化，"存贷差"仍然是我国商业银行最主要的收入，其比重占我国商业银行总收入的70％以上，"存贷差"的市场化变化会对传统金融机构的生存构成极大的挑战。其二，中国金融机构的特殊性决定了国有商业银行承担国有企业与地方政府贷款的绝大部分，人民币利率市场化的加快推进，导致国有企业和地方政府融资成本与还贷压力增大，出现债务违约并连累商业银行，产生金融风险。其三，国有金融机构的垄断地位和超规模性，涉外资产和负债规模巨大，短期内也难以适应利率市场化后汇率—利率的联动对内外资产和负债的转换调整的需求。

3. 人民币跨境流通机制不健全

人民币流出的主要形式是对外贸易和对外投资。我国经常项目长期以来保持顺差，又受制于人民币结算规模，因而通过对外贸易大量输出人民币受阻。资本项目中，一方面，我国先前的政策倾向于引进外资和技术转移，以快速提高我国的技术水平，同时弥补我国人才短缺的现象。另一方面，企业"走出去"的意愿不足，又受到其他经济体对中国的接受程度的影响，人民币在短期内输出有限。前文中提到，香港离岸人民币中心的发展一度陷入停滞，主要原因就在于目前的人民币循环机制很难持续。现在的机制是通过贸易项下使人民币流入香港地区，然后通过资本和金融项下使人民币回流境内，以境内金融市场的较高收益来回补境外人民币的获取成本。但是，总体上看，在贸易和资本项下，内地对中国香港地区甚至其他很多地区都是双顺差，因此，流入中国香港地区或者其他地区的人民币数量是有限的；而这有限的人民币又必须回流内地产生收益的话，则中国香港地区或其他地区的存量人民币必然更加有限，导致难以形成香港自身内生性的人民币创造机制，这样的人民币循环是不可持续的。

由于我国金融体制改革滞后，资本账户未完全放开，近年来虽然由于跨境贸易人民币结算业务的扩张而带来境外人民币需求迅速增加，但国际市场上缺少可投资的人民币金融产品，导致境外的经济主体持有人民币却花不出去，人民币回流渠道缺乏大大降低了境外经济主体对人民币的接受意愿，这就阻碍了人民币的跨境流通循环，不利于人民币国际化进程。

3.5.3 国际货币的历史惯性

国际货币的惯性是指在一国货币成为国际货币的过程中，该货币的规模经济和外部交易网络效应逐渐形成优势，即使后来该国经济实力下降，或者其他国家经济实力超过该国，但该国货币还能在位较长时间，继续发挥国际货币职能。在国际货币三大职能中，历史惯性在计价货币和交换媒介两大职能中表现得尤为明显。它形成的主要原因是规模经济效应和羊群效应。当一种货币成为国际货币，其所形成的规模经济效应会大大降低交易成本，单个厂商改变定价货币就会将市场需求推向其竞争者，历史惯性产生；羊群效应是指交易商往往选择和竞争者相同的定价货币，某种货币被无数厂商使用的结果导致它成为市场上占主导地位的计价货币。美元就是这样在国际贸易和金融活动中巩固了其作为计价、结算和储备货币的霸权地位，目前还没有哪种货币能完全替代美元。

历史惯性表明：一方面，目前在位的国际货币有其成为国际货币的历史惯性，即使相应国家的经济实力不再与其货币地位相匹配，主要货币也能在较长时间内继续发挥国际货币的职能，比如美元、欧元、日元，人民币要想成为国际货币会受到当前国际货币的阻碍；另一方面，人民币不具有成为国际货币的历史惯性，即使中国的综合实力已经强大到足够支撑人民币的国际化地位，但在国际市场形成人民币的交易网络和规模效应以前，人民币要实现国际化还需要较长一段时间。

3.5.4 人民币国际化产生的负面效应

人民币在实现国际化的过程中，既有利益，也有弊端，而这些弊端会反过来阻碍人民币国际化的进程。总结人民币国际化的弊端主要如下：一是加大了宏观政策调控的难度，尤其是货币政策，可能削弱本国货币政策的独立性、影响利率政策的灵活性、增加面临"特里芬难题"的风险；二是国内市场可能受国际大规模资金的冲击，从而影响国内经济金融稳定，发生内外失衡的"米德冲突"；三是无法有效监测人民币现金流量；四是可能遭受其他货币挤压的风险；五是可能像日本一样遭受货币逆转的风险。而在这些弊端中，最为明显的是人民币国际化对货币政策的负面影响，其表现为以下四个方面。

1. 削弱本国货币政策的独立性

从理论的角度来看，根据蒙代尔的"三元悖论"，资本自由流动、货币政策的独立性、汇率稳定三者不能同时实现。当人民币逐步走向国际化，资本项目也逐步放开，最终能实现自由流动；为了维持人们对人民币价值的信心，就要维持人民币汇率的稳定，因此货币政策的独立性就不能得到保障了。从实践的角度来看，在推进人民币国际化的进程中，人民币在国际间的计价、支付和储备功能将逐渐增强，国际上对人民币的需求量逐渐上升，从而货币需求因素中增加了国际因素，国内货币发行时需要将此考虑进去，因此，货币政策的制定和执行的难度将大大增加。另外，当货币实行区域化、国际化以后，部分货币会流出境内，在境外流通，该部分货币量的数据难以准确掌握，也难以被货币当局调控，因此央行调控货币供应量的方向和力度的难度也必然增加。

2. 影响利率政策的灵活性

伴随着本币的国际化，利率对本国经济和国际市场的反应越来越灵敏，相应的利率形成机制也逐步向国际化的方向调整。这样，货币发行国的利率政策将会受货币国际化进程的影响。因此，在推进人民币国际化的进程中，完善利率市场化机制是重要组成部分。

3. 面临"特里芬难题"的风险

"特里芬难题"最早由美国耶鲁大学教授特里芬（Triffin，1960）在《黄金与美元危机——未来可兑换性》一书中提出，意思是：一方面，一国货币成为国际货币以后，该国要通过国际收支逆差来满足国际上对其货币的需求，这就必然会导致该货币贬值；另一方面，作为国际货币要保持货币币值比较稳定，因此不能持续逆差。这就使该货币发行国处于两难的境地。

4. 对国内经济政策可能产生一定的负面影响

我国是一个人口众多、就业压力长期存在的国家，为了保持经济快速增长、缓解就业压力，就要在刺激内需的同时不断拓展外需。人民币国际化的最终目标是成为国际储备货币，这就要求我国通过国际收支逆差输出人民币，而长期逆差意味着出口减少、进口增加，结果就是外需减少和国内部分市场被挤压，这对保持国内经济持续快速增长和增加国内就业可能产生一定的负面影响。

本书第 6 章至第 8 章将构建理论和实证模型来分析人民币国际化对货币政策的影响。

本章小结

本章首先从人民币国际化指数和人民币跨境使用各方面的情况分析了人民

币国际化的现状：人民币国际化进展较快，但还是处于初级发展阶段。然后，从现状中发现并总结了阻碍人民币国际化的因素，主要从经济结构、金融体制、国际货币的历史惯性及人民币国际化的负面影响这几方面进行了分析。

第4章 人民币国际化的动力机制

随着中国经济领先发展，人民币越来越得到跨国资本的认可，包括伦敦、中国香港、新加坡都在争先建立人民币离岸金融中心，以满足各区域内在贸易、投资、储备方面对人民币的需求。人民币国际化已逐步由民间诉求上升为国家金融战略的重要组成部分。自从 2009 年中国逐渐推出多项货币互换、人民币贸易结算以来，人民币的国际化程度不断加深。与贸易结算相关的人民币结算额呈现出了指数型的增长。截至 2013 年 9 月底，上海市辖区内参与中国人民银行建立的人民币跨境收付信息管理系统(RCPMIS)的有 88 家结算银行。上海市 2013 年前三季度总结算额为 5 946 亿元，占全国比重 18.88%。2014 年上半年，业务量高达 8 268 亿元(其中六月增量 1 493 亿元)，比 2013 年前三季度增加 39%。[①] 此外，国际投资者对中国债券的高回报、高保值、高稳定性持有非常高的评价。上海一直是以"经济中心、金融中心、贸易中心、航运中心"来定位的，其中金融中心的建设已取得不俗的成就。2013 年，上海自贸试验区的建立也为人民币国际化和上海建立离岸金融中心提供了一个制度上的发展良机。

现有的国内外文献从基本理论上对货币国际化和离岸金融中心的成因、发展路径、风险因素等进行了较全面的分析。本章尝试对人民币国际化的动力机制进行系统分析，同时分析各促动因素之间的作用机制。

纵观人民币国际化的进程，一开始人民币在周边国家使用，源于市场的需

---

① 数据源于中国人民银行上海总部网站，"跨境人民币业务—业务动态"，http://shanghai.pbc.gov.cn/。

要；而人民币要成为真正的国际货币，还受到许多内部和外部因素的制约，这就需要政府作出相应的制度安排(供给)为人民币国际化创造条件。我们研究认为，在内需、外需双重作用以及政府有力的政策促动下，人民币国际化程度逐步提升。内外市场需求是人民币国际化主因，政府制度安排与政策促动是辅因，两者缺一不可。

这表现在：第一，我国的经济实力和综合国力都在不断增强。2017 年我国 GDP 为 82.71 万亿元，较上年增加 6.9%。此外，经济高速增长的同时，我国正推行产业升级和优化，在未来，在大体量、高增速的同时，我国的经济发展会更加健康。其中也包括金融行业的众多变革。第二，人民币币值稳定为国际化提供了坚实的基础；而人民币币值稳定是由我国巨额的贸易规模和外汇储备决定的。2013 年中国货物进出口总额为 4.16 万亿美元，已成为世界第一货物贸易大国。这是 100 多年来发展中国家首次成为世界货物贸易冠军，也是中国继成为全球第二大经济体、最大外汇储备国和最大出口国之后又一突破。2016 年我国贸易规模和外汇储备分别为 24.3 万亿元和 3.01 万亿美元。[①] 第三，我国银行体系的深化改革提供了积极条件。这为我国进一步利率市场化，也为汇率自由化、资本账户开放提供了良好先机。

4.1 市场力量的"内生驱动"

人民币国际化是市场需求推动的必然结果。国际上对人民币的需求强度主要由三个因素来决定：人民币的价值稳定、人民币的可获得性及交易网络规模。具体来讲，人民币国际化的市场因素主要包括中国经济在国际市场上的分工优势、人民币的规模经济与范围经济、网络外部性和货币替代性。

---

① 数据来源：贸易规模全球第一 中国期待从贸易大国到贸易强国. 新华网，2014 - 03 - 01. http://www.chinanews.com/gn/2014/03-01/5898790.shtml。2016 年我国虽然贸易规模和外汇储备较上年分别下降 0.9% 和 9.6%，但仍居世界第一。

4.1.1 从国际分工的角度

在经济全球化的今天，一国货币的地位在本质上反映的是该国在国际分工体系中的地位，最终，货币的地位也由该国在国际分工体系中的地位决定。原理是：当一国具有国际分工地位的优势，其他国家对该国商品的需求会增加，从而外国居民对该货币的需求也会增加，这种货币需求的大量增加提升了该货币在国际金融市场上的地位，逐步发展成外汇市场上的载体货币，进而成为储备货币。因此，中国在国际分工中的优势，决定了国际上对人民币需求的增加。

目前，中国在国际分工体系中有两个特点：一是经济总量居世界第二，远远超过世界平均水平；但人均 GDP 的世界排名比较靠后。二是劳动生产率、技术水平远远低于 GDP 相当的国家。这就决定了中国在国际分工体系中具有相对优势和劣势。在中国周边国家和东亚地区，只有日本、韩国和中国的经济规模在世界平均水平线之上。其中，日本的地位优势比较突出，它同时具有较大的经济规模和较高的劳动生产率；韩国的经济规模相对较小；中国的经济总量最大，但是劳动生产率较低。日本的地位优势稍高于中韩两国。而中国周边国家，诸如吉尔吉斯斯坦、塔吉克斯坦、越南、老挝、蒙古、尼泊尔等，它们的经济规模和劳动生产率都明显远低于中国，加之日元国际化受到限制，因此，中国相对于周边国家具有明显的地位优势。而中国相对于美国、德国等发达国家，劳动生产率远低于它们，国际分工地位处于劣势。

通过以上分析，我们可以得出基于国际分工视角的人民币国际化动力机制（见图 4-1）：要提高中国在国际分工体系中的地位，必须提高劳动生产率，但劳动生产率是由一国的技术水平、管理水平或体制决定的，它们无法在短期内提高或优化，这种国际分工体系也决定了人民币国际化将是个长期的过程，可以先实现人民币的周边化和区域化。

图 4-1 基于国际分工视角的人民币国际化动力机制

4.1.2 从规模经济和范围经济的角度

规模经济(economy of scale)是指在合理的生产规模内，随着产出增加，单位产品的成本随之降低的情况。[①] 一国货币的规模经济即随着货币使用范围(从而货币数量)的扩大，货币的交易成本下降，人们就会倾向于使用该种货币。

一国货币的规模经济源于该国较大的贸易规模。从整体来看，中国的进出口贸易额、外汇储备量世界排名第一，已经达到相当大的规模，这有利于人民币在对外贸易中发挥载体货币的功能。近年来亚洲地区贸易量的增加大部分和中国有关，比如日本、韩国、新加坡、印度等，内地与这些国家和香港行政特别区的贸易联系密切，贸易规模较大。从中国香港、新加坡等公布本币对人民币的汇率可见，人民币的地位在亚洲有所提高。中国在亚洲地区的交易网络逐步扩大，交易网络的参加者选择具有稳定发展前景的贸易伙伴的货币可以降低交易成本，而人民币的价值相对比较稳定，又有中国较大的经济总量提供支撑，因此周边国家和一些地区对人民币的需求增加。

范围经济(economy of scope)是指由一个企业生产多种关联产品的整体成本低于多个企业分别生产这些产品的成本总和的现象，也就是企业多元化经营能够节约成本。[②] 而货币的范围经济即经济主体，使用多种货币能够降低交易成本的现象。比如在各国的外汇储备中往往有多种国际货币，目前主要有美元、欧元、英镑、日元等，储备的多元化可以减少某种货币贬值带来的损失。在当前的国际货币体系中，美元独大，其他世界货币的影响很小，货币的范围经济效应并没有体现出来。金融危机后，拥有大量美元资产的经济主体，由于美元贬值而受到重大损失，中国就是其中之一。而对个人投资者来说，多元化投资可以降低投资风险，持有多种货币资产是理性的选择。无论是国际储备还是个人投资，持有一篮子货币，要发挥货币的范围经济需要篮子中几种货币的

---

① 亚当·斯密. 国民财富的性质和原因的研究[M]. 郭大力，王亚南，译. 北京：商务印书馆，1972：5-12.

② 斯蒂格利茨，沃尔什. 经济学[M].4版. 黄险峰，张帆，译. 北京：中国人民大学出版社，2013：151.

影响力相当。人民币在国际上的地位逐渐增强，越来越多的国家和投资者愿意接受人民币作为投资和储备货币。

从货币规模经济和范围经济的视角总结人民币国际化的动力机制（如图 4 - 2）：一方面，中国与其他国家和地区的贸易中使用人民币作为载体货币，将形成良性的贸易经济循环，人民币能逐步扩大交易网络，形成规模经济效应，中国能够减少对美元的依赖，从而可以在一定程度上减少美元带来的风险。另一方面，随着人民币可接受性增加，未来的国际货币体系将形成美元、欧元、人民币等多元化国际货币的竞争与合作的情形，我们能够预想到那时货币的范围经济效应显现，国际交易的成本将比目前美元独大的情形要低。随着本币国际化进程的深入，货币的范围经济效应会逐步增强，反过来又推动人民币的国际化，最终使人民币成为像美元一样的强势货币。

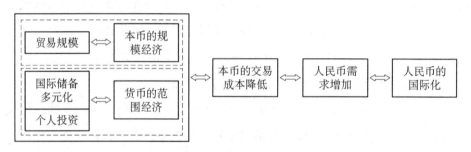

图 4-2　基于规模经济和范围经济视角的人民币国际化动力机制

4.1.3　从网络外部性的角度

网络外部性的含义是指新使用者会选择具有主导市场的网络，网络中用户越多，每个用户得到的效用就越高。国际货币的网络外部性与此类似，任何一个人对某种货币的持有依赖于其他人愿意接受这种货币进行支付的程度，一种货币被接受的范围越广，使用和持有该货币的价值越高，该货币就创造了一种正的网络外部性。国际货币的网络外部性表现出较强的自我强化效应。当越来越多的人使用某一种货币，用这种货币的成本肯定会降低，这样其他人也会倾向于使用这种货币，这种货币的网络效应就越来越大了，继而它相对于其他竞争货币就更有优势，如此循环往复，该货币的地位越来越高，就可能形成货币的自然垄断。基于这个角度，近年来人民币在周边国家和一些地区的使用量增加，在越南、蒙古等国得到认可和接受，被广泛用于小额贸易结算。但是中国和这些国家的贸易规模较小，使得人民币的交易网络范围相对于全球互通型的交易网络还很小。

另外，网络外部性会使在位国际货币的地位更加巩固，形成货币的历史惯性，因为从使用某种货币转换成另一种货币需要支付一定的成本，比如美元、欧元等已成为国际货币网络中的强势惯性货币。目前国际上对贸易的计价和结算、大宗商品的计价和结算、金融交易媒介等仍以美元为主，这也是人民币无法在短期内成为国际货币的原因。

图4-3 基于网络外部性视角的人民币国际化动力机制

4.1.4 从货币替代的角度

货币替代从广义上讲是指在开放经济与货币可兑换的条件下，当一国出现严重的通货膨胀或出现一定的汇率预期时，人们会减持本币，增持价值相对较高的货币，从而使价值相对较高的货币在储藏手段、交易媒介、计价标准等货币职能方面全部或部分地替代本币。在我国，货币替代一般可由以下几种理论进行解释。

1. 货币服务的生产函数理论

这个理论由美国罗格斯大学的马克·迈尔斯于1978年首次提出。该理论认为：人们会根据持有本外币的相对效益和机会成本来调节持有比例，实现货币服务功能的最大化，从而产生货币替代现象和多元化持有国际货币的需求。迈尔斯认为，本外币的需求函数应包括其各自提供的货币服务、持币的机会成

本等因素，形如(4-1-1)式：①

$$\lg \frac{M_d}{EM_f} = a_0 + b\lg \frac{s_1}{s_2} + b\lg \frac{1+i_f}{1+i_d} \qquad (4-1-1)$$

其中，M_d、M_f 分别表示本币、外币的名义持有余额；E 表示直接标价法下的名义汇率；s_1、s_2 分别表示本外币余额所提供的货币性服务的权重（即持币的边际效益）；i_d、i_f 分别表示本国、外国的借贷利率水平（即持币机会成本）。由(4-1-1)式可知，若本币持有下降、外币持有上升，即 $\lg \dfrac{M_d}{EM_f}$ 变小，则说明出现了货币替代。由于本外币余额所提供的货币性服务的权重对货币替代程度有重要影响，故当外币提供的服务增加时，人们会自主地增持外币、减持本币，以确保货币余额总量不变的情况下，获得最大的货币性服务。反之，当本币持有上升、外币持有下降即 $\lg \dfrac{M_d}{EM_f}$ 变大时，则出现了"反替代"（也是货币替代的一种）。需要指出，该理论所指的是狭义货币(M_1)间的替代。

近几年，随着中国经济实力的不断提升，中国和周边国家以及地区的贸易、金融联系进一步加深，为了交易方便和提高双方的交易效率，即实现货币服务的最大化，东盟一些国家倾向于使用人民币作为双边贸易中的记账单位和支付手段，即人民币的 M_1 功能。部分国家甚至开始把人民币作为储备资产之一，人民币在周边国家和地区的持有比例不断上升。

2. 货币替代的边际效用理论

这个理论最具代表性的人物是美国的 Michael D. Bordo 和 Ehsan U. Choudhri，他们对马克·迈尔斯的理论进行了修正，在货币服务生产函数理论的基础上引入国民收入水平、国内利率水平等重要经济变量，该理论强调的仍然是货币的交易媒介职能，故研究的依旧是狭义货币间的替代。② 消费者持币

① 参见 MILES M A. Currency substitution, flexible exchange rates, and monetary independence [J]. American Economic Review, 1978, 68(3): 428-436.

② 参见 BORDO M D, CHOUDHRI E U. Currency substitution and the demand for money: evidence for Canada [J]. Journal of Money, Credit, and Banking, 1982, 14(2): 48-57.

效用函数为：

$$\max U = f(m_d, \quad m_f, \quad y - i_d m_d - i_f m_f) \qquad (4-1-2)$$

其中，$m_d = M_d/P_d$，表示国内居民持有的本币余额；$m_f = EM_f/P_d$，表示国内居民持有的外币余额；$E = P_d/P_f$，表示汇率；P_d、P_f 分别表示本外币价格指数；i_d、i_f 分别表示本国、外国的利率水平；y 为实际收入。根据消费者持币效用最大化的原则推导出以下货币需求函数：

$$m_d = m_d(y, \quad i_d, \quad i_f)$$
$$m_f = m_f(y, \quad i_d, \quad i_f) \qquad (4-1-3)$$

为了与马克·迈尔斯的理论进行对比，将上述货币需求函数(4-1-3)进一步变形，两式相减得到扩展的需求函数：

$$\log m_d = \chi_0 + \chi_1 \log y + \chi_2 i_d + \chi_3 i_f$$
$$\log m_f = \beta_0 + \beta_1 \log y + \beta_2 i_d + \beta_3 i_f \qquad (4-1-4)$$
$$\log \frac{M_d}{EM_f} = \gamma_0 + \gamma_1 \log y + \gamma_2 i_d + \gamma_3 (i_f - i_d)$$

其中，$\gamma_0 = \chi_0 - \beta_0$，$\gamma_1 = \chi_1 - \beta_1$，$\gamma_2 = \chi_2 + \chi_3 - \beta_2 - \beta_3$，$\gamma_3 = \chi_3 - \beta_3$。

从式(4-1-4)可以看出，货币替代的边际效用和国民收入、利率水平之差密切相关。根据利率平价理论，这里的利率差等于预期的汇率变动率。故与马克·迈尔斯的理论相比，(4-1-4)式将更多的经济因素考虑进了本外币货币需求函数中，特别是预期的汇率变动因素成了衡量本外币间替代弹性大小的一个重要变量。

随着中国经济金融改革的深化，中国贸易品在国际上的竞争力增强，尤其是东盟等与中国贸易关系密切的地区中，一些国家对中国贸易品的依赖度超过其国内产品；经常项目已经完全实现对外开放，资本金融项目也在逐步放开。根据货币需求的边际效用理论，当人民币也能够提供交易便利，加之中国经济持续向好形成对人民币的升值预期（即国内外有利率差）时，国外居民就会增持人民币以争取实现消费者效用最大化，其他国家的货币逐步被人民币所替代。

3. 货币需求的资产组合理论

这个理论认为：开放经济条件下，各种金融资产不断发展，它们有着不同的收益和风险，理性的经济主体会考虑用预期升值的外币来代替预期贬值的本币，以使货币资产的实际价值保持不变。David T. King 等(1978)的货币需求资产组合理论认为，开放经济条件下一国居民对本国货币的需求函数可以表示为：[①]

$$\frac{M_a}{p} = bf(Y, \quad R, \quad \bar{\omega}) \tag{4-1-5}$$

其中 M_a 代表本币余额；b 表示本币所提供的货币服务比率，且有 $0 < b < 1$；$f(\cdot)$ 是本国居民对货币服务的需求函数；Y 是本国居民的恒久性收入；R 是持有本币的机会成本(比如是持有外币资产的收益)；$\bar{\omega}$ 为货币需求的随机扰动因子，表示持币的风险程度。

从模型(4-1-5)可以看出，b 越大，持有本币的效益越大，因此人们会倾向于持有本币。当 b 趋向于 0 时，即预期本币会贬值而外币会升值时，人们会增持外币来代替本币；而当 b 趋向于 1 时，理性的经济主体会用预期升值的本币代替预期贬值的外币。因此，一国货币替代的效果在很大程度上取决于 b 的大小。

2008 年美国发生次贷金融危机，美国多次采取量化宽松政策，这使得持有巨额美元储备资产的国家遭受巨大损失，美元汇率频繁波动加剧了交易中的汇率风险，特别是导致一些发展中国家发生货币错配风险。不久，欧盟地区发生严重的债务危机，欧盟货币区内政策改革滞后曾一度引起欧元危机；而日本也跟随美国实行量化宽松政策，日元在亚洲地区比较有优势。中国从汇率制度改革以来，人民币汇率相对稳定，加之中国长期执行稳健的货币政策，经济在金融危机中表现良好，人们对人民币升值的预期增加。根据货币需求的资产组合理论，各国理性经济主体会寻找预期升值的货币来代替预期贬值的货币，人民币币值稳中有升，恰恰符合这个替代条件，故本轮金融危机为人民币国际化带来了历史发展机遇。

---

① KING D T, PUTNAM B H, WILFORD D S. A currency portfolio approach to exchange rate determination: exchange rate stability and the dependence of monetary policy [M]. The Monetary Approach to International Adjustment, New York: Praeger, 1978.

4. 货币的预防需求理论

1986 年，加拿大学者 Poloz 首次提出该理论。[①] 他认为，之前的货币替代说有个共同的缺陷：没有考虑获得货币资产所支付的流动性交易成本和消费者面临的支出不确定风险。因此他考虑了人们的预防性和谨慎性货币需求动机，持有本外币余额的最优比例取决于人们资产真实收益的最大化，即资产的名义收益和获得货币余额的流动性成本之差的最大化。所以 Poloz 的理论就是要研究当经济主体面临这些不确定性和流动性成本时，如何调整自己的资产组合形式。具体地说，该理论假定一定时期内经济主体的货币需求是一定的，资产组合包括本币债券 B、本币余额 M_d 和外币余额 M_f。当本币债券的收益率上升时，经济主体对本币债券的需求增加，对本外币的需求会减少；当预期本币会贬值时，出于谨慎动机，经济主体会减持本币余额和本币债券资产，而增加对预期升值的外币的持有，从而产生货币替代。

美国次贷金融危机爆发以后，美元的地位大大下降，各经济主体对美元的信心也骤降。根据货币的预防需求理论，各国经济主体为了维持自身资产的名义收益和持币的流动性成本之差最大化，必然会减少对美国债券和美元的持有，而寻找其他预期升值的货币。人民币就理所当然地成为各经济主体的理想选择。

我们总结基于货币替代视角的人民币国际化动力机制，见图 4 - 4。

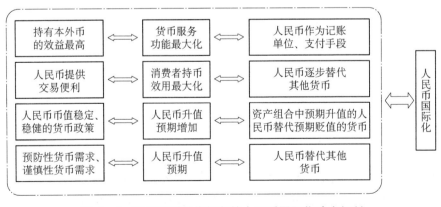

图4-4 基于货币替代视角的人民币国际化动力机制

---

① POLOZ S S. Currency substitution and the precautionary demand for money [J]. Journal of International Money and Finance，1986，5(1)：115 - 124.

4.2 政府力量的"外生驱动"

4.2.1 创造有利的宏观经济环境

一国货币要走向国际化，被其他国家认可和接受，这就需要其他国家对这种货币的购买力具有信心，而这种信心来自其他国家对支撑该货币的国家经济实力的认同。可持续发展的经济和庞大的经济规模能够增强一国抵御金融风险的能力，一国综合国力的强弱决定了该国货币在国际货币体系中的地位和竞争力，比如美元有美国强大的国家综合实力作支撑才成就了其霸权地位。政府政策和干预行为（包括税收政策）是货币国际化和离岸金融市场发展的重要因素，似乎已成共识。① 我国政府在经济中扮演一个"有形之手"的角色，在促进人民币国际化的进程中，实施宏观调控政策，引导和监督经济健康发展；同时实施稳健的货币政策，完善制度体制，维持物价相对稳定、人民币币值稳定，使国际上对人民币的信心大大增加，为人民币国际化创造了良好的经济环境。随着人民币国际化进程的加快，我国的宏观政策以及诸多配套措施都会相应跟进。包括上海的金融配套基础设施建设、金融业务监管、金融人才培养、资本账户逐渐开放、利率市场化政策等。这些都会对人民币进一步国际化和国际金融中心建设起到推动作用。

4.2.2 调整对外贸易战略

一国要实现货币国际化，就要积极参与到经济全球化中去，只有这样，该国货币才能在世界范围内被广泛接受；而对外贸易的扩张是参与经济全球化的第一步。因此，一国货币能否成为世界货币与该国的对外贸易影响力关系密

---

① JOHNS R A. Tax heavens and offshore finance：a study of transnational economic development [M]. New York：St. Martin press，1983：67-102.

切。一方面，对外贸易包括了商品贸易和服务贸易，一国对外贸易的扩大增加了该国与世界其他国家商品和服务的交流，推动了各国经济的发展，在经济全球化下形成了统一市场，为货币国际化创造了有利条件；另一方面，贸易的扩张反映了国家经济实力在一定程度上增强，带动了劳动生产率的提高，有利于提高一国在国际分工中的地位和其他国家对本国经济的依存度，增加了贸易伙伴国使用该国货币作为计价结算货币的吸引力，如此形成了一个对外贸易带动货币国际化的良性循环。

中国的对外贸易的特点是"出口导向型"，贸易产品多为劳动密集型产品，缺乏技术优势。近几年政府采取措施优化对外贸易结构，使依赖出口低附加值产品逐步向出口高新技术产品转型。随着出口贸易结构的优化，中国对外贸易的竞争力不断提升，特别是在区域内部比较明显。东亚地区和周边地区对我国的外贸依存度比较高，加深了我国和这些地区国家的经济和贸易合作，这提高了人民币在这些地区的影响力，为人民币的区域国际化打下了坚实的基础。

4.2.3　调整外资策略

过去，为了弥补国内资本不足和科技能力的缺陷，在外资策略方面中国侧重于引进外资；为了提升中国的国际地位和人民币的影响力，我国调整外资策略，将重点转向对外投资。国际收支项目主要包括经常项目和资本金融项目，扩张一国的对外投资，使得资本项目发生逆差；而为了维持国际收支平衡，经常项目就要顺差。积累足够的外汇储备，一方面，为对外投资提供了资金支持，也为资本项目的开放提供了保障；另一方面，经常项目顺差会导致本币升值，增加国内对外投资的动力，也提高了本币在国外的购买力。当一国对外直接投资和间接投资时，本国投资者会更倾向于用本币投资，有利于降低成本和规避汇率风险。随着对外贸易和投资规模的增大，该国货币在贸易和投资中充当计价货币和结算货币的范围扩大，继而逐步实现货币的国际化。

从政府作为的角度，一方面，我国利用自身的外汇储备帮助东南亚及其他地区一些国家度过金融危机，东亚及其他地区的经济体纷纷加强与中国的经济和金融合作，这增强了人民币在国际社会上的影响力，充足的外汇储备和国际清偿力更是提高了人民币的稳定性；另一方面，政府采取措施鼓励国内企业走出国门，扩大对外投资和对外贷款的力度，这不但有利于提高我国的科技水平和劳动生产率，而且彰显了人民币在国际上的地位和影响力。

4.2.4 发展上海等国际金融中心

从各世界货币的国际化经验来看，国际金融中心的发展对货币国际化具有深远的作用。通过国际金融中心的发展，一国的金融体制必定逐步完善，金融服务功能增强，经济和金融规模达到一定程度，与境外的贸易和投资联系日益密切，境外非居民使用该国货币作为计价和结算货币可以降低汇率风险和交易成本。当该国金融市场具有一定的广度和深度并趋于稳定时，境内外对该国金融市场的投资需求会增加，市场的交易效率会提高，加上金融集聚的作用，大量的金融交易产生信息流，会增强金融产品的价格迅速反应市场信息的能力，交易规模扩大，产生规模经济，从而市场交易的成本会大大降低。这样，境外非居民对该国货币的需求会增加，有利于该国货币发挥国际货币的职能。

从 2010 年开始，中国每年发布新华—道琼斯国际金融中心发展指数（Xinhua-Dow Jones International Financial Centers Development Index），该指数测度和评价了全球国际金融中心的发展能力。从 2010 年开始到 2015 年综合实力世界排名前十的国际金融中心如表 4-1 所示。从表 4-1 我们可以看到，上海国际金融中心在 2011 年由上年的全球第八位上升到第六位，此后基本上保持在第五、第六位。上海国际金融中心的地位在全球范围内有所提高。

表 4-1　2010—2015 年综合实力世界排名前十的国际金融中心

排名	2010 年	2011 年	2012 年	2013 年	2014 年	2015 年
1	纽约	纽约	纽约	纽约	纽约	纽约
2	伦敦	伦敦	伦敦	伦敦	伦敦	伦敦
3	东京	东京	东京	香港	东京	新加坡
4	香港	香港	香港	东京	新加坡	香港
5	巴黎	新加坡	新加坡	新加坡	香港	东京

排名	2010 年	2011 年	2012 年	2013 年	2014 年	2015 年
6	新加坡	上海	上海	上海	上海并列第 5	上海
7	法兰克福	巴黎	法兰克福	巴黎	巴黎	法兰克福
8	上海	法兰克福	巴黎	法兰克福	法兰克福	巴黎
9	华盛顿	悉尼	苏黎世	芝加哥	北京	北京
10	悉尼	阿姆斯特丹	芝加哥	悉尼	芝加哥	苏黎世

数据来源：根据中国金融信息网 2010—2014 年新华—道琼斯国际金融中心发展指数报告整理而得(http：//index. xinhua08.com/dqszsq/)。

《2015 新华国际金融中心发展指数报告》认为，以上海为代表的新兴经济体金融中心迅速崛起，为全球金融体制改革与金融市场调控作出了贡献。中国作为世界第二大经济体，在亚洲乃至全球金融格局中的作用日益凸显，有效维护和促进了全球金融稳定和发展。

该指数又筛选了 45 个国际知名的金融中心城市作为样本，建立主观评价和客观评价相结合的综合评价体系，客观评价体系包括五个方面，分别从不同角度衡量国际金融中心的发展情况。本章总结了十个相对发达的国际金融中心从 2010 年到 2014 年在上述五个方面的评价结果(见表 4－2)。

表 4－2　2010—2014 年十个国际金融中心的发展情况

年份	指标	纽约	伦敦	东京	香港	新加坡	上海	巴黎	法兰克福	悉尼	芝加哥
2010	金融市场	91.5	89.7	86.5	81.5	63.5	64.9	68.3	67.6	52.4	55.5
	成长发展	82.9	77.2	81.8	84.3	71.5	87.4	66.1	54.2	54.0	49.0
	产业支撑	94.6	93.6	93.6	86.2	75.3	72.1	73.5	69.1	55.6	58.9
	服务水平	88.0	90.6	86.7	76.9	69.0	47.8	80.6	63.4	66.0	58.4
	综合环境	87.2	85.7	79.5	76.4	71.3	46.4	75.6	67.7	69.5	62.5
2011	金融市场	89.8	89.6	87.5	81.2	67.1	67.5	73.0	68.0	51.7	56.2
	成长发展	80.1	72.7	80.1	82.5	73.0	89.9	60	51.4	51.4	43.4
	产业支撑	94.4	92.9	93.1	86.9	79.5	78.1	75.7	66.4	55.1	55.2
	服务水平	86.9	86.8	85.9	77.8	74.9	68.4	77.0	64.8	62.6	55.3
	综合环境	87.3	87.7	82.6	82.5	78.2	53.9	79.8	71.1	64.6	62.3

年份	指标	纽约	伦敦	东京	香港	新加坡	上海	巴黎	法兰克福	悉尼	芝加哥
2012	金融市场	89.9	89.7	84.5	81.1	69.6	71.4	68.9	72.1	51.0	57.3
	成长发展	82.2	78.7	65.2	77.1	64.0	82.6	56.9	55.6	47.3	49.0
	产业支撑	90.6	89.4	77.4	67.0	64.3	73.1	57.4	59.3	43.4	51.0
	服务水平	88.3	86.7	72.8	69.4	61.2	47.9	63.0	60.8	49.4	54.2
	综合环境	83.8	83.6	64.4	65.5	61.1	44.1	56.8	64.9	45.5	44.5
2013	金融市场	89.8	89.3	84.4	81.6	71.9	65.1	60.8	60.5	56.7	56.9
	成长发展	83.4	83.7	72.9	87.7	77.2	88.6	57.7	53.2	54.9	54.2
	产业支撑	96.5	95.5	91.7	89.0	79.1	80.9	68.8	61.2	53.0	64.6
	服务水平	89.5	87.7	83.3	81.6	77.3	55.1	74.4	62.3	63.0	61.4
	综合环境	86.6	87.5	77.3	82.3	73.6	55.3	70.2	64.2	63.4	57.7
2014	金融市场	87.5	86.7	83.1	79.4	72.3	65.2	61.0	60.6	56.7	56.1
	成长发展	79.6	70.0	81.0	78.0	79.8	90.2	55.7	52.0	53.3	50.6
	产业支撑	97.3	92.9	91.2	80.9	70.8	75.6	70.0	53.5	67.7	
	服务水平	87.5	87.3	83.3	86.5	81.2	76.6	73.9	62.1	61.0	61.6
	综合环境	87.1	87.7	84.6	60.6	82.1	72.1	64.3	68.0	63.6	55.6

数据来源：根据 2010—2015 年新华—道琼斯国际金融中心发展指数报告整理而得。

　　结合表 4-1 和表 4-2，我们可以得出以下结论：第一，综合实力排名在前的几个金融中心的五个客观指标的评价都比较高。综合环境较好，金融市场比较发达，有一定的产业支撑能力，服务水平较高，并具有一定的成长发展潜力。第二，上海金融中心的成长发展能力一直是最高的，在金融市场、产业支撑、服务水平、综合环境这四个方面的评价相对于前几个成熟的金融中心来看是明显偏低的，但是从 2010 年到 2014 年，上海金融中心的金融市场发展、服务水平、产业支撑能力都有一定程度的提升，综合环境方面和国家整体经济环境相关。总体来看，随着中国经济和金融改革的深化，上海国际金融中心的发展条件逐步完善。

　　《2015 新华国际金融中心发展指数报告》认为，中国大陆地区发展势头全球瞩目，2015 年金融中心成长发展排名前十位的国际金融中心分别是：上海、纽约、伦敦、新加坡、东京、北京、香港、深圳、巴黎和法兰克福。与 2014 年相比，东京下降 2 位，其他国际金融中心排名则相应调整。

该报告认为，2015 年排名前十位的国际金融中心的发展状况呈现显著特点：中国大陆地区金融中心成长发展全球瞩目。上海连续 6 年排名第一，是亚太地区乃至全球最具成长活力的金融中心城市；北京排名上升势头较快，超越香港位列第六名；深圳也连续多年保持在成长发展要素排名前十位的优势。此外，GDP 增速和购买力水平增速是衡量国际金融中心经济成长的重要指标。2015 年，北京和上海的经济发展速度远高于其他城市，在一定程度上推动了它们在世界范围内的重要地位。相比之下，东京金融中心的成长发展水平则大幅下滑，处于全球较低水平。①

上海国际金融中心的发展将极大地促进人民币国际化进程（见图 4-5）。第一，在推进国际金融中心建设的过程中，整体的金融环境会得到很大的改善，金融市场国际化和自由化程度提高，金融服务水平提升，这些都为人民币国际化提供了良好的发展平台；第二，伴随着上海国际金融中心的壮大，我国国际贸易和金融投资的规模势必扩大，用人民币清算结算的规模也会扩大，而国际金融中心恰恰可以提供完善的基础设施，使用人民币作为计价和结算货币可以降低兑换成本和交易风险，因此人民币可以更好地发挥货币职能；第三，国际金融中心可以为境外人民币提供更多的投资产品，促进人民币回流，从而形成良性的人民币流出和回流机制。因此，上海国际金融中心的建设为人民币国际化创造了有利的条件。

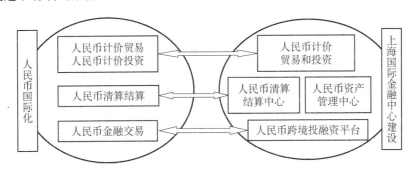

图 4-5　人民币国际化与上海国际金融中心的互促机制

① 资料来源：马翠莲.《2015 新华国际金融中心发展指数报告》显示：新兴经济体金融中心迅速崛起[N]. 上海金融报，2016-01-05(B10)。

4.3 "内生力"和"外生力"的相互融合：上海自贸区建设

2013年9月，上海自由贸易试验区成立。上海自贸区的建设既是市场内生供求的结果，又是宏观当局从战略思维推动的结果。因此可以说，上海自贸区是市场因素和政府因素混合作用的产物。[①] 其战略定位就是应对国际经济金融市场形势变化、进一步深化改革开放。自贸区不是政策洼地，而是创生内生力、以开放促改革的机制体制创新的高地。自贸试验区金融改革和金融中心建设是综合考虑各领域政策措施的有机联动、相互协调，全面激活市场机制在配置资源中的决定性作用。其金融市场、资金流动与境外联通，坚持"一线放开、二线管好、适度渗透、有效监测"，充分发挥试验区的腹地优势与辐射功效。同时中央金融监管部门和上海地方金融管理部门双层监管，密切防范跨境资金异常流动风险。上海自贸区发展中的金融中心建设在战略上紧紧围绕金融市场化、金融国际化、金融法治化的思路；在战术上，完善利率与汇率市场机制改革、金融市场开放、人民币国际化、金融项目可兑换的协同推进。这些战略和战术的实质就包括上海发展离岸金融的内生力与政策外生力的相互作用。

具体而言，上海自贸区建设和发展的重大内容包括：第一，扩大服务业开放，包括金融服务、商贸服务等六个领域，有利于对外贸易的扩张。第二，投资制度创新。通过营造内外资企业公平竞争的投资制度，促进贸易投资便利化，吸引外部优秀资本要素流入，有利于FDI规模的扩大。在人民币国际化方面，自贸试验区着重推动跨境交易人民币计价和深化人民币在岸市场发展，使境内外企业和个人更加灵活使用人民币进行跨境交易、投资，不断提升人民币的国际地位，推动上海发展人民币离岸市场。为此，在自贸试验区内先行试验资本/金融项目可兑换。第三，金融制度创新。提出可以在试验区内先行先试人民币资本/金融项目可兑换、金融市场利率市场化、人民币跨境使用等，前

---

① 方显仓. 上海建立人民币离岸中心的动力机制[J]. 社会科学，2014(12)：46.

提是风险可控。在实行分账核算管理的前提下，允许区内居民和非居民机构及个人开立自由贸易账户；在自由贸易账户之间，在自由贸易账户和境外账户之间资金可以自由划转。而自由贸易账户和其他普通账户之间的资金划转视同跨境管理。改革外汇管理体制，符合条件的银行可办理离岸业务。从自贸区的金融功能来看，由于金融的流动性是无法画地为牢的，因此，如果把自贸区定位成境内领域的话，涉及利率、汇率和资本管制整个宏观金融体系性的改革，事实上无法在一个特定区域进行先行先试，即不具有可复制性；如果把自贸区定位成离岸市场，那么它本身应该是利率与汇率自由化的，也不存在资本项目管制的问题。因此，将服务于人民币国际化作为上海自贸区金融改革的核心定位比较合适；而从上海这个城市的发展定位来看，它要建设成"国际的人民币金融中心"，也可以看出上海自贸区在金融改革方面的焦点在人民币国际化上。

人民币国际化是市场力量和政府力量融合的过程（见图 4-6），市场力量主

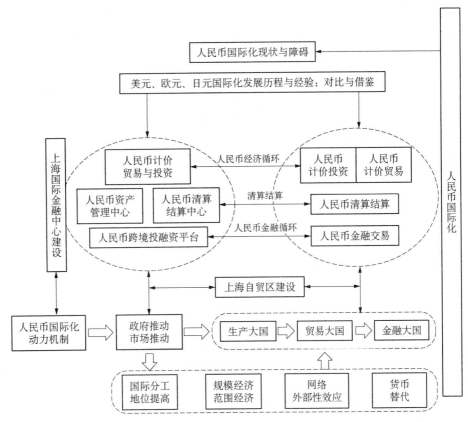

图 4-6　市场力量与政府力量相互融合的人民币国际化动力机制

导，政府力量辅助。伴随着我国国际分工地位的提高、贸易交易规模的扩大、交易网络的扩张，人民币在国际上的地位和影响力提高，其他国家经济体对人民币的需求增加；政府颁布政策措施优化宏观经济环境、扩大对外贸易、发展对外投资、发展上海国际金融中心，为人民币国际化提供制度安排，刺激市场需求。而政策效果——推进人民币国际化进展中暴露出来的问题又反过来促进政策制度的优化，这种"市场内生力"和"政策外生力"的融合作用，相互促进，不断优化，推动人民币国际化和国际金融中心建设的目标稳步进展。

本章小结

本章主要从市场力量和政府力量两个角度，分别阐述人民币国际化的动力机制。市场力量方面，主要从国际分工、规模经济和范围经济、网络外部性效应以及货币替代的角度分析，当经济发展模式优化，我国国际分工地位提高，贸易及投资的规模显著扩大，人民币逐渐形成自己的交易网络，通过规模经济和范围经济效应、外部性效应得到强化，逐步替代其他货币。政府力量方面，政府通过调整贸易策略和外资策略，发展国际金融中心，为人民币国际化创造条件。市场力量与政府力量不是完全独立的，两者相互融合，相互促进，共同推动人民币向国际化的方向迈进。

第5章　人民币国际化的时空路径选择

第4章从两个方面提出了人民币国际化的动力机制：微观层面，市场选择为主；宏观层面，政府制度支持为辅。两者相互融合并相互促进推动人民币国际化发展。但是人民币具体应该走什么样的国际化道路，本章在借鉴美元、日元、欧元三种货币国际化规律的同时，考虑自身的国情和当前的时代背景，认为我国货币要走的国际化道路应该具有中国特色。

5.1　人民币国际化"三个阶段"的设定

总结世界货币的发展规律，从时间的角度：美元成为真正的国际货币大概花了50年时间；日元用了约40年的时间成为世界货币；而欧盟通过长期谈判最后达成共识成立区域货币——欧元，进而实现国际化用了51年时间。因此，人民币的国际化也将是一个长期的过程，大约得用30—40年时间成为国际货币。[①] 从空间的角度，一般货币都会经历国内化到周边国际化，再到区域化，最后到全球化的过程。我国货币国际化的基本思路是周边化、亚洲化和全球化。从货币职能的角度，一国货币往往先实现在一般国际经济交易中用作计价和结算货币，然后实现在金融市场上用作投资货币，最后成为各国外汇储备中的主要货

[①] 杨均华. 后金融危机时代人民币国际化条件与路径的多维思考[J]. 对外经贸，2012(1)：29 - 31.

币之一以及市场干预手段。根据人民币国际化渐进发展的内在要求，我们可以将人民币国际化进程分成三个阶段：初级阶段(周边化)、中级阶段(区域化或亚洲化)和高级阶段(全球化)，[1] 每个阶段具有不同的发展目标(见表5-1)。

表5-1　人民币国际化不同发展阶段的目标设定

大约经历时间：自2009年起		5—10年	10—25年	25—40年
国际化发展阶段		初级阶段	中级阶段	高级阶段
区域发展过程		国内化—周边化	周边化—区域化	区域化—全球化
阶段性分目标	地域范围目标	人民币周边化	人民币亚洲化	人民币全球化
	货币职能目标	贸易计价和结算货币	金融投资货币	国际储备货币
	货币自由化目标	经常项目可兑换	资本和金融项目有条件可兑换	资本和金融项目基本可兑换
阶段性总目标		成为周边性结算货币	成为亚洲主导货币	成为世界性货币

由于人民币国际化是动态发展的过程，虽然从思路上来说可以按时间阶段逐步推进，但是在具体时间上无法分割，空间上也难以具体划分。因此，人民币国际化发展的每个阶段的界限并不是非常严格，相邻阶段之间会有重叠和交叉。

5.2　人民币国际化的初级阶段——周边化阶段

5.2.1　人民币国际化初级阶段的特点

人民币国际化起初是由市场需求推动的。随着中国改革开放政策的实施，中国经济稳步发展，中国与周边一些国家和地区的经贸往来日益频繁，边境贸易、境内居民出境旅游消费逐步增多，人民币也逐步被周边国家和地区所接

---

[1] 范祚军，唐文琳. 人民币国际化的条件约束与突破[M]. 北京：人民出版社，2012：476.

受，在这些地区流通使用。2009 年中国开始尝试在跨境贸易中用人民币结算，随后政府出台多项政策，人民币的流通量迅速扩大，境外人民币回流境内市场的投资需求也随之增加，设计人民币回流机制成为当前的重要任务之一。在这个阶段，可以考虑逐步扩大人民币的跨境流通渠道。这个阶段的最终目标是使人民币成为周边国家和地区都能承认和接受的硬通货，并为人民币在亚洲实现区域性国际化做好各个方面的铺垫，积累经验。

5.2.2　人民币周边化的实施过程

人民币的周边化是指通过贸易、旅游等方式带动人民币在周边国家及地区使用起来，并逐步扩大使用范围。目前，我国使用货币的情况是：内地（大陆）、香港、澳门和台湾地区各有自己的货币。鉴于这种情况，本币的国际化应先解决"一国四币"的问题，整合四个地区的货币，然后逐渐扩大辐射范围。由于大陆和台湾存在一些历史遗留问题和政治分歧，初级阶段要融合新台币存在较大困难，在条件成熟时期（即 2049 年之后），可以先统一内地和香港、澳门地区的货币。在这个基础上，将人民币国际化的范围扩大至周边以及与中国有较多经贸往来的国家，比如首先可以在中国—东盟自由贸易区（CAFTA）的框架内谋求货币合作。等到条件成熟以后，再扩大周边化的范围至日本、韩国等东亚国家，以及泰国、马来西亚等东南亚国家，为人民币在亚洲地区内成为关键货币做好铺垫。总体思路是：从地理距离和合作关系来看，人民币国际化可以相对容易地首先推进"人民币周边化"。

1. 整合内地（大陆）与港澳（台）地区的货币

欧元的出现为区域经济体的货币统一提供了经验，也印证了"最优货币区"理论。"最优货币区"理论最早是由蒙代尔于 1961 年提出的，它是指在一个区域内实行单一或几种货币，区域内部汇率固定，对区域外部实行浮动汇率。[①] 根据最优货币区的判定标准，应该选择在生产要素具有高度流动性、经

----

① 范祚军，唐文琳. 人民币国际化的条件约束与突破[M]. 北京：人民出版社，2012：476.

贸关系密切、经济发展相似且开放度较高的地区之间实行固定汇率，可以统一货币。依据"由易到难、由简入繁、由近及远"的原则，在实现"一国四币"的融合中，在相关法律许可的范围内，可以先选择经济发展最接近的两个地区实现货币统一，然后渐进融入另外两个地区。香港和澳门的经济制度和发展水平最相近，因此可以先统一这两地的货币。其次，考虑到香港和内地的经贸来往频繁，香港是内地多项开放政策的重要试验地，但资本开放度存在较大差异，可以先考虑形成固定汇率下的货币同盟，在人民币完全可兑换以后逐步实现一体化。最后，以统一港币和人民币的方式来实现人民币和新台币的统一，虽然存在比较大的困难，但是我们相信当人民币成为亚洲地区甚至更大范围的硬通货以后，中国台湾出于自身利益的考量，最终会进入人民币一体化的范围。

港币与澳门币的融合。首先，香港和澳门都作为中国的特别行政区，它们有着相似的政治制度、法律制度和货币制度，人们的生活方式也类似，同时两者的地理位置相近，劳动力、资本等要素流动便利。其次，两者有相似的汇率制度，香港采用钉住美元的联系汇率制，澳门同样采取了与港币挂钩的联系汇率制度，两地货币的发行都由固定的几家银行代理。最后，两者都是开放经济体，是自由贸易港，且具有相似的产业结构。因此，首先选择香港和澳门进行货币整合是比较可行的。根据范祚军（2012）对澳门货币量 M_1 构成的统计，我们看到澳门市场上流通的货币主要是澳门币、港币和其他货币，港币所占的比例最大，而且澳门与香港的经贸往来中基本上以港币作为计价结算货币，因此可以考虑选择港币作为两地的统一货币。

港币与人民币的融合。内地与香港的经济来往非常密切，商品、劳动力等要素流动也很频繁，这就为两地货币的整合提供了现实基础，但是要实现两地货币的融合，我们还需在两地资本和劳动力等生产要素流动水平、两地汇率制度的融合、两地经济金融的开放度、两地经济发展水平等方面努力，创造条件符合最优货币区的标准。港币与人民币的融合不是一蹴而就的事情，是一个不断发展的过程。在这个过程中，一方面是市场自发演进，另一方面政府需要在相关法律框架内做出相应的制度安排。市场力量和政府力量共同促进两地货币融合，而两地货币融合每步入一个新的台阶，又会反过来促进两地经济金融融合，因此，两者是相辅相成的。目前，政府应该重点在以下两个方面发力：第一，进一步推动内地—香港自由贸易区的建设，向关税同盟过渡，逐步实现劳动力、资本的自由流动，最终形成统一的商品、劳动力、资本市场。第二，汇率制度的融合。人民币汇率制度还存在较多问题，仍需改革。香港目前采取的钉住美元的联系汇率制受美元制约，需要分步调整，可以先制定一个汇率目标区增大汇率弹性，等到条件成熟以后改钉住单一美元为钉住一篮子货币，可以和内地采取相似的货币篮子，实现两地货币制度和汇率制度的融合，最终建立单一货币区。

人民币与新台币的融合。台湾和大陆的政治问题由来已久，因此人民币和新台币的融合在短期内难以实现。但是，随着大陆和台湾的经贸往来逐渐加强，台湾对大陆、香港以及澳门市场的依赖性也逐步加深，待内地与香港、澳门实现货币融合，该货币在亚洲以及国际上的影响力越来越大，新台币最终也会加入货币融合的队列，可以参照人民币与港币融合的方式来整合人民币与新台币，最终实现"四币融合"。

2. 人民币在周边国家和地区的次区域性国际化

由于中国和周边国家的经贸往来非常密切，人民币在周边国家越来越受欢迎。2010年中国和东盟组建了自由贸易区，东盟地区对中国市场的依赖性更强，部分地区已经开始用人民币作为计价和结算货币甚至是储备货币；但总体上人民币还停留在边境贸易上，要实现人民币的周边化还需推动人民币作为主导货币参与到区域经济活动中，发挥服务作用，推进区域经济一体化。因此，在推进人民币周边化的过程中，应以中国—东盟经济一体化为契机，具体分四个步骤进行。

第一步：扩大人民币在经贸活动中的使用范围。政府要继续推动人民币在贸易中充当结算货币，并从边境贸易扩展至一般贸易。同时，构建境外人民币的金融服务体系，减少人民币流入地摊银行等非正规金融体系。一方面方便监管机构准确估测境外人民币的流通量，根据境外人民币的供给和需求作出相应的安排，防止可能的风险；另一方面，通过正规机构交易可以降低交易风险。除此以外，政府之间要加强协商与合作，与更多周边国家签订人民币相关的货币互换协议和货币合作协议。针对东盟地区，我国可以通过税收优惠等措施，以及政府间的制度安排，促进人民币渗透到双边经贸活动中。

第二步：鼓励使用人民币直接投资，开展人民币境外信贷业务。建立人民币清算结算中心等基础设施，为人民币业务提供更好的服务。当人民币在国际贸易结算中达到一定的规模和信用以后，才可开展借贷业务，由于人民币还未实现完全可兑换，这个阶段的借贷业务局限于贸易信贷和对特定国家的借贷。同时，政府要与其他国家协商，允许直接使用人民币对其进行直接投资，我国的资本与金融项目要相应开放，这就需要加强人民币跨境流通的监管。针对东盟，对从我国进口的东盟国家提供买方信贷，鼓励其接受我国企业用人民币对其进行直接投资，同时也允许持有人民币的东盟国家的企业到中国来投资。

第三步：拓展人民币的投资职能。境外人民币持有者对人民币金融产品的需求越来越大。对投资者来说，仅有借贷的渠道是远远不够的，他们需要投资多样化的金融产品，规避投资风险，获得尽可能多的收益。因此，这个阶段的重点任务是开发人民币金融产品，建立人民币区域金融市场，发挥人民币的投资职能。这也对我国资本与金融项目的开放提出了更高的要求，需要开放更多项目。针对东盟，要全面放开企业在东盟国家的存贷款业务，允许金融机构在东盟各国开展离岸金融业务，满足投资者对人民币金融产品的需求。

第四步：人民币在周边国家发挥储备货币的职能。我国的周边国家多是发展中国家，存在金融市场不完善、外汇储备不足等问题，容易受到国际不稳定因素的影响，因此它们会更倾向于选择价值稳定的货币作为储备资产。长期以来，人民币呈现缓慢升值的趋势，且中国的货币政策比较稳健，使周边国家对人民币比较有信心。同时，政府应加强对发展中小国的经济援助，加强人民币结算和投资职能的发挥，人民币理所当然会成为周边国家的储备资产之一。针对东盟，使人民币渗透到东盟国家生活消费、商业、服务、金融等各个领域，当人民币"无处不在"时，就自然会成为该经济区域的关键货币（key currency）或主导货币。

3. 建立人民币最优货币区

人民币国际化是一个渐进的发展过程，随着中国与周边国家和地区及亚洲其他国家和地区贸易、投资及金融联系进一步加强，人民币将首先在周边国家和地区，进而在亚洲实现区域化，即成为亚洲地区的关键货币。以关键货币为中心，可以考虑建设最优货币区(OCA)。

最优货币区是指在由两个以上国家组成的经济区域，区域内实行固定汇率或单一货币，区域内货币与区域外货币实行浮动汇率制度。该区域以其高度的经济融合和完整的经济结构，维持其内部经济稳定均衡，同时以浮动汇率安排保持对外均衡，从而实现最适宜的区域经济稳定发展。最优货币区有初、高级两种形式，初级最优货币区为区域内各国或地区保持各自货币主权，实行固定汇率制，区域内货币之间可自由兑换；高级最优货币区是区域内实现单一货币。最优货币区理论由美国经济学家蒙代尔于1961年提出，经过多年发展和完善，多位经济学家从不同角度，阐明了衡量最优货币区的条件和标准。如要素自由流动性(Mundell，1961)、经济开放度论(Mckinnon，1963)、产品多样化论(Kenen，1969)、国内外金融市场一体化说(Ingram，1973)、通货膨胀率一致说(Haberler，1970；Fleming，1971)、政策一体化论(Tower 和 Willet，1976)等，这些理论和方法阐明了完整的衡量最优货币区形成的条件和标准。

目前，在我国周边国家和地区中，符合以上单一指标理论和方法的国家或地区不在少数。尤其是东盟国家，在要素流动性、经济开放度、经济发展水平、通胀偏好相似性、产品多样化等方面与我国较为接近或相似，所以，可以渐进地推进最优货币区的初级形式的建设。建设的路径是：先小范围在以上指标最接近的国家之间成立货币区，根据克鲁格曼提出的最优货币区的成本收益分析的 GG-LL 模型和方法(参见本章附录)，决定外围国是否加入货币区。GG-LL 模型认为，外围国与货币区之间的贸易经济联系紧密程度(一体化程度 I)越高，跨国贸易和要素流动越广泛，则其加入货币区的收益越大、经济稳定性损失就越小。由此判断一国经济环境的变化是如何影响其加入货币区的选择的。若外围国与货币区的经济一体化程度 I 提高，它加入货币区的收益增加、成本降低，并达到某一个临界值时，就可以吸纳该国加入货币区，按此方法可逐步扩大最优货币区范围。

因一体化程度的临界值是动态的。故需要最优货币区的核心国或领头国，比如已实现人民币区域化的中国，除了保持与周边国家、地区及成员国保持正常的经贸关系外，尚须做到：①牵头构建、维护人民币成为贸易结算货币、计价货币、投资货币和储备货币的机制与平台。②作为货币区的核心成员，须联合、配合货币区管理当局，根据加入最优货币区的条件，即要素流动性、经济开放度、金融一体化、通胀相似性、产品多样化等，制定测算这五个指标的标准或办法，结合测算出来的"加入国与货币区经济交易占货币区 GDP 的百分比"（表示经济联系紧密程度即一体化程度）这个指标，考察连续 3—5 年的数据资料，综合判断是否满足加入货币区的条件。

5.3 人民币国际化的中级阶段——区域化阶段

5.3.1 人民币国际化中级阶段的特点

人民币区域性国际化既是一个目标，又是一个过程。在这个阶段，中国的经济总量在人民币周边化的作用下将继续增加。随着中国经济实力的增强，经济开放度提高，中国与亚洲地区的国家及地区的货币合作和经贸往来越来越频繁，人民币在这些地区的影响力逐步提高，区域性国际结算市场对人民币的需求进一步扩大。

随着人民币跨境贸易结算规模的不断扩大，在资本项目有条件可兑换的情况下，人民币在境外积累的规模会越来越大，人民币的规模经济效应逐渐显现。境外居民持有人民币增多，一方面会影响我国的货币供应量、利率和汇率水平；另一方面，人民币持有者希望能通过多样化投资获取收益的需求不断增大。与此同时，在对外贸易中，外国进口商在购买商品时可能没有足够的人民币用于支付，因此应该满足外国进口商对人民币的融资、结算需求，进一步推动人民币发挥国际结算职能。由此可见，人民币成为区域性投资借贷货币是人民币国际化进程中的一个自然演进，也是必要的步骤。

因此，在这一阶段，人民币国际化的重点是在全球建立人民币离岸中心，提供境外人民币融资市场，逐步实现利率市场化和有效的汇率机制，为资本项目完全开放提供制度保障。这一阶段的主要任务是完善货币市场和资本市场，不断提高金融市场的规模和开放度，使国内市场和国际市场接轨，利率水平相协调；疏通人民币的流入流出渠道，提高人民币跨境流量的监测和管理；还要进一步提高金融监管的效率，增强国内市场自身消化金融风险的能力和防控风险的能力。同时，还要不断加强与周边国家及地区的经济金融合作，不断扩大合作范围，与区域内的其他国家共同努力打造亚洲债券市场，建立亚洲区域的货币体系和汇率机制，并努力使人民币成为区域国家的储备资产和区域内的货币锚。如果成功，根据货币的网络外部性效应，人民币会通过自我强化效应，成为区域性主导货币。

5.3.2　人民币区域化的实施过程

人民币亚洲化是最关键的阶段。主要目标是通过国际贸易途径和国际金融途径，推动亚洲区域货币合作，使人民币逐步成为区域性主导货币，实现人民币的亚洲化。在人民币实现周边化以后，人民币逐步成为东盟区域的主导货币，此时关键是将日韩纳入货币合作框架，以此为突破口使人民币成为东亚地区的锚货币，然后逐步辐射到整个亚洲地区，主要可以分为三个步骤。

第一步：东亚地区信息协调及危机救助机制的建立。可以借鉴欧洲货币体系成立的经验，在亚洲地区建立危机救助机制——亚洲货币基金，并不断向高级化发展。东亚地区货币合作的初衷是促进区域经济共同发展，各国应该加强财政政策、货币政策以及汇率政策的双边或多边的协调，避免区域内部因资本流动异常或者汇率剧烈波动引发经济动荡；同时，各国应该借助各种平台加强区域内部各国之间以及各国和国际经济组织的信息沟通，掌握宏观经济数据，对货币金融动态进行有效的监测，为区域的协同行动奠定基础。这个阶段，中国要继续发挥在东亚地区的贸易优势，利用中国和周边国家以及东盟地区已经形成的贸易关系，使中国成为东亚国家的主要出口目的地，逐步推进人民币成为东亚地区的贸易结算货币，能够与美元、日元相抗衡。

第二步：建立区域汇率协调机制。由于东亚各国的经济发展水平相差较大，各国对外部冲击的抵御能力也相差较大，单单靠危机救助机制是不够的，从长远看，就需要建立区域汇率协调机制，保障区域货币金融的稳定。起始阶段各国应在现有的基础上，加强汇率政策的沟通，维持区域内部双边汇率稳定。然后，逐步弱化本国汇率对美元的钉住程度。当各国经济开放度较高了，可以根据自己的经济情况建立独立的钉住一篮子货币的汇率制度，由各国货币当局决定篮子货币的权重和波动程度，并适时调整，这样可以实现名义有效汇率的稳定。运行一定时间以后，区域内经贸、投资联系比较密切的国家之间可以协商采用共同货币篮子制度，实现次区域的汇率合作。等到时机成熟，在整个区域内实行共同货币篮子制度，设定核心货币和汇率波动幅度，最终构建起亚洲汇率机制。这个阶段，中国要加快经济转型，改变国际分工中的地位，努力使自身成为东亚地区的市场提供者，继续推进人民币在国际贸易领域中的使用；同时，拓展人民币区域化金融渠道，发展人民币离岸金融市场，满足亚洲区域对人民币的投融资需求；并有限地放开资本和金融，提高人民币在区域中的影响力。王倩（2013）分析了东亚区域核心货币的竞争力以及各国汇率的锚货币的选择，认为人民币有潜力成为东亚地区的核心货币。[①] 因此，当人民币有条件成为东亚地区的锚货币时，可以通过东亚汇率协调机制将人民币纳入货币篮子中。

第三步：人民币实现亚洲化。当人民币成为东亚地区的核心货币，即人民币赶超美元和日元时，中国可以参照东亚货币合作的模式，继续谋求和亚洲其他地区的国家进行货币合作，建立亚洲区域的汇率机制和货币体系，使人民币成为亚洲地区的锚货币。因为东亚地区是亚洲经济最发达的地区，人民币在日本、韩国被接受，与其有贸易金融往来的国家也会逐步使用人民币，当然这个过程的实现还需要很长的时间。中国还需不断完善自身，尤其是国内经济体制的改革和金融体系的完善。这个阶段，要充分发挥人民币在国际金融领域的职能，需要实现人民币在资本和金融项目下自由兑换，可以先设立部分人民币自由兑换试验区，逐步扩大试验范围，同时要提高监管水平和效率，加强国家之间以及国家和国际经济组织间的监管合作，防范风险，使人民币顺利成为亚洲地区的结算货币、借贷投资货币和国际储备货币之一。

5.3.3 自贸区助推人民币的国际化

2013 年 9 月 29 日，中国（上海）自由贸易试验区正式挂牌。上海自贸区

---

① 王倩. 东亚货币合作与人民币核心货币地位研究[M]. 北京：清华大学出版社，2013：142 - 186.

主要定位于投资、贸易、金融及行政管理四个方面取得突破。自贸区的成立，无疑对人民币国际化是有利的。一方面，通过这种创新的方式可以提振贸易领域的竞争力，使我国由"贸易大国"发展成真正的"贸易强国"，在未来国际分工中占据主动；由第4章可知，国际分工的地位在一定程度上决定了货币的地位。另一方面，自贸区具有政策优惠、监管严密、企业国际化、运作封闭等发展离岸业务的有利条件，加上自贸区普遍开展的业务存在明显的离岸金融需求，自贸区金融改革将极大地促进人民币离岸金融市场的建设。

1. 有利于形成国际大宗商品交易平台

（1）能源产品

2013年11月20日，上海国际能源交易中心落户自贸区，积极推进国际原油期货平台建设，适时全面引入境外投资者参与境内期货交易，原油期货有望成为国内首个真正意义上的全球化投资品种，这将有利于我国争取原油定价的国际话语权。在推出石油期货的条件还不成熟的情况下，可以抓住自贸区先行先试的政策机遇，积极探索开展石油、成品油、大宗化工品的现货交易。同时，积极推动上海石油交易所作为我国石油储备的市场化运作平台。煤炭是我国重要的大宗能源产品之一，上海发展煤炭交易市场具有区位优势、市场优势、资金优势、信息优势和港口优势，可以积极推动开展焦炭、精煤、动力煤等主要煤炭品种交易，把上海发展成全国重要的煤炭交易市场。在推出商品期货期权的同时，可以考虑推行中国指数，包括铁矿石、煤炭等分类指数，吸引全球投资者参与中国的大宗商品交易市场。

（2）基本工业原料

比如钢铁，自贸区发展钢材电子交易市场具备企业、产业集群、交易市场等优势，可以充分发挥这些优势，优化整合现有钢材贸易、流通资源，规范钢材交易品种、交易模式及风险管理机制，在自贸区内建设国内最大、国际知名的钢材电子交易中心。

（3）大宗农产品

上海是大米、禽畜产品、水产品、进口水果等农产品的主要消费地和流通地之一，发展部分重要品种的农产品交易具有一定的优势，可在现有的基础上，在自贸区内推动建立上海农产品交易所，重点发展粳米、油脂油料、禽畜产品、水产品、进口水果等农产品交易，将自由贸易区建设成国内重要的农产品电子交易市场。

在建设国际大宗商品交易平台时，同时要解决以下几个问题：

（1）创新交易产品工具

国际上大宗商品交易市场发展较快，在一定程度上得益于积极创新。上海自贸区要根据行业发展及市场自身建设的需要，鼓励大宗商品交易市场在交易品种、交易规格、交易方式、合约品种、风险管理等多方面开展创新，以满足多样化的市场需求，有效控制市场风险，不断增强市场的活力和竞争力。

（2）建立统一的交易结算中心

利用自贸区先行先试的政策机遇，探索建立大宗商品电子交易结算中心，为大宗商品电子交易提供统一结算清算服务，并对所有交易资金实行第三方结算管理。

（3）加强行业自律管理

行业监管是大宗商品交易市场规范、健康发展的必要条件，可从以下几个方面加强监管：①推动建立交易商资格认证体系，规范市场准入，防止无序竞争；②在大宗商品交易市场的行业资质、品种创新、交易规则、风险管理等方面制定规章；③对大宗商品交易市场在交易品种、交易模式、资金存管等方面开展定期检查。

近年来，亚太地区对大宗商品的需求日益旺盛，对大宗商品的进口数量也不断增加，其中中国的需求尤其明显。自贸区形成国际大宗商品交易平台，有利于中国取得大宗商品定价的国际话语权，从而推动人民币在大宗商品交易中发挥计价和结算货币的职能。

2. 促进人民币离岸金融市场建设

当今国际金融体系不稳定的根源之一是 20 世纪 70 年代以后逐步形成的浮动汇率制和资本流动的自由化，尽管这两项机制对于推动经济全球化、提升金融市场效率发挥着较好的作用，但同时也是酝酿和传播金融危机的重要推手。因此，如何认识和改进汇率形成机制和资本管制机制是重中之重。从这个意义上讲，自贸区的金融功能定位于建设人民币离岸金融市场，尤其是离岸债券市场和外汇市场。借鉴欧洲美元市场的演进以及伦敦成为美元离岸中心的历史进程，在自贸区内推进人民币国际化的路径方面，可以从离岸人民币债券市场、离岸人民币外汇市场、离岸人民币信贷市场三个方面进行推进。

（1）离岸人民币债券市场

上海自贸区无需自建债券市场，只要把国内的人民币债券市场延伸到上海自贸区即可。国内的人民币债券市场，包括国库券、金融债、企业债等在内，已经有约30万亿元的体量，如果延伸到上海自贸区，会迅速形成一个离岸的具有相当纵深的人民币债券市场，可以为离岸人民币提供丰富的投资标的。从技术操作层面看，人民币债券市场是银行间的一个电子交易系统，如果允许上海自贸区的金融机构参与该系统的投资，同时允许自贸区内及境外企业通过该系统在自贸区的接口发行人民币计价债券，那么相当于上海自贸区拥有了自己的人民币债券市场。在自贸区人民币债券发行和投资数量方面，可以采用人民币合格境内机构投资者(RQDII)和人民币合格境外机构投资者(RQFII)的机制，给予上海自贸区一定数量的 RQDII 和 RQFII 额度，并随着情况的变动及时调整。当人民币债券市场延伸到自贸区以后，境内的企业可以自主选择在境内或上海自贸区的发行窗口发行债券，两个发行窗口之间甚至可以通过价格竞争、效率竞争等吸引客户。自贸区人民币债券市场一旦形成，会吸引境外投资者和境外发行机构的进入。初期是境内市场带动自贸区市场的成长，等市场渐渐成熟以后，它会带动全球离岸人民币债券市场的形成。

（2）离岸人民币外汇市场

在离岸人民币外汇市场方面，可以考虑连接境内的银行间外汇市场(CNY)和香港的离岸市场(CNH)。[1] 目前境内的银行间外汇市场和香港的离岸市场都具有人民币汇率的定价职能；但由于两个市场的投资者是割裂的，两个汇率也

---

① 石良平，孙浩，黄丙志，等．中国(上海)自由贸易试验区建设与上海国际贸易中心转型升级 [M]．上海：上海人民出版社，2014：297．

是割裂的，导致两个市场的信息无法充分传导，增加了金融机构对冲汇率风险的不确定性，增加了市场交易成本。如果允许国内的外汇交易市场延伸到自贸区，允许境内和境外的金融机构在自贸区进行人民币项下的外汇交易，自然就能产生一个类似 CNH 的境外离岸人民币汇率市场，打通 CNY 和 CNH 的通道。仍然可以采用 RQDII 和 RQFII 机制，使中国内地和境外的金融机构进入自贸区进行人民币外汇交易。

（3）离岸人民币信贷市场

在离岸人民币信贷市场方面，通过构建离岸人民币信贷网络，培育离岸人民币自我扩张机制。金融学原理表明，货币的信贷业务是货币自我派生的基础。香港地区人民币离岸业务目前面临"瓶颈"的主要原因在于大量人民币回流内地之后，在港人民币存量的局限导致了人民币在香港市场的信贷扩张受限。因此，应该充分发挥自贸区可以作为中资金融机构境外总部的优势，在开始阶段构建面向东南亚的离岸人民币信贷网络和人民币清算网络，通过在东南亚设立的海外分行或代理行，为当地的企业和个人客户提供人民币信贷服务。在离岸信贷网络的构建方面，上海具有香港无法比拟的优势。香港只能依靠近万亿元在港的人民币市场去辐射，而上海可以倚靠百万亿元人民币的境内市场，自贸区的人民币信贷资金可以由中资金融机构的境内总部直接提供，自然更能确立海外人民币信贷市场的发动机地位。

5.4 人民币国际化的高级阶段——全球化阶段

当人民币实现亚洲区域的国际化以后，就要往全球范围扩展，这个阶段的目标是使人民币成为世界的储备货币之一。在这个阶段，中国的经济会强大到超过美国的水平，国际影响力上升到一定地位。随着中国各项体制改革的到位和人民币境外融资市场的完善，资本项目实现完全放开，人民币实现可自由兑换。在中级阶段人民币成为亚洲主导性货币，在高级阶段人民币在世界上的影响力逐步提高，通过货币竞争，从亚洲区域拓展到全球，通过国际货币体系中的范围经济效应，从而形成美元、欧元、人民币三足鼎立的国际货币格局，这是人民币要达到的最高目标。

这个阶段，人民币要借助在亚洲地区建立的货币体系和汇率机制，向全球范围拓展。中国在进一步增强国力的基础上，要不断完善我国金融市场机制，提高金融服务的效率，满足金融全球化的要求。一方面，要在全球范围内发展人民币金融市场，建立人民币国际金融中心，这就要求完善相应的基础设施，比如建立全球清算结算中心、交易电子化、24小时服务等，满足全球投资者的需求。另一方面，要完善人民币跨境流通循环机制。同时，要不断提高自身的金融监管水平，加强与国际监管机构的协调与合作，共同抵御风险的发生。

综上所述，我们把人民币国际化三个阶段的特征进行了总结，见表5-2。

表5-2 人民币国际化三个阶段的特征

人民币国际化阶段	初级阶段	中级阶段	高级阶段
经济实力估计	经济总量居世界前三	经济总量和美国相当	经济总量超过美国
金融市场发展情况	金融市场欠发达	金融市场发达	高度发达的国际金融中心
国际化主导力量	市场需求	市场需求和政府供给	市场需求为主，政府供给为辅
国际化渠道	边境贸易和人员往来	区域经济合作（跨境贸易和境外投资）	境外贸易与国际投资
人民币职能	贸易计价、支付结算手段	国际投资和市场交易工具、部分国家储备资产	国际储备和市场干预手段

5.5 时空融合的人民币国际化发展进程

人民币国际化从初级阶段、中级阶段到高级阶段，最后成为国际货币的过程，是一个渐进的过程，是"时间"、"空间"、"货币职能"三个维度同时展开的融合过程（具体见图5-1）。

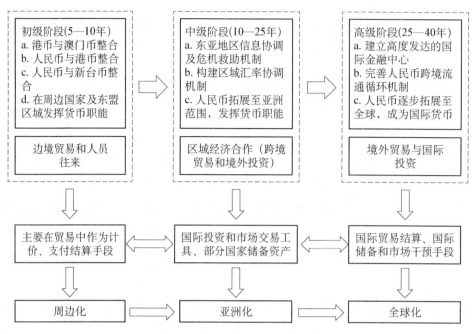

图5-1　人民币国际化时空融合进程路线图

人民币国际化的初级阶段大概经历5—10年，通过港币与澳门币融合、人民币与港币融合实现人民币在海峡两岸暨香港、澳门经济圈的统一，然后主要通过贸易渠道实现人民币的周边化以及东盟地区的普及。这个阶段，人民币主要通过实体经济循环发挥计价和结算货币职能，流通渠道主要包括跨境贸易和直接投资：国际贸易仍然较多使用在位国际货币，中国通过对周边以及东南亚一些国家呈现贸易收支逆差，通过对外直接投资、对东盟等国经济援助输出人民币；通过人民币FDI引入人民币。在虚拟经济系统，基本上还没有形成人民币跨境金融市场。由于资本账户受到严格管制，可通过人民币QFII以及政府、金融债券投资等为人民币提供回流渠道。因此，只有少数国家及地区把人民币作为金融投资货币和储备资产。

大约再经过5—15年，人民币国际化进入中级阶段。以东亚货币合作为突破口，构建汇率协调机制，争取成为东亚地区的核心货币，然后拓展国际化范围至整个亚洲地区。在这个阶段，我国经济、金融改革已显现成效，对外贸易结构优化，对外投资的地位大大提升，经常账户顺差规模缩小；资本账户逐步放开，进一步培育境内金融体系，为人民币国际化提供广阔的融资市场和合理的报价体系。具体表现为：在经常账户方面，通过对外直接投资收益和服务贸易盈余的形式输入人民币，货物贸易可能产生赤字输出人民币。国内金融体制逐步完善，境内形成国际化的金融市场体系，资本与金融账户通过对外借贷、对外证券投资、对外直接投资等形式输出人民币；境外的人民币通过投资境内人民币金融产品和实业实现回流。因此，人民币不仅成为区域内的主要贸易结算货币，而且成为借贷货币和金融投资货币之一，更多国家把人民币纳入储备资产。

经过中级阶段的发展，人民币国际化发展进入到高级阶段。在人民币实现亚洲化后，人民币将往更大范围拓展，最终成为真正的国际货币，可以自由兑换和投资。此时中国的经济实力更强大，高新技术产业和服务业成为支撑产业，内需大大提高；资本项目完全放开，人民币可自由兑换，上海已经成为高度发达的国际金融中心。人民币在国际贸易和国际金融交易中作为支付手段，作为国际投资和市场交易工具，政府发行人民币国债以满足其他国家对人民币作为储备资产的需求。

由上面的分析可见，人民币要实现国际化将经历比较长的一段时间，分阶段、按步骤进行，并根据进度作出调整，主要可以从时间维度、空间维度、货币职能维度同时展开。每一个维度都不是单独存在的，由于时间的连续性，每个维度的每一步进展没有明确的界限，比如人民币周边化的过程中，人民币可能成为周边国家的结算货币，也会在某些国家用于投资，甚至被少数国家作为储备资产之一；而在人民币实现区域化和国际化的过程中，人民币同样也会同时发挥三种货币职能。因此，人民币国际化是"阶段划分"、"货币空间"、"货币职能"三个维度的融合，是国别货币经历初级、中级、高级阶段渐进成为国际货币的过程。

本章小结

本章主要从时间和空间两个维度阐述人民币国际化的路径选择。从时间维度看，根据几大世界货币国际化的经验，将人民币国际化进程分为三个阶段，即初级阶段、中级阶段和高级阶段，阐述了每个阶段的实现步骤，并构想了每个阶段大致经历的时间。从空间的维度，人民币须经历周边化—区域化—全球化的过程，分析每个阶段的目标，在实现每个目标的过程中，人民币逐步发挥其作为计价支付手段、投资货币、储备资产等货币职能，而每一阶段每一步骤都不是明确可分的，具有时间上的连续性和空间上的交叉性。因此，人民币国际化实际上是一个时空融合的过程。

第5章附录

GG－LL 模型

20世纪90年代后，关于在一个区域内各经济体是否选择、如何选择参加最优货币区问题，保罗·克鲁格曼(Paul Krugman)以欧盟和挪威为例，分析了挪威加入欧盟的成本—收益曲线，提出了 GG－LL 模型。克鲁格曼认为，挪威加入欧洲货币体系的收益大小取决于挪威与欧洲货币体系成员国贸易关系的一体化程度 I。

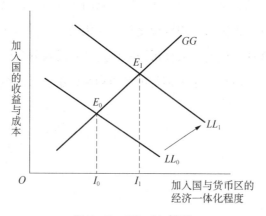

图5-2　GG-LL 模型

图5-2横轴表示加入国与货币区的经济联系紧密程度，它可以用该国与货币区经济交易值占货币区 GDP 的百分比表示；纵轴表示加入国的收益与成本。

图中 GG 曲线为收益曲线，它是一条斜率为正的曲线，说明该国与货币区之间的经济一体化程度越高，跨国贸易和要素流动越广泛，则其加入货币区的货币效率收益也越大。LL 曲线为成本曲线，其斜率为负，说明一个国家的经济与其所在货币区的经济联系程度越密切，加入货币区的经济稳定性损失就越小。总之，一个国家与其所在货币区的经济一体化程度越高，加入货币区就越有利。GG 曲线和 LL_0 曲线的交点为 E_0，它决定了一国是否加入货币区的经济一体化程度的临界值 I_0，当该国与货币区的一体化程度大于 I_0 时，加入货币区将获得净收益，否则加入会带来净损失。

GG - LL 模型的前提设定：(1)货币区规模越大，区内价格水平的稳定性与可测性就越高；(2)货币区内各成员对固定汇率的承诺是有保证的；(3)货币区内各国市场联系越紧密，加入货币区的净收益就越高。

GG - LL 模型对人民币货币区建设的启发意义：克鲁格曼用 GG - LL 模型说明了最优货币区建立的成本与收益条件，指出最优货币区就是通过商品贸易和服务贸易以及要素的流动，促使多国经济紧密相联的地区。如果各国之间的贸易经济联系紧密和要素流动性较大，那么组建货币区对各成员国均有益处；反之则不宜组建。故该理论对人民币国际化进程中能否成立最优货币区这一实践具有指导意义。特别是，从单个国家是否加入货币区为切入点，根据加入货币区的成本、收益因素，可以直观形象地分析单个国家加入货币区的利弊得失，从而决定货币区的规模。

通过 GG - LL 模型，可以判断一国经济环境的变化是如何影响其加入货币区的选择的。例如，在经济一体化程度的任何一个水平上，当某国出口需求和投资需求增加时，若该国缺乏调节外向型经济发展政策的工具，比如汇率调节工具缺乏，则该国产出和就业的不稳定性增加，引起 LL 曲线由 LL_0 上移到 LL_1，结果使得加入货币区的临界点由 I_0 增加到了 I_1。所以一体化程度的临界值 I_0 是动态的。故在测算该临界值 I_0 时，货币区的领头国须联合、配合货币区管理当局，根据加入最优货币区的条件，即要素流动性、经济开放度、金融一体化、通胀相似性、产品多样化等，制定测算这五个指标的标准或办法，结合测算出来的"加入国与货币区经济交易占货币区 GDP 的百分比"这个指标，综合测算连续三年 I_0 的平均值，依此判断是否可以加入货币区。

第6章 人民币国际化对我国货币政策影响的一般分析

本章从理论上分析人民币国际化货币政策中间目标的影响，对货币需求、货币供给的影响，并详细分析人民币国际化对货币乘数的影响；阐述人民币国际化对利率、汇率和汇率政策的影响，包括特里芬难题和汇率政策失效。对货币政策最终目标(包括金融市场稳定性)的影响，对我国货币政策独立性的影响，关于人民币国际化对货币政策传导机制(包括利率传导、资产价格传导、信用传导和汇率传导)的影响将在下一章分析。本章运用对比法，论证人民币国际化对各经济变量的影响，旨在说明货币国际化的逆向冲击一定程度上也阻碍了其国际化的进程，为后文分析人民币国际化的风险及监管做铺垫。

6.1 人民币国际化对货币政策中间目标的影响

此处我们先从总体上简单分析人民币国际化对货币政策中间目标的影响，后文再对货币供应量、利率、信贷、汇率等中间指标做具体分析。

第一，降低了中间目标的可测性。人民币国际化和国际金融市场的创新发展，许多新型金融工具的出现和交易，使货币外延边界模糊：许多货币工具兼具交易、投资功能，货币与其他金融工具间替代性增加，广义货币与狭义货币之间、本币与外币之间的差异日渐缩小。

第二，逐渐削弱了中央银行对商业银行、非银行金融机构或(和)非金融机构等对货币的检测、观察和分析力，模糊了金融变量等中间目标的定义和计量。

第三，降低了中间目标的可控性。人民币国际化和国际金融市场的创新发展，增强了货币供应量、利率等中介指标的内生性，导致银行等金融机构与货币政策工具之间的联系日益松散。

6.2 人民币国际化对货币需求的影响

当一国货币成长为国际化货币后，影响该国货币供需的因素便更加复杂，不仅包括国内因素，也包括他国或世界性因素的影响。这就增加了货币当局统计和控制货币流量与存量的难度和复杂性。我们先分析货币国际化对货币需求函数的影响。

一国货币国际化后，货币需求函数要纳入他国居民对该国货币的需求，全球范围内的个人、企业和政府部门出于保值增值、规避汇率风险和调节外汇储备等方面的因素，会增加对该货币的持币意愿。

6.2.1 改变广义货币持有结构

在人民币国际化进程中，随着金融创新和人民币离岸市场的成长，金融电子化水平提高，支付结算系统变革，缩小了现金的使用范围；同时，国际化的推进也使得货币流通速度加快，可能对狭义货币 M_1 的需求偏好下降。

伴随着人民币国际化和金融创新的发展，国际上证券化趋势不断增强，使介于资本市场和货币市场的金融工具大量增加，这样的新型工具既有交易的便利，又有一定的投资回报，因此人们持币的机会成本增加，为了降低机会成本，人们的资产组合中人民币现金类货币比例下降，非货币型金融资产的比例增加。

6.2.2　改变货币主义的货币需求函数

从需求方面来看，若不考虑人民币国际化，则以弗里德曼为代表的货币主义的货币需求函数可以表示为：

$$M_d = f(Y_p, \quad P, \quad R_0, \quad R_i, \quad W, \quad u) \qquad (6-2-1)$$

式(6-2-1)中 M_d 表示货币需求量，Y_p 表示恒久性收入，P 表示物价水平，R_0 为该货币实际利率，R_i 为一系列投资标的的预期收益率，W 表示除恒久性收入以外的财富因素，u 为其他因素。其中 M_d 与 Y_p 和 P 呈正相关关系，与 R_0、R_i、W 呈负相关关系。人民币国际化后，货币需求函数要纳入他国居民对该国货币的需求，全球范围内的个人、企业和政府部门出于保值增值、规避汇率风险和调节外汇储备等方面的因素，会增加对该货币的持币意愿，我国人民币国际化后的货币需求函数变为：

$$M_d = f_1(Y_p, \quad P, \quad R_0, \quad R_i, \quad W, \quad u) +$$
$$f_2(Y_p^*, \quad P^*, \quad R_0, \quad R_0^*, \quad E, \quad W^*) \qquad (6-2-2)$$

式(6-2-2)中，Y_p^* 表示他国居民的恒久性收入，P^* 为他国的物价水平，R_0^* 表示他国货币的预期收益率，E 表示国际化的货币与他国货币之间在直接标价法下的汇率，W^* 表示他国居民除恒久性收入以外的财富因素。其中 M_d 与 Y_p、Y_p^*、P、P^* 和 R_0^* 呈正相关关系，与 R_0、R_i、W 和 W^* 呈负相关关系，与 E 的关系不确定。人民币国际化后，当 R_0^* 上升后，根据货币需求函数，对他国货币的需求会下降，从而会相应增加对人民币的需求；反之，当 R_0^* 下降后，对他国货币需求上升，会降低对人民币的货币需求。

6.2.3　可能改变凯恩斯货币需求曲线形态

在只考虑利率和收入的凯恩斯货币需求函数下，国内人民币需求与我国利率呈反向关系，国外人民币需求与我国利率呈正向关系；人民币国际化以后，人民币的货币需求函数是国内外人民币需求函数的叠加，对于最终货币需求曲线的弯曲程度和方向，主要受到人民币离岸市场规模和国外居民对于利差的敏感程度等因素共同影响。以人民币离岸市场规模为例，人民币国际化之前的货币需求函数呈现向右下方倾斜(图6-1)；但人民币国际化后货币需求函数可能呈现三种形态(图6-2)：在人民币离岸市场规模较小的情况下，人民币总需求和利率的关系主要受在岸市场主导，人民币总需求依然与利率呈反向关系，如图6-2-a所示；在人民币离岸市场规模较大的情况下，人民币总需求和利率的关系主要受人民币离岸市场主导，人民币总需求与利率呈正相关，如图6-2-c所示；图6-2-b为介于6-2-a和6-2-c两者之间的情形。图6-2-a和图6-2-b一般出现于人民币国际化前期，图6-2-c较有可能出现在国际化后期。[①]

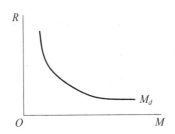

图6-1　人民币国际化前货币需求函数

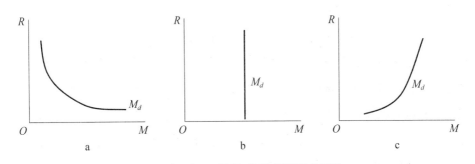

图6-2　人民币国际化后货币需求函数

汇率 E 对货币需求的影响较为复杂。当 E 上升时，即国际化货币贬值，将会产生货币替代效应和促进出口效应，货币替代效应是指贬值动摇了对该货

---

① 范祚军，阮氏秋河，陆晓琴. 人民币国际化背景下货币政策调控风险形成机理研究[J]. 广西大学学报(哲学社会科学版)，2012(2)：18-24.

币的保值增值信心，从而削弱了对该货币的需求；但促进出口效应是指贬值使该国出口产品更具竞争力，使得对该国货币的需求增强。因此对于货币需求的影响方向要看哪方面的力度较大。从变化后的货币需求函数可以发现，影响货币需求量的因素增加，而根据传统货币供给内生性原理，货币需求会影响货币供给，从而国际化货币发行国制定宏观经济政策的难度也增大，削弱发行国制定货币政策的独立性。

6.2.4 降低货币需求的稳定性

我们可以从三方面来分析。

第一，如前所述，货币国际化的发展改变了持币动机，货币需求的结构发生了变化。①国际化的发展，出现了大量货币性极强的金融工具（变现能力、支付功能强），加之其一定的投资收益，致使公众交易性货币需求 $L_1(Y)$ 下降，而投机性货币需求 $L_2(R, Exp)$ 增加。R 是利率，Exp 表示投资预期。②货币国际化和离岸金融市场的发展，使资产价格波动性增大，影响投资者预期的稳定性，从而 $L_2(R, Exp)$ 不稳定性增加。由于份额较大的 $L_2(R, Exp)$ 不稳定性增加，份额较小的 $L_1(Y)$ 相对较稳定，因此整个货币需求函数的稳定性下降。

第二，人民币国际化使货币需求的决定因素更复杂和不稳定。①货币国际化和国际金融市场的发展，市场利率将更为复杂多变，致使货币需求的利率弹性不稳定。②货币国际化和国际金融市场的发展，使货币的流通速度加快，难以准确把握和测算货币流通速度。

第三，狭义货币的需求变动更为频繁、无规律。货币国际化和国际金融市场及其金融创新的发展，人民币与其他金融工具替代性增加，所以资产流动时交易成本下降，短期内国内外经济形势稍有变化，即可能引起资金在各类资产之间的大规模移动。此时大量货币性极强的金融工具（变现能力、支付功能强）及其一定的投资收益的特征，对社会公众形成更强烈的吸引力；因此狭义货币的需求变动频繁、无规律。

总而言之，尽管货币主义认为货币需求是稳定的，但我们认为该结论的前提是制度稳定；在人民币国际化和人民币离岸（国际）金融市场发展过程中，上述变化表明我国及国际经济、交易制度的不断变迁，因此货币需求的稳定性下降。

6.3 人民币国际化对货币供给的影响

6.3.1 扩大了 M_s 主体

随着人民币国际化和国际金融市场的创新发展，境内外金融机构同质化增强，存款类金融机构与非存款类金融机构业务界限日益模糊；同时货币创造不局限于境内本土商业银行、非银行金融机构和影子银行，境内的上述外资机构和境外机构也具有人民币货币创造的功能。更广义一点说，人民币供给的主体由国内央行、商业银行、非银行金融机构和部分非金融机构（如影子银行等）扩大到境外机构。

人民币实现国际化后，人民币离岸市场是其不可避免的产物，随着人民币国际化程度越来越高，离岸市场的规模也将逐渐扩大，并达到能够影响人民币供给总量的程度。不考虑人民币国际化的货币供给函数可表示为：

$$M_s = m \times B \qquad (6-3-1)$$

其中，B 表示国内基础货币，m 为国内货币乘数。在人民币国际化后，我国的货币供给变为：

$$M_s = m \times B + \beta \times B^* \qquad (6-3-2)$$

其中，B^* 表示离岸市场的基础货币，B^* 与人民币预期收益率呈正相关关系，β 表示离岸市场的货币乘数，由于货币乘数受法定准备金率、超额准备金率、定期与活期存款的比率和现金占存款比率的共同影响，任一比率不同，就会使货币乘数不同，所以一般 $m \neq \beta$。

6.3.2 人民币国际化对货币乘数的影响

货币乘数受法定存款准备金率、超额存款准备金率和现金对存款总量的比率等的共同影响。

各变量分别用符号和方程表示为：

$$B = C + R \qquad (6-3-3)$$

$$M_1 = D_d + C \qquad (6-3-4)$$

$$M_2 = D + C \qquad (6-3-5)$$

$$R = (r + e) \times D \qquad (6-3-6)$$

$$D_d = n \times D \qquad (6-3-7)$$

$$C = q \times D \qquad (6-3-8)$$

其中，B 表示基础货币，C 表示流通中的现金，R 表示商业银行存入中央银行的法定存款准备金和超额存款准备金的总和，M_1 表示狭义货币供给量，D_d 表示商业银行活期存款，M_2 表示广义货币供给量，D 表示商业银行的存款总量，r 为法定存款准备金率，e 为超额存款准备金率，n 为活期占定期存款的比率，q 为现金对存款总量的比率。将(6-3-6)式和(6-3-8)式代入(6-3-3)式，得：

$$B = q \times D + (r + e) \times D \qquad (6-3-9)$$

将(6-3-8)式代入(6-3-5)式，得：

$$M_2 = D + q \times D \qquad (6-3-10)$$

将(6-3-10)式除以(6-3-9)式，得：

$$m = \frac{1+q}{r+e+q} \qquad (6-3-11)$$

对(6-3-11)式分别对 r、e 和 q 求偏导数得：

$$m_r = \frac{\partial m}{\partial r} = -\frac{1+q}{(r+e+q)^2} < 0 \qquad (6-3-12)$$

$$m_e = \frac{\partial m}{\partial e} = -\frac{1+q}{(r+e+q)^2} < 0 \qquad (6-3-13)$$

$$m_q = \frac{\partial m}{\partial q} = \frac{r+e-1}{(r+e+q)^2} < 0 \qquad (6-3-14)$$

从(6-3-12)式到(6-3-14)式中可以发现，货币乘数 m 与 r、e 和 q 呈反向关系。

1. 人民币国际化对法定存款准备金率 r 的影响

法定存款准备金率是由央行决定，当经济过热或国内出现通货膨胀后，央行会提高法定存款准备金率，以降低货币乘数，减少货币供给，收回流动性；当经济萧条或国内通货紧缩时，央行降低法定存款准备金率，提高货币乘数，增加货币供给，以缓解资金紧张。人民币国际化后，央行要同时衡量国内经济情况以及国外人民币输出和回流对总货币供给的影响。如果国内经济过热，且人民币出现大量回流时，央行要比人民币国际化之前更大幅度地提高法定存款准备金率。如果国内经济低迷，且人民币出现大量流出时，央行要比人民币国际化之前更大幅度地降低法定存款准备金率。如果国内经济过热，而人民币出现大量流出；或国内经济萧条，而人民币出现大量回流时，央行要全面衡量两者对于货币总供应量的影响，再决定法定存款准备金率的升降（如表6-1）。因此，人民币国际化使得央行在调整法定存款准备金率时变得极为复杂。

表6-1 人民币国际化对法定存款准备金率 r 的影响

	经济过热	经济萧条
人民币大量回流	比国际化前更大幅度提高法定存款准备金率，故 $m_{r后} < m_{r前}$	权衡两者力度
人民币大量流出	权衡两者力度	比国际化前更大幅度降低法定存款准备金率，故 $m_{r后} > m_{r前}$

通常情况下，随着人民币国际化和国际金融市场的创新发展，境内外影子银行不断增加，导致存款类金融机构与非存款类金融机构、非金融机构（如影子银行）的业务界限模糊，考虑到后两类机构的许多业务是无需缴纳法定存款

准备金的，因此，整个系统的加权存款准备金率 r 下降。由此可知，在货币国际化和国际金融市场发展的情况下，货币乘数通常会增大。

2. 人民币国际化对超额存款准备金率 e 的影响

超额存款准备金对于货币供给影响的机制与法定存款准备金率类似，但区别在于，法定存款准备金率是央行制定，而超额存款准备金率由商业银行自行决定。影响商业银行超额存款准备金率主要有三个因素：持有超额存款准备金 ER 的机会成本、未来出现流动性不足的可能性和流动性不足时获得资金的难易程度。人民币国际化条件下，当存款类金融机构持有 ER 的机会成本增加时，金融体系的 ER 会下降因而 e 降低；反之 e 增加。当预期未来可能出现流动性不足或在流动性不足情况下要付出较高的成本获得资金时，商业银行会考虑提高其超额存款准备金率，减少对外放贷的金额，这在一定程度上提高银行的资金成本。反之，当预测未来流动性充足或获取资金便利（比如同业拆借市场发达，降低了拆借资金的成本）时，商业银行会降低超额存款准备金率，增加对外贷款，获取更多存贷收益。人民币国际化后对于资金流动性的影响因素也变得更为复杂，要同时兼顾人民币在岸市场和离岸市场的流动性。当人民币在岸市场和离岸市场流动性都较强时，商业银行要比人民币国际化前更大幅度降低超额存款准备金率，因为未来获取资金更为便利；当人民币在岸市场和离岸市场流动性都较弱时，商业银行要比人民币国际化前更大幅度提高超额存款准备金率，因为未来筹资成本较高；当人民币在岸市场流动性较弱而离岸市场流动性较强，或离岸市场流动性较弱而在岸市场流动性较强时，就要权衡两个市场的规模大小和流动性强弱差距。具体情况如表 6-2 所示。

表 6-2　人民币国际化对超额存款准备金率 e 的影响

	在岸资金流动性强	在岸资金流动性弱
离岸资金流动性强	比国际化前更大幅度降低超额存款准备金率，故 $m_{e后} > m_{e前}$	权衡两者力度
离岸资金流动性弱	权衡两者力度	比国际化前更大幅度提高超额存款准备金率，故 $m_{e后} < m_{e前}$

3. 人民币国际化对现金-存款总量比率 q 的影响

现金对存款总量比率主要受人们持币需求的影响。持币需求主要受以下三种因素影响：

（1）对现金的流动性偏好

通常情况下，流动性偏好主要受人的自身因素影响，包括年龄和学历等因素，但人民币国际化后由于人民币增加了其储备和海外投资的功能，故对个人的流动性偏好会产生一定影响，影响程度和方向要视整体人群加总后的影响而定。

（2）存款的利率或投资收益率

当存款利率上升时，储蓄更具吸引力，居民现金需求减弱，q 下降，货币乘数变大，货币供应量变大；反之，当利率下降时，居民倾向持有现金而非储蓄，q 上升，货币乘数变小。人民币国际化要求利率市场化步伐加快，存款利率限制一旦放开，使得存款利率由外生变量变为内生变量，存款利率将由市场决定，存款利率的频繁变动将导致货币乘数的改变。人民币国际化后，由于境内外金融工具更丰富、相互替代性增强，获得高收益的机会更多，所以持币的机会成本增加，加之货币国际化和国际金融市场的创新发展，促进了支付制度革新、效率提高，从而现金比率下降。

（3）收入或财富的变化

收入或财富变化对 q 的影响可能有两种：第一，奢侈品效应。当收入提高，储蓄将会增加，现金持有也会增加，但考虑到储蓄的奢侈品特性，其需求的收入弹性大于现金需求的收入弹性，故储蓄增加多于现金增加，q 下降。第二，财富效应。当财富增加，现在与未来消费增加，现金需要量增加超过储蓄增加，q 上升。在人民币国际化之前，通常第一种情况大于第二种情况。人民币国际化后由于人民币具有储备价值，居民如果看好人民币价值，则会增加储蓄，从而使 q 下降，$m_{q后} > m_{q前}$；同时人民币国际化后具有更广泛的交易功能，若居民更偏好交易广泛性的货币，就会增加现金持有，从而使 q 上升，$m_{q后} < m_{q前}$。

从图 6-3 可以看出，在 2006 年第四季度之前货币乘数与国内生产总值

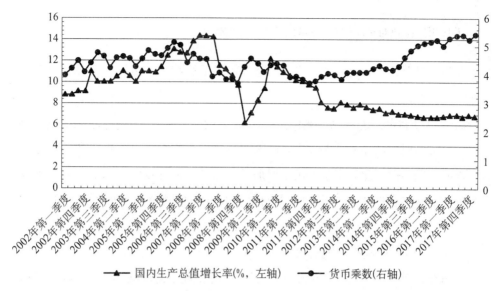

图 6-3　2002Q1—2018Q1 我国国内生产总值增长率和货币乘数关系

资料来源：国家统计局网站和中国人民银行货币政策执行报告。

(GDP)增长率趋势大体保持一致，但在 2006 年第四季度之后发生了偏离甚至背离，这很可能是由于随着我国对外开放度日益提高，人民币在国际贸易、国际信贷和国际投资等"国际化"事务中发挥的作用日益显现，并对 r、e 和 q 综合影响所导致的。

6.3.3　人民币国际化对货币供给的总体影响

在人民币国际化之前，人民币货币供应的外生性程度很高，即货币当局统筹调控的空间比较大，与利率关联较小，因此货币供给曲线非常陡直，甚至为垂线（图 6-4）。在人民币国际化后，人民币货币供应内生性显著增强。因为货币供给主体增多，改变了货币乘数并创造了新型货币，故货币供给越来越脱离中央银行的控制。即由人民币离岸市场提供的货币量与人民币预期收益率呈正相关，国内供给市场与离岸市场叠加后，使得货币供给曲线向右上方倾斜，即随着利率上升，货币供给也相应增加（图 6-5），倾斜的角度由人民币离岸市场规模和对利率敏感性共同决定，规模越大，敏感度越大，则倾斜的角度越大。

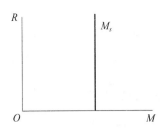

图 6-4　人民币国际化前货币供给曲线

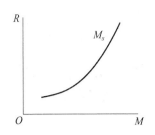

图 6-5　人民币国际化后货币供给曲线

6.4　人民币国际化对利率的影响

根据人民币国际化前后对于货币需求和供给的影响，来构造货币需求和供给的均衡模型，在人民币国际化前货币需求和供给模型如图 6-6 所示，货币需求是一条向右下方倾斜的曲线，货币供应量因仅受我国央行控制，为一条垂直于横坐标的直线，当采取宽松的货币政策时，货币供应量由 M_{s1} 向右平移至 M_{s2}，实际利率由 R_1 变为 R_2，且长期实际利率也稳定在 R_2，利率下降从而达到了扩张性货币政策的效果。

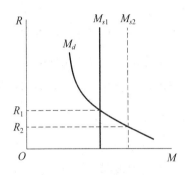

图 6-6　人民币国际化前
货币均衡模型

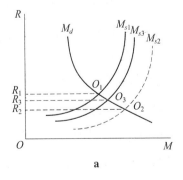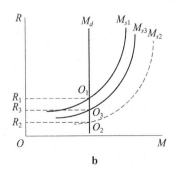

图 6-7　人民币国际化后货币均衡模型(情况 1)

在人民币国际化后，货币供应和货币需求曲线都发生了变动，对货币政策效果产生的影响可以分两大类情况。第一种情况是货币需求曲线向右下方倾斜或垂直于横轴，第二种情况是货币需求曲线向右上方倾斜。

第一种情况由图 6－7－a 和图 6－7－b 表示。此时如果采取宽松的货币政策，短期内货币供应量由 M_{s1} 向右平移至 M_{s2}，均衡点由 O_1 变为 O_2，利率由 R_1 下降为 R_2。此时的 R_2 为短期均衡利率，短期内货币政策达到预定效果，但长期并未达到均衡状态。由于利率的下降且离岸市场货币供给与利率正相关，所以使得离岸市场货币供给减少，货币供应量由 M_{s2} 向左平移至 M_{s3}，均衡点由 O_2 变为 O_3，利率由 R_2 变为 R_3，此时的 R_3 为长期均衡利率。将长期效果与短期进行对比可以发现，长期利率高于短期利率，长期货币供应量低于短期供应量，导致扩张性的货币政策效果要弱于人民币国际化之前，从而减弱了货币政策的有效性。如果国外居民对于利率下降的敏感程度较高，那么货币供应量将会由 M_{s3} 返回至初始位置，使利率不变，这就导致了扩张性货币政策完全失效。

第二种情况由图 6－8－a 和 6－8－b 表示。在这种情况下扩张性的货币政策效果要通过比较所有货币供给和货币需求对利率的敏感程度才可看出。当货币需求对利率的敏感程度小于货币供给对利率的敏感程度，即 $\frac{\partial M_d}{\partial R} < \frac{\partial M_s}{\partial R}$，如图 6－8－a 所示，此种效果与第一种情况对货币政策的影响（图 6－7）类似。反之，当货币需求对利率的敏感程度大于货币供给对利率的敏感程度，即 $\frac{\partial M_d}{\partial R} > \frac{\partial M_s}{\partial R}$，如图 6－8－b 所示，短期内货币供应量由 M_{s1} 向右平移至 M_{s2}，均衡点由 O_1 变为 O_2，实际利率由 R_1 上升为 R_2，此时的 R_2 为短期均衡利率。此时利率上升与扩张性货币政策的预期效果相反，同时由于利率上升使得离岸市场的货币供给增加，货币供应量由 M_{s2} 进一步向右移至 M_{s3}，长期均衡利率提升至 R_3，扩张性的货币政策完全无效，反而更加剧了经济衰退。

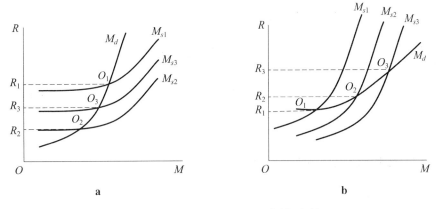

图 6-8　人民币国际化后货币均衡模型(情况 2)

6.5　人民币国际化对货币信贷的影响

本节我们通过构建模型，研究人民币国际化进程中离岸金融市场发展对在岸货币信贷的影响，方法上从最优化角度出发，运用均衡思想展开分析，根据严格的前提假设和数理推导来论证人民币国际化对货币信贷的影响及其传导机制。研究认为离岸市场中的信贷扩张对在岸银行有"诱导效应"，会导致总信贷量增加。

前提与条件设定：假设 L_O 为离岸金融市场发放的人民币贷款量，L_H 为东道国在岸金融市场发放的贷款量；W_O 为离岸金融市场中的储蓄量，W_H 为在岸金融体系中存在的储蓄量；R_O 为离岸金融市场中的均衡贷款利率，R_H 为在岸金融市场提供的贷款利率；r_O 为离岸金融市场的均衡存款利率，r_H 为在岸金融市场的存款利率。

（1）相较于在岸市场，离岸金融市场存在一定的税收优惠，设税收优惠系数为 θ，$\theta > 1$。在岸金融机构需要缴纳一定的法定存款准备金，准备金比率为 t。

则离岸市场中，金融机构可以提供的贷款量为 θW_O，在岸金融机构可以提供的贷款量为$(1-t)W_H$。

（2）在贷款需求量一定的情况下，可发放的贷款量越多，则贷款利率越低，$\dfrac{\partial R_O}{\partial W_O}<0$，$\dfrac{\partial R_H}{\partial W_H}<0$。设贷款利率和存款之间存在线性关系：

$$R_O=a_o-b_oW_O，\quad (a_o,\quad b_o>0) \tag{6-5-1}$$

$$R_H=a_H-b_HW_H，\quad (a_H,\quad b_H>0) \tag{6-5-2}$$

（3）离岸金融机构的收益函数为：

$$
\begin{aligned}
Y_O&=\theta W_OR_O-\theta W_Or_o=\theta W_O(a_o-b_oW_O)-\theta W_Or_o\\
&=-\theta b_oW_O^2+(\theta a_o-\theta r_o)W_O
\end{aligned}
\tag{6-5-3}
$$

故离岸金融机构利润最大化的一阶条件为：

$$\frac{\partial Y_O}{\partial W_O}=a_o-r_o-2b_oW_O=0 \tag{6-5-4}$$

由此可以得到利润最大化条件下的储蓄量为：

$$W_O=\frac{a_o-r_o}{2b_o} \tag{6-5-5}$$

（4）在岸金融机构的收益函数为：

$$
\begin{aligned}
Y_H&=(1-t)W_HR_H-W_Hr_H=(1-t)W_H(a_H-b_HW_H)-W_Hr_H\\
&=-(1-t)b_HW_H^2-[(1-t)a_H-r_H]W_H
\end{aligned}
$$

$$\tag{6-5-6}$$

故在岸金融机构利润最大化的一阶条件为：

$$\frac{\partial Y_H}{\partial W_H}=(1-t)a_H-2(1-t)b_HW_H-r_H=0 \tag{6-5-7}$$

由此可以得到利润最大化条件下的储蓄量为：

$$W_H=\frac{(1-t)a_H-r_H}{2(1-t)b_H} \tag{6-5-8}$$

（5）假设两个市场资金可以自由流动。当离岸市场利率高于在岸市场时，储户会选择储蓄于离岸金融机构，反之类推。只有在两地收益率相同时，在岸市场与离岸市场之间不存在资本流动。

资本在两个市场之间流动会产生一定的流动成本，即手续费率 q；手续费为 qW，只有当 $\theta r_O W - qW = r_H W$ 时，即满足：

$$\theta r_O - q = r_H \qquad (6-5-9)$$

时，在岸市场和离岸市场之间才不会存在套利行为，即处于均衡状态。

离岸市场人民币可贷资金总量为：

$$L_O = \theta W_O = \theta \frac{a_o - r_o}{2b_o} \qquad (6-5-10)$$

在岸市场人民币可贷资金总量为：

$$L_H = (1-t)W_H = \frac{(1-t)a_H - r_H}{2b_H} \qquad (6-5-11)$$

根据(6-5-10)式，得到：

$$r_o = a_o - 2b_o W_o \qquad (6-5-12)$$

将(6-5-9)式和(6-5-12)式代入(6-5-11)式，得到：

$$L_H = \frac{2b_o L_O + q + (1-t)a_H - \theta a_O}{2b_H} \qquad (6-5-13)$$

所以：

$$\frac{\partial L_H}{\partial L_O} = \frac{b_o}{b_H} > 0 \qquad (6-5-14)$$

根据(6-5-14)式可以得出如下结论：

结论 1：离岸金融市场的信贷量与在岸市场的信贷量呈正相关关系，离岸市场的信贷量增加会诱导在岸市场的信贷量也增加，从而使得总信贷规模大幅扩张。

（6）假设在一定时期内，宏观经济水平没有发生较大的变动；央行的法定存款准备金率也固定不变；居民的消费、储蓄习惯没有发生改变，即边际储蓄倾向不变。并且我国作为新兴经济体，经济发展速度会高于世界平均水平，资本相对短缺，所以国内的存款利率 r_H 会高于世界平均水平，而离岸市场中利率水平与世界利率水平较为接近，所以在一般情况下 $r_H > r_o$，资本主要从离岸市场流入在岸金融体系。

（7）定义国内信贷的波动程度：

$$\sigma^2_{L_H} = E(L_H^2) - (EL_H)^2 \qquad (6-5-15)$$

E 表示数学期望。从长期看国内的信贷量，可以认为 $E(L_H) = \overline{L_H}$，平均信贷量是一个常数。

在没有人民币离岸金融中心之前，在前述假设的基础上，认定国内的信贷量 $L_{H\,before}$ 变动主要是由于经济增长、国民收入的上升而逐渐增长。所以在一定时期内 $L_{H\,before}$ 呈现缓慢上升趋势。

在人民币国际化和离岸金融中心建设中，信贷量 $L_{H\,after}$ 不仅取决于国内经济的增长速度，很大程度上还与离岸金融市场中的资本流入以及离岸市场的信贷量有关。根据以上假设（6），从离岸市场流入的资金净值不可能为负，而 L_O 也不能为负。可以认为：

$$L_{H\,after} > L_{H\,before} \qquad (6-5-16)$$

由(6-5-16)式代入(6-5-15)式，可以得到：

$$\sigma^2_{L_{H\,after}} > \sigma^2_{L_{H\,before}} \qquad (6-5-17)$$

由(6-5-17)式，可以得出如下结论：

结论2：人民币离岸金融中心的建立会导致国内货币信贷量的波动增加，从而扩大了国内的信贷风险。

6.6 人民币国际化对汇率与汇率政策的影响

6.6.1 人民币国际化与"特里芬难题"

人民币国际化也会遭遇"特里芬难题"（参见第3章的阐述）。这是任一主权货币一旦作为国际货币都面临的无法同时满足币值稳定和国际需求的悖论。

后文我们将分析，汇率若作为中间目标，在人民币国际化后，人民币汇率的可测性不受影响，但其可控性严重降低。因为影响汇率的因素除了国内金融市场及其创新因素外，更多来自境外和离岸金融市场的信息流、资金流及其创新因素的冲击。同时，汇率与最终目标（如经济增长）之间的相关性变得不确定。后文我们会进一步分析，在汇率决定机制得以进一步完善后，我国汇率渠道的货币政策传导效果（即相关性）亦比较显著。

6.6.2　人民币国际化削弱汇率政策效果

一国货币成为国际货币之后，非国际货币国家就会将该国货币纳入其一篮子的国际储备中，为确保本国货币在国际上的价值不变，就会采取钉住国际货币的汇率政策，从而削弱国际货币发行国的汇率政策。当国际货币贬值或者升值时，储备该国际货币的国家就会以相同的程度进行贬值或者升值，从而使本币与国际货币的汇率不变。国际货币被使用和储备的范围越大，其汇率政策被削弱的效果越明显。

在人民币国际化前，货币当局可以调整汇率制度、改变人民币汇率来调节净出口、影响经济；但当人民币国际化以后，我国采取贬值的汇率手段时，其他国家会效仿，国际化程度越高，效仿的国家越多，从而使得人民币与其他货币的汇率并未发生改变，无法通过贬值来改善国际收支，导致汇率政策失效。

6.7　人民币国际化对货币政策最终目标的影响

6.7.1　对国内经济增长的影响

生产总值用收入法表示为 $Y = C + I + G + NX$，人民币国际化对于 Y 的影响，可以从对消费、投资和进出口的影响加以讨论。

对于消费和投资的影响，可以从凯恩斯学派和货币学派的视角分别分析。凯恩斯学派认为在货币政策传导机制中利率是最为关键的因素，传导机制可以表示为利率 $R\downarrow\rightarrow$ 消费 $C\uparrow$，投资 $I\uparrow\rightarrow$ 产出 $Y\uparrow$。因此人民币国际化对于消费和投资的影响，最根本的是对利率的影响。人民币国际化会带来一定的人民币资金波动，从总体来看，如果人民币资金进入大于资金流出，会使人民币的预期收益率 R_0 下降，从而使居民降低储蓄，提高消费和投资，同时资金的流入还能提升我国制造业和服务业的能力与质量，从而进一步提升居民消费和企业生产水平；反之资金流出大于流入则产出下降。但是如果资金在短期内出现"大进大出"的频繁波动，将使国内居民产生惶恐心理，增加预防性储蓄，将会对国内消费造成负面的影响；同时也会使一些存在金融泡沫的房地产和证券行业等遭到威胁；甚至会产生连锁性的金融危机。弗里德曼的货币学派则认为货币政策传导机制中最为关键的因素是货币供应量，传导机制表现为货币供应量 $M_S\uparrow\rightarrow$ 消费 $C\uparrow$，投资 $I\uparrow\rightarrow$ 产出 $Y\uparrow$。因此，衡量人民币国际化对于产出的影响就变为分析人民币国际化对于货币供应量的影响。由于我国目前资本与金融项目还没有完全放开，因此不可避免地形成了人民币离岸市场，离岸金融市场对法定准备金和存款保障制度等的要求要低于在岸金融市场，离岸货币乘数将大于在岸的货币乘数，即离岸市场的货币创造能力强于在岸，使得资金量变得宽松，资金流入国内市场后将使国内消费和投资增加，助推国内经济发展。

对于净出口 NX 而言，人民币国际化将改善我国贸易状况。在进口方面，以人民币标示的进口的先进技术、机械设备等价格下降；同时由于居民持有的人民币可以直接购买进口商品，居民的购买力随着进口价格的下降而得到提升，有利于促进国内消费。对于出口而言，人民币成为国际货币后，中国将在出口商品定价上有更多的话语权，在国际贸易中获得更大的竞争优势。因为利用人民币交易对于国内厂商和消费者而言可以降低交易成本，减少汇率风险，从而助推我国出口贸易和投资。

6.7.2 对国内物价的影响

由于我国目前资本项目还未完全开放，人民币离岸市场的形成将成为货币供给的另一来源；同时离岸金融市场对法定准备金和存款保障制度等的要求要低于在岸金融市场。根据货币乘数的计算公式，离岸货币乘数将大于在岸的货币乘数，即离岸市场的货币创造能力强于在岸。同样的基础货币在离岸市场中将形成更大的货币供给量，在人民币回流的过程中，使得国内资金量变得更为富余，增加了国内一定的通胀压力。

6.7.3 对金融市场稳定性的影响

货币自由兑换加大监测和调控难度。货币自由兑换是其成为国际货币的前提条件，这就要求发行国放开其经常项目和资本金融项目下的自由兑换，由于实际货币需求和供给不仅受国内需求和供给的影响，还受到国际需求和供给的影响，这就加大了金融监管部门对货币需求和供给的监测与调控难度，增加了现金管理的压力。

大进大出的短期国际游资产生的影响。货币国际化后，资本金融项目放开，当国际货币的实际汇率与名义汇率出现偏差，或者即期汇率、利率与远期汇率、利率发生偏离，就会发生短期国际游资频繁大额进出，从而影响该国金融市场的稳定性。

人民币国际化加重反假币和反洗钱的任务。人民币国际化后，虽然能使我国获得铸币收益，但国际货币的频繁流动会不可避免地伴随非法资金的流动，这就加大了我国金融体系对反假币和反洗钱的难度，这要求一定的成本投入并承担相应的风险损失。货币的流通范围与其被伪造的概率成正比例的关系，国际货币因其可兑换和普遍被接受等优势，使得大量假币制造者趋之若鹜。假币的大量出现对于国内而言将会扰乱原本正常的经济运行秩序，在国际上会降低需求者对其信任度，严重的会影响国际货币的国际声誉。人民币国际化后，央行在反假币上需要投入巨大的技术升级资金，并提升应对大量假币出现的风险防范。同时，在人民币进一步放开经常项目和资本项目后，一些不法分子将会利用人民币输出和回流渠道进行洗钱，这就要求监管部门在能够准确统计和监测大量资金流动的基础上，及时无误地辨认出非法资金，这需要监管部门建立一套严密的资金监测系统，其投入和使用成本将会是一笔不小的支出。

6.8　人民币国际化对我国货币政策工具及其独立性的影响

著名的经济学定理蒙代尔三元悖论是指在以下三种经济目标下，一国只能实现其中的两个，这三个经济目标分别是独立的货币政策、资本自由进出和汇率稳定。我国目前之所以能够实现货币政策独立是以牺牲资本自由进出为代价的，但人民币要成为国际货币必须满足汇率稳定和资本自由流动这两个条件，这就要求我国舍弃货币政策独立性这一目标，在对货币政策工具的冲击上会有以下几种表现。

6.8.1　逐步削弱法定存款准备金率效力

人民币国际化和国际金融市场的创新发展加快了国际金融证券化趋势，大量的流动资金从银行流入非存款类金融机构和新型影子银行，逐渐摆脱了中央银行对存款准备金率的束缚；同时跨国资金频繁流动，使得国内金融机构的负债比例发生变化，存款在商业银行等金融机构负债中所占的比例逐渐缩小，由此导致法定存款准备金率的作用范围也缩小。

6.8.2　削减再贴现政策的效果

第一，人民币国际化和国际金融市场的创新发展导致再贴现条件朝着自由化、更合理化方向发展。当前，大部分国家的中央银行不再严格限制和规定再贴现的条件，人民币国际化和国际金融市场的发展逐渐削弱了"真实票据说"的影响力，在岸和离岸金融工具创新使得新型票据逐渐合理、合法和必然，逐渐突破了再贴现条件、合格票据的种种规定和限制。因此中央银行在行使再贴现工具时其作用力必然被稀释。

第二，人民币国际化和国际金融市场的创新发展使公众的融资渠道更为多元化，国内在岸、境内离岸、境外离岸特别是欧洲货币市场（ECM）都可以成为人民币融资渠道；加之现代网络技术的快速更新换代，使资金调拨更便利，故进一步降低了市场融资对中央银行再贴现或再贷款的依赖。

第三，人民币国际化和国际金融市场的创新发展，也使得中央银行在再贴现窗口操作中的主动性日益降低。

6.8.3 可能增强公开市场业务的作用

人民币国际化对中央银行公开市场业务的作用，可从以下三方面理解：

第一，人民币国际化和国际金融市场的创新发展，推动了国内金融市场发展，这为政府融资证券化奠定了基础，增强了政府债券市场的活力。

第二，人民币国际化和国际金融市场的创新发展，为中央银行公开市场业务提供了更为多样化的交易手段和场所，这无疑提高了中央银行的运作效率，使之吞吐基础货币的能力明显增强。

第三，金融国际化的发展逐步改变了金融机构资产负债结构。政府债券因其安全性高、流动性强和收益性稳定这"三性"特征而广受关注，其价格和收益率成了市场上其他证券价格收益率变化的有效参数。中央银行能通过适时变动政府债券的价格和收益率来影响金融机构和公众对市场预期的变化，从而影响金融市场一般证券的价格和收益率，因此增强了公开市场业务的"告示效应"。

当然，在人民币国际化和国际金融市场的创新发展条件下，也有可能增加有效运用公开市场手段的难度。比如国际金融创新和金融全球化，资金可在离岸、在岸乃至全球金融市场快速流动，可能导致金融市场波动更为频繁，这加大了中央银行公开市场操作的难度，特别是在外汇市场上操作的难度。

总之，人民币国际化和国际金融市场的创新发展，对货币政策工具的干扰，将带来以下结果。

1. 人民币国际化削弱货币政策效果

在人民币国际化条件下，当我国采取扩张性货币政策（如扩大货币供应量、降低利率)以实现国内经济增长时，一方面，低利率可以增强国内居民和企业的消费和投资意愿。另一方面，低利率政策必将导致人民币收益率下降，使国外居民不持有低收益人民币，出现资金的大规模流出，最终扩张性的货币政策未能实现既定的宏观目标；同时也动摇了公众持有人民币的信心。反之，我国为控制经济过热而采取紧缩性的货币政策时，通过收紧银根、提高利率等措施，使得国内居民增加了储蓄的意愿，抑制了投资过热；但由于人民币的高收益率，吸引了国际资本的输入，削弱了紧缩性货币政策的效果。

2. 人民币国际化带来货币政策溢出效应

在全球经济一体化的大背景下，各个经济体之间的依存度不断提高。一方面，作为国际货币发行国，我国在制定货币政策时不仅会影响到本国的经济变量和实体经济，还会传递到其他国家，对其金融市场和实体变量产生影响。另一方面，我国在制定本国货币政策时还受到其他国家现有和未来可能采取的宏观政策的约束，当其他国际货币发行国采取一定的货币政策以提升其国际地位时，可能发生货币替代现象，从而影响人民币的国际地位；同时，外国的货币政策也会通过汇率途径对本国经济产生影响。为避免这些现象的发生，我国在制定货币政策时，就要准确考察和预判其他国家所采取的货币政策，尤其是对国际金融市场有重要影响力国家的货币政策。货币政策溢出效应可以分为促进效应和阻碍效应。当两国经济周期一致时，货币政策具有正向促进溢出效应；当经济周期不一致时，具有反向的阻碍效应。以阻碍效应为例，由于美国的量化宽松政策，推高了大宗商品的交易价格，从而产生流动性输出，对于其他国家而言，就造成了输入性的通货膨胀，对于已经处于高通胀的国家而言，无疑是雪上加霜。

本章小结

人民币国际化会使得我国的货币需求和货币供给受到国内外因素的共同影

响，相比于人民币国际化前，货币需求和供给不仅受到国内因素的影响，更受国外因素的影响，因此情况会变得更加复杂和不确定。以货币信贷为例，离岸市场的信贷量增加会诱导在岸市场的信贷量也增加，从而使得总信贷规模大幅扩张；人民币国际化和离岸金融中心发展会导致国内货币信贷量的波动增加，扩大国内的信贷风险。人民币国际化后我国同样也会出现"特里芬难题"，削弱汇率政策效果。人民币国际化助推国内经济发展，中国将在出口商品定价上有更多的话语权，在国际贸易中获得更大的竞争优势。人民币国际化必然要求人民币离岸市场发展，从而增加国内的通胀压力，同时引起金融市场的波动性更大、更频繁。另外，人民币国际化在一定程度上会削弱法定存款准备金政策和再贴现政策的效力，可能增强公开市场业务的作用或增加公开市场操作的难度，从而削弱我国货币政策的独立性和有效性。

第7章　人民币国际化
对货币政策传导机制及效果的影响

　　我国货币政策传导机制由货币政策工具、操作目标、中介目标和最终目标构成(图7-1)。货币政策传导机制可大体分为货币价格渠道(利率传导、资产价格传导即广义利率传导和汇率传导)与信贷数量渠道两个渠道。本章从理论上研究货币国际化对上述货币政策各传递渠道的影响,并分析各传导机制在效果上有何不同。

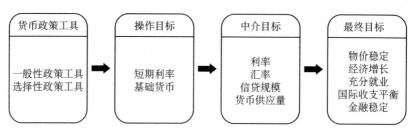

图7-1　我国货币政策框架

7.1　分析前提

　　第一,货币政策利率渠道发挥作用的条件。这些条件包括:(1)价格黏性,名义货币量变化意味实际货币量同向变化;(2)中央银行通过调整准备金可直接影响名义货币量;(3)贷款与债券是完全替代品,金融市场利率出清。以紧缩政策为例,纯粹的利率渠道传导机制是(后文还将讨论广义利率渠道):

$$M(货币量)\downarrow \Rightarrow i(利率)\uparrow \Rightarrow I(投资)\downarrow \Rightarrow Y(国民收入)\downarrow$$

第二，新凯恩斯主义提出的信用渠道传导机制在我国经济实践中存在。即使利率传导机制居于主导地位，但由于我国金融市场发展不完善，信用渠道在我国货币政策中仍发挥重要作用。信用渠道发挥作用的条件是：(1)价格黏性；(2)央行通过调整准备金率直接影响信贷量；(3)贷款与债券不完全替代。故特定类型的借款人融资需求只能或主要通过银行贷款得到满足，银行信贷体现中央银行货币政策对商业银行可贷资金的影响。信用渠道传导的基本过程是(以紧缩政策为例)：①②

$$R(准备金)\downarrow \Rightarrow D(银行存款)\downarrow \Rightarrow L(贷款规模)\downarrow \Rightarrow I \downarrow \Rightarrow Y \downarrow$$

第三，随着金融市场发展和人民币国际化的推进(以 g 增加表示)，实际投资 I 对利率 i 的敏感程度 δ 变大还是变小不确定。

(1)若存在利率管制，则 δ 随着 g 变大而减小，甚至不变。在利率管制条件下，经济的市场化程度不高，国有企业占经济主要地位，由于委托—代理问题，企业管理层更关注"政绩"，故企业有明显的扩张(而非压缩)投资的偏好。此时 δ 的大小在张缩环境下本身就具有不对称性：当利率 i 上升时，I 减少不明显甚至不减少，此时 δ 本身(定义为 δ_S)就不大，甚至为 0；但当利率下降(管制行为)时，I 较明显增加，此时 δ 本身(定义为 δ_B)就比较大，且 $\delta_B > \delta_S$。随着金融市场开放和货币国际化进程的推进，各种金融工具的替代性增强，融资渠道变得多样化，企业可以从其他渠道获得资金。故利率上升导致投资下降的幅度微乎其微，此时 $\delta_S'(g) \leqslant 0$ 且更主要的是取等号。但当利率下降时，考虑三重效应：①国内价格效应：即利率下降导致国内 I 增加；②国际价格效应：即当 i 下降时，国际金融市场利率 i^* 相对变大，国内资金通过国际金融市场流出，导致国内 I 减少；③管制效应：若利率下降是由管理层针对经济不景气的反应，即政府主动出手进行利率管制，并且正是因为这种利率管制，市场相信 i^* 相对高的境况会持续一段时间而不会轻易改变，这就进一步推动资金流出，国内 I 减少。故当利率下降时，以上三重效应叠加，虽然 I 增加，但其增加的幅度 δ 明显变小，即 $\delta_B'(g) < 0$，且 $|\delta_B'(g)|$ 大。

---

① 参见 Bernanke B S & Blinder A S(1988)。
② 一般认为，货币政策的信用传导机制主要包括两条路径，即除文中讨论的银行借贷渠道外，还有资产负债表渠道。在最近发展起来的信息经济学的基础上，信用渠道的传导还应该包括信贷配给渠道。

（2）若无利率管制，则δ随着g变大而略微减小、不变，甚或增加。在无利率管制条件下，δ本身（定义为δ_D）显著大于管制下的δ_B。随着人民币国际化推进，当利率下降时，国内价格效应和国际价格效应同上。此外，市场利率下降是市场对未来预期向好，经济可能因市场利率下降而恢复增长的动力；且在无利率管制的条件下，市场主体有理由相信国际i^*相对高的境况不会持续，国内i会随市场恢复景气而回升。故国内资本外流有减缓趋势，甚至停止外流，此时I可能增加。我们把此现象称为"放松管制的预期效应"。这三重效应叠加的结果是：利率下降时，I增加的幅度δ可能稍有下降，或不变，甚或增加，即$\delta'_D(g) \leqslant 0$，或$\delta'_D(g) \geqslant 0$，且$|\delta'_D(g)|$较小。

第四，随着金融市场发展和人民币国际化的推进，金融投资（机）特别是投机性货币需求对利率变化的敏感程度变大。其原因是随着我国金融市场的发展，人民币国际化的不断推进，与人民币有关的金融衍生工具不断创新，使金融资产交易品种增多，同时也降低了交易成本，于是加速了各类金融资产之间的转换，从而提高了金融资产价格对利率变化的反应程度。因此，投机性货币需求（按照凯恩斯的定义，主要指金融投资）的利率弹性增大。

第五，交易性货币需求的收入弹性随金融市场发展和人民币国际化的推进而变小。其原因是金融市场的发展和人民币国际化的推进提高了交易效率和速度，使货币流通能力增强、流通速度增加，从而用于交易需求（包括预防需求）的货币量随收入增加而增加的幅度下降，即交易性货币需求占收入之比k随收入Y的增加而减小，即$k'(Y)<0$。由于人民币国际化始终伴随着我国经济实力的增强（即收入Y增加），所以$g'(Y)>0$，据此易见$k'(g)<0$。

7.2　人民币国际化对货币政策利率渠道传导的影响：$IS\text{-}LM$框架

7.2.1　不考虑国际化因子时狭义利率渠道传导的效果

根据凯恩斯学派和约翰·希克斯与阿尔文·汉森的$IS\text{-}LM$模型，货币政策的利率传导机制可以表示为：货币供应量 $M\uparrow\to$ 利率 $R\downarrow\to$ 消费 $C\uparrow$，投资 $I\uparrow\to$ 国民收入 $Y\uparrow$、物价 $P\uparrow$，当一国经济不景气，货币当局采取宽松货币政策，货币供应量 M 上升，实际利率 R 下降，从而降低投资成本和储蓄收益，引起企业和消费者对房地产和耐用消费品等的投资以及促进其他商品消费，最终导致国民收入和一般物价上升。

这里，我们利用凯恩斯主义宏观经济模型进行分析。货币需求函数 $D(i, y)=k\cdot Y-h\cdot i$，其中，$i$ 为债券利率，Y 为产出，均衡时货币需求等于货币供给 M。故 LM 曲线为：

$$M=k\cdot Y-h\cdot i;\ h>0,\ k>0 \qquad (7-2-1)$$

产品市场均衡的 IS 曲线为（A 代表自发总需求）：

$$Y=Y(i)=A-\delta\cdot i;\ \delta>0 \qquad (7-2-2)$$

若不考虑人民币国际化与金融发展，我们来求货币政策效果。将(7-2-2)式、(7-2-1)式等号两边全微分，得：

$$dY+\delta\cdot di=dA+0\cdot dM$$
$$k\cdot dY-h\cdot di=0\cdot dA+dM \qquad (7-2-3)$$

$$\begin{vmatrix} 1 & \delta \\ k & -h \end{vmatrix}\cdot\begin{vmatrix} dY \\ di \end{vmatrix}=\begin{vmatrix} 1 & 0 \\ 0 & 1 \end{vmatrix}\cdot\begin{vmatrix} dA \\ dM \end{vmatrix} \qquad (7-2-4)$$

系数行列式的值 $\Delta_{利}=\begin{vmatrix} 1 & \delta \\ k & -h \end{vmatrix}=-h-k\delta$，利用克莱姆法则，得

$$\frac{dY}{dM}=\frac{\begin{vmatrix} 0 & \delta \\ 1 & -h \end{vmatrix}}{\Delta_{利}}=\frac{\delta}{h+k\delta}>0 \qquad (7-2-5)$$

7.2.2 考虑国际化因子时狭义利率渠道传导的效果

若考虑金融发展（设金融发展和人民币国际化程度为 g），则 IS 和 LM 方程变为：

$$IS:\ Y=A-\delta(g)i \qquad (7-2-6)$$

$$LM: \quad M = k(g)Y - h(g)i \qquad (7-2-7)$$

其中，$\delta(g) > 0$，$k(g) > 0$，$h(g) > 0$，$k'(g) < 0$，$h'(g) > 0$。将 g 置于 IS-LM 模型内，旨在说明金融开放度的提高对实际投资的利率弹性、交易效率和金融投资（机）的利率弹性的影响。根据 7.1 节对前提的分析，$k'(g) < 0$ 表示交易性货币需求的收入敏感性随着金融开放度的提高而变小，$h'(g) > 0$ 表示投机（资）性货币需求的利率敏感性随着金融开放度的提高而变大。$\delta'(g)$ 的符号在大多数场合都小于等于 0，表示实际投资的利率敏感性随金融市场发展和人民币国际化增强而有所减弱，将方程 $(7-2-6)$、$(7-2-7)$ 变形，得：

$$IS: \quad i = -\frac{1}{\delta(g)}Y + \frac{A}{\delta(g)} \qquad (7-2-8)$$

$$LM: \quad i = \frac{k(g)}{h(g)}Y - \frac{M}{h(g)} \qquad (7-2-9)$$

当 g 上升时，IS 曲线斜率的绝对值 $1/\delta(g)$ 变大，IS 曲线变得更陡峭；而当 g 变大时，$k(g)$ 变小，$h(g)$ 变大，故 LM 曲线斜率 $k(g)/h(g)$ 变小，因此 LM 曲线变得更为平缓。上述分析的政策含义是：IS 曲线变陡，在货币市场不变的条件下货币政策（通过利率渠道）的效果减弱（图 7-2）；同时，LM 曲线变平，在产品市场不变的条件下货币政策效果亦减弱（图 7-3）。货币政策传导的效率因金融开放度的提高而大大削弱。[①]

图 7-2、图 7-3 中我们是以扩张性货币政策为例来分析的。图中带下标 g 的 IS、LM 和 Y 分别表示货币国际化因素后的 IS 曲线、LM 曲线和国民收入。为便于比较，我们假设原 IS 与 LM 的交点的初始位置与加入货币国际化后的 IS、LM 交点的初始位置重合。所以图中 Y_0 既表示无货币国际化条件下产品与货币市场初始双重均衡时的国民收入，又表示考虑了货币国际化后的产品与货币市场初始双重均衡时的国民收入，Y_1 表示无货币国际化条件下实行扩张性货币政策后产品与货币市场双重均衡时的国民收入。具体分析如下。

[①] 在金融开放度的提高使 IS 线变陡、LM 线变平缓的条件下，虽然货币政策效果减弱，但财政政策的效果大大增强。读者可自行通过 IS-LM 框架得出这个结论。

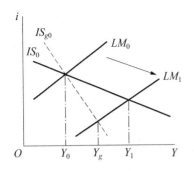

图 7-2　货币国际化使 IS 曲线
变陡后的货币政策效果变弱

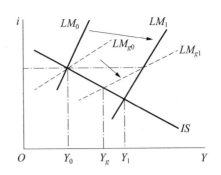

图 7-3　货币国际化使 LM 曲线
变平缓后的货币政策效果变弱

由(7-2-8)、(7-2-9)式，得：

$$Y = \frac{h(g)}{h(g)+\mathrm{d}(g)k(g)} \times A + \frac{\mathrm{d}(g)}{h(g)+\mathrm{d}(g)k(g)} \times M \quad (7-2-10)$$

则货币政策效果为 $\dfrac{\partial Y}{\partial M} = \dfrac{\mathrm{d}(g)}{h(g)+\mathrm{d}(g)k(g)}$。

7.2.3　有无国际化因子条件下利率渠道传导效果的比较

1. 若只考虑产品市场受货币国际化的冲击

由于不考虑货币市场的变化，故 h、k 在这里不变。所以：

$$\frac{\partial Y}{\partial M} = \frac{\delta(g)}{h(g)+\delta(g)k(g)} = \frac{\delta(g)}{h+\delta(g)k} > 0 \quad (7-2-11)$$

(7-2-11)式两边对 g 求导，得：

$$\frac{\partial^2 Y}{\partial M \partial g} = \frac{\delta'(g) \cdot h}{[h+\delta(g)k]^2} \quad (7-2-12)$$

（1）当存在利率管制时

若实行扩张性货币政策，利率下降，根据前提三，$\delta'(g)=\delta'_B(g)<0$，且 $|\delta'_B(g)|$ 大。代入(7-2-12)式，可知货币国际化程度 g 增加时，货币政策

效果 $\partial Y/\partial M$ 有较明显的下降。[1] 若实行紧缩性货币政策,利率升高,根据前提三, $\delta'(g)=\delta'_s(g)<0$,且 $|\delta'_B(g)|$ 很小。代入(7-2-12)式,可知货币国际化程度 g 增加时,对货币政策效果的影响不明显,有轻微的减弱。

（2）当不存在利率管制时

此时张缩政策是较为对称的,以扩张货币、利率下降为例, $\delta'(g)=\delta'_D(g)$,其符号不确定。根据(7-2-12)式,货币国际化程度 g 增加时,货币政策效果 $\partial Y/\partial M$ 不确定。但根据前提三的分析, $|\delta'_D(g)|$ 较小。因此货币政策利率渠道传导效果可能略微减弱或略微增强。

2. 若只考虑货币市场受货币国际化的冲击

在产品市场不变的条件下, $\delta(g)=\delta$,则:

$$\frac{\partial Y}{\partial M}=\frac{\delta}{h(g)+\delta \cdot k(g)}>0 \qquad (7-2-13)$$

$$\frac{\partial^2 Y}{\partial M \partial g}=-\frac{\delta}{[h(g)+\delta \cdot k(g)]^2}[h'(g)+\delta \cdot k'(g)] \quad (7-2-14)$$

由于 $\delta>0$, $k'(g)<0$, $h'(g)>0$,(7-2-14)式的符号取决于 $[h'(g)+\delta \cdot k'(g)]$ 的符号。通常随着货币国际化的程度加强,虽然投机性货币需求对利率变化的反应程度变大,即 $h'(g)$ 往往很大,但是,(7-2-14)式的符号仍然依赖于 δ 和 $k'(g)$ 的大小与符号。

（1）当存在利率管制时

若是紧缩银根、利率升高,由前提三,知 $\delta=\delta_S \approx 0$,则 $[h'(g)+\delta \cdot k'(g)]$ 很容易满足大于 0,故而 $\frac{\partial^2 Y}{\partial M \partial g}<0$,说明货币国际化使货币政策效果减弱。[2] 若是扩张货币、利率下降,根据前提三, $\delta=\delta_B>0$,且 $|\delta_B|$ 较大。定义 $\frac{\partial h}{\partial g}\frac{g}{h}\equiv e_h>0$,表示金融投资(机)偏好对货币国际化程度的弹性。定义

---

① 由(7-2-8)式求 Y 对 A 的导数,不难证明,当货币市场不变时,货币国际化使财政政策的效果增强。

② 用类似方法易证产品市场不变,货币国际化程度上升时,财政政策效果增强。

$\left| \dfrac{\partial k}{\partial g} \dfrac{g}{k} \right| \equiv e_k$，表示实体经济交易效率对货币国际化程度的弹性。则 $h'(g) +$

$\delta \cdot k'(g) = \dfrac{1}{g}(h \cdot e_h - \delta \cdot k \cdot e_k)$。在金融国际化下，$h$ 和 e_h 都比较大，经济

交易持币倾向 k 本来就很小；且随着国际化提高，k 下降的程度也就不太显

著，即 e_k 比较小。因此，随着货币国际化程度 g 增加时，特别是在人民币国

际化初期，比较容易满足 $(h \cdot e_h - \delta \cdot k \cdot e_k) > 0$，根据 $(7 - 2 - 14)$ 式，货币政

策效果减弱。当然，在货币国际化的不同时期，$(h \cdot e_h - \delta \cdot k \cdot e_k)$ 也可能 $<$

0，导致货币政策效果增强。

（2）当不存在利率管制时

根据前提三的分析，此时 $\delta = \delta_D > \delta_B > 0$，且 $\delta_D'(g) \leqslant 0$，或 $\delta_D'(g) \geqslant 0$，

且 $|\delta_D'(g)|$ 较小。$(7 - 2 - 14)$ 式中 $h'(g) + \delta_D \cdot k'(g) = \dfrac{1}{g}(h \cdot e_h - \delta_D \cdot k \cdot$

$e_k)$，将此式与利率管制下的 $h'(g) + \delta_B \cdot k'(g)$ 进行比较，由于 δ_D 显著大于

δ_B，所以若 $h'(g) + \delta_D \cdot k'(g) = \dfrac{1}{g}(h \cdot e_h - \delta_D \cdot k \cdot e_k) > 0$，则 $0 < h'(g)$

$+ \delta_D \cdot k'(g) < h'(g) + \delta_B \cdot k'(g)$，即相较于利率管制下，$h'(g) + \delta_D \cdot k'(g)$

更靠近 0。再根据 $(7 - 2 - 14)$ 式，可知货币政策效果弱化，但仍然强于利率管

制下的效果。当然，因 δ_D 显著大于 δ_B，很可能导致 $h'(g) + \delta_D \cdot k'(g) = \dfrac{1}{g}(h \cdot$

$e_h - \delta_D \cdot k \cdot e_k) < 0$，此时 $(7 - 2 - 14)$ 式的值大于 0，说明无利率管制下，人民

币国际化可使货币政策利率渠道传导效果增强。

3. 同时考虑两类市场受货币国际化的冲击

若同时考虑货币国际化对产品市场与货
币市场的影响，由于 IS 曲线变陡，货币政
策效果减弱；同时 LM 变平缓后也使货币政
策效果减弱，故总的货币政策效果减弱（图
$7 - 4$）。

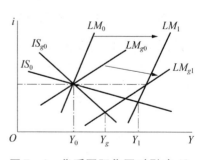

图 7 - 4　货币国际化同时影响 IS、
LM 曲线后，货币政策效果明显减弱

由 $(7 - 2 - 11)$ 式，$\dfrac{\partial Y}{\partial M} = \dfrac{\delta(g)}{h(g) + \delta(g)k(g)}$，

两边对货币国际化变量求导，得：

$$\frac{\partial^2 Y}{\partial M \partial g} = \frac{\delta' \cdot h - \delta \cdot h' - \delta^2 \cdot k'}{[h + \delta \cdot k]^2} \qquad (7-2-15)$$

（1）当存在利率管制时

由于 $\delta' < 0$，$h' > 0$，$k' < 0$，所以 $\delta' \cdot h - \delta \cdot h' < 0$，$-\delta^2 \cdot k' > 0$，从而 $\partial^2 Y / \partial M \partial g$ 符号不确定。只有当 $\delta' \cdot h - \delta \cdot h' - \delta^2 \cdot k' < 0$，即 $(\delta \cdot h') + (-\delta' \cdot h) > -\delta^2 \cdot k'$ 时，货币国际化使货币政策效果减弱。该不等号两边的三项皆为正，分别取三项的绝对值形式，并在不等号两边同乘以 $g/(\delta \cdot h)$，得：

$$\frac{\partial h}{\partial g}\frac{g}{h} + \left| \frac{\partial d}{\partial g}\frac{g}{d} \right| > \left| \frac{\partial k}{\partial g}\frac{g}{k} \right| \cdot \frac{d \cdot k}{h} \qquad (7-2-16)$$

定义 $\left| \dfrac{\partial \delta}{\partial g}\dfrac{g}{\delta} \right| = e_\delta$，表示实物投资对货币国际化程度的弹性；重写(7-2-16)

$$e_h + e_\delta > \frac{\delta \cdot k}{h} e_k \qquad (7-2-17)$$

(7-2-17)式表明，当金融投资偏好弹性与实物投资弹性之和大于经济交易效率弹性与 $\delta \cdot k/h$ 的乘积时，货币政策效果减弱。这个条件比较容易满足，理由如下：一是前面已经指出，金融投资、金融市场对外部冲击的敏感性要远远大于产品市场。故从理论上来说，e_h 很大，e_δ 和 e_k 都较小。二是不等式右边的 $\delta \cdot k/h$ 还随着 g 上升而递减。三是在利率管制下，投资 I 对利率不敏感，δ 趋近于 0。这些因素叠加使不等号很容易成立。因此，货币国际化经常表现为货币政策利率渠道效果弱化。

（2）当不存在利率管制时

此时须重新判断(7-2-15)式的符号。将其分子乘以 $g/(\delta \cdot h)$，整理得：

$$分子 = e_\delta - e_h + \frac{\delta \cdot k}{h} e_k \qquad (7-2-18)$$

讨论(7-2-18)式的符号：金融市场对国际化的冲击的敏感程度大于实际投资与经济交易对国际化的敏感性，所以 e_h 很大，且明显大于 e_d 和 e_k，则

(7-2-18)式的符号极易满足小于 0，从而货币政策效果增强；放开利率管制后，δ 本身变大（为 δ_D），且随着 g 增加，h 和 δ_D 都增加、k 减小，故 $\delta \cdot k/h$ 变大还是变小不确定，理论上仍然存在(7-2-18)式大于 0 的可能，即存在货币政策利率渠道传导的效果减弱的可能。

在利率管制下，货币当局对短期利率的控制依赖于其对银行准备金的控制权，即通过吞吐基础货币对利率产生影响。但在货币国际化条件下，各种金融工具对货币当局基础货币供应的独有控制权形成强烈冲击，中央银行吞吐基础货币对利率的影响力减小，从而使得货币政策通过利率渠道传导的效果减弱。但在放开利率管制后，由于利率变化的国内价格效应、国际价格效应和放松管制的预期效应这三重效应叠加，以及随着市场化程度提高所引致的境内外经济主体活力的提升，可能使得货币国际化条件下的货币政策利率传导效果增强。

7.3 广义利率渠道：对资产价格传导机制的影响

7.3.1 广义利率渠道两种效应的一般分析

在新古典综合派的理论框架内，上述传导机制可以扩展为广义的利率机制观。广义的利率机制更加强调由利率变动到国民收入变动的详细传导过程，其中，最具影响力的两种传导渠道可分别从托宾的 q 理论与莫迪利安尼的生命周期理论（财富效应理论）引申而出。

一是 q 理论。托宾的 q 理论从资产结构调整角度为货币政策的传导过程提供了一个解释渠道。托宾将 q 定义为企业市值对重置成本的比值。q 的高低决定了企业的投资愿望。如果 q 大（大于 1），表示企业的市值要大于企业的重置成本，即新建厂房要比投资原有厂房的股票更合算，则企业可通过发行股票获得价格相对低廉的投资品，从而实体经济投资增加，经济呈现景气态势；如果 q 小（小于 1），企业新增投资的欲望受挫，结果投资萎缩，产出下降。该理论的前提是生产要素的价格黏性，价格的变化落后于利率的变化。q 理论的传导机制是：

$$R（准备金）\downarrow\Rightarrow M（货币量）\downarrow\Rightarrow i\uparrow\Rightarrow Pe（股价）\downarrow\Rightarrow q\downarrow\Rightarrow I\downarrow\Rightarrow Y\downarrow$$

二是莫迪利安尼的生命周期理论。该理论认为，货币政策传导渠道是通过财富变动对居民消费的影响。它弥补了上述货币供应量变化影响投资而没有考虑其对私人消费影响的缺陷。根据莫氏生命周期理论，居民消费行为受其一生全部可支配资源（即财富）的制约，股票通常构成金融财富的一个主要组成部分，当货币紧缩导致股价下跌，意味着居民财富（W）缩水，其消费需求乃至产出均将下降。该传导机制经由财富调整的过程是：

$$R（准备金）\downarrow\Rightarrow M\downarrow\Rightarrow i\uparrow\Rightarrow Pe\downarrow\Rightarrow W（财富）\downarrow\Rightarrow C（消费）\downarrow\Rightarrow Y\downarrow$$

通常在实施扩张性的货币政策后，会发生 $q>1$ 的情形，这是因为在采用扩张性的货币政策后货币供应量 M 增加，引起实际利率下降，以利率为参考依据的银行存款和债券的收益率低于股票，资金会流向股票市场，从而使平均股价 Pe 上升，进而使得 $q>1$，企业投资 I 增加，最终经济产出 Y 增加。

7.3.2 货币国际化下货币政策广义利率渠道传导效果不确定

人民币国际化后，由于离岸人民币市场的存在使得货币市场的均衡利率产生偏离，由于利率下降程度小于国际化前的程度，使得国际化后的企业重置成本大于国际化前的成本，从而使得 $q_{国际化前}>q_{国际化后}>1$，进而使得投资意愿没有国际化前那么强烈，最终导致经济增长率相比于国际化前要低；一旦出现利率下降程度很小甚至利率上升的情形，使得国际化后的企业重置成本高于企业股价，从而使得 $q_{国际化前}>1>q_{国际化后}$，进而使得投资意愿不增反降，最终导致经济下行。

随着货币国际化的进展，q 效应和财富效应的货币传导机制都变得模糊。

首先，由于真实投资的利率弹性在货币国际化条件下减小，故通过调整利率经由货币渠道来调节投资的效果弱化。从这个意义上看，q 效应传导机制弱化。

其次，由于金融投资（机）的利率弹性变大，使金融资产相互之间替代转换程度提高，也降低了交易成本，从而提高了金融资产价格对利率变化的反应程度。从这个意义上看，似乎q效应和财富效应传导机制都随着货币国际化而得到增强。因为股价对利率更加敏感，并随利率升高而大幅度下跌，（就q效应而言）致使企业无法通过股票市场获得融资，似乎意味着企业将顺着q效应传导机制而采取压缩投资的行为。事实上，这里需要对货币政策的"张"与"缩"进行区分，它们在传导机制的效率上具有严格的不对称。就紧缩政策而言，货币国际化使融资渠道变得多样化。利率上升虽然会使通过"q效应"的投资下降，但企业可通过其他衍生融资渠道增加投资资金，抵消了"q效应"。就扩张政策而言，利率下降时，股价大幅度上升，因此企业才真正顺着q效应传导机制而采取增加投资行为。一句话，在货币国际化条件下，紧缩性货币政策利率渠道传导机制的q效应弱化，而扩张性货币政策利率渠道传导机制的q效应增强。但是在股价对利率更加敏感的条件下，货币交易中微调利率都有可能掀起金融市场上的投机狂澜，使货币政策效果不易达到。

再次，根据前文的前提条件，随着货币国际化的发展，股票市场的利率弹性变大、交易性货币需求的收入弹性变小，所以紧缩（或扩张）政策使利率上升（或下降）时，引起股价乃至财富的大幅缩水（或升值）。从这个意义上看，不论紧缩性还是扩张性货币政策，在货币国际化条件下，其财富效应的利率渠道传导机制都得到增强。

7.3.3　人民币国际化对资产价格影响的微观机制

人民币国际化对资本市场的影响主要是通过资本流动来实现的。离岸市场中的资本主要投资于高风险、高收益、流动性强的股票市场，也对我国的房地产市场产生冲击。这里主要以股市为例进行探究。虽然我国对外资流入股市设定了合格境外机构投资者（Qualified Foreign Institutional Investors，QFII）制度来控制资本流入。但是境外投资者可以通过离岸银行对在岸投资机构进行贷款等多种形式的渗透，从而对我国资产价格产生一定的影响。

离岸金融市场对股市的影响主要通过以下几种途径：

直接影响表现为大量资本流入增加了市场流动性，推高股价，资本市场过度繁荣，产生资产泡沫。国际资本获得一定的投机收益后大量撤资，股市量价齐跌，产生市场动荡，进而演变为一定程度的金融经济危机。

间接影响表现为以下几个方面：第一，利率途径。由于离岸资金渗透至在岸市场，导致在岸市场流动性增加，使得国内利率降低，从而储蓄减少，投资增加。第二，货币供应量和信贷途径。离岸市场的资金进入，通过货币乘数会增加国内总体的货币供给量。因而股票市场上的资金量也随之增加，从而推动股票价格上涨。第三，汇率途径。当资金通过离岸市场进入股票市场之前，需要兑换为人民币，推动本币汇率升值，从而吸引更多的外资进入国内，推动股票价格上涨。第四，改变宏观基本面来推动股票价格上涨。离岸资金流入国内，会推动国内经济增长，或者是推动某些行业发展，从而间接影响整个股票市场或者部分行业股票的价格。第五，预期影响。离岸资本流入推动股市上涨，改变国内投资者预期，从而产生"羊群效应"。

借鉴赵进文和张敬思(2013)的模型框架，为了方便分析，做出如下假设：

(1) 只存在两个资本市场，东道国股市和外国股市。

(2) 不存在资本账户管制，并且未发生金融危机，不存在交易成本。

(3) 投机者风险厌恶，投资交易只涉及当期 t 和未来 $t+1$ 期，投资期限较短。

(4) F_t 为投机者的资金量；e_0 为准备投资时的即期汇率，e_1 为投资结束后的远期汇率，此处汇率使用间接标价法；r 为东道国股票收益率，r^* 为外国股票收益率。

当东道国存在货币升值预期时，套利机会出现，投机者为了扩大收益，通过投资于东道国股票市场，并在资产价格上升后将资金转移出东道国，因此投资收益为 $\dfrac{F_t e_1 r}{e_0}$，如果不将资金转入东道国，则投资收益为 $F_t r^*$，两者之差为投资收益的可增加额 K：

$$K = \frac{F_t e_1 r}{e_0} - F_t r^* = \frac{F_t}{e_0}(e_1 r - e_0 r^*) \qquad (7-3-1)$$

可增加的投资收益期望值为：

$$E(K) = \mu_K = \frac{F_t}{e_0}[E(e_1)r - e_0 r^*] \qquad (7-3-2)$$

可增加的投资收益的方差为 $\sigma_K^2 = E(K - \mu_K)^2$，将$(7-3-1)$和$(7-3-2)$式代入，整理得到：

$$\sigma_K^2 = E\left[\frac{F_t}{e_0}(e_1 r - E e_1 r)\right]^2 = \frac{F_t^2 r^2}{e_0^2} E(e_1 - E e_1)^2 = \frac{F_t^2 r^2}{e_0^2}\sigma_e^2 \quad (7-3-3)$$

其中 σ_e^2 是远期汇率的方差。根据$(7-3-3)$式可以求得：

$$F_t = \pm \frac{\sigma_K}{\sigma_e} \times \frac{e_0}{r} \qquad (7-3-4)$$

假定符号为正，表示资本流入。则可以得到

$$\frac{\partial \sigma_K}{\partial F_t} > 0 \qquad (7-3-5)$$

由此可以得出：

结论 1：资本流动增加了投资者收益的不确定性。

投资收益期望值为：

$$\mu_K = \frac{\sigma_K}{\sigma_e}\left(E e_1 - e_0 \frac{r^*}{r}\right) = \rho \sigma_K \qquad (7-3-6)$$

其中 ρ 为风险溢价：

$$\rho = \frac{\left(E e_1 - e_0 \dfrac{r^*}{r}\right)}{\sigma_e} \qquad (7-3-7)$$

如果东道国与外国股市收益率相同，即 $r^* = r$，风险溢价标准化为 $\bar{\rho} = \dfrac{E e_1 - e_0}{\sigma_e}$。

设投机者的期望效用函数为 $u = \mu_K - \dfrac{1}{2}\sigma_K^2$，约束条件为 $\mu_K = \rho \sigma_K$，结合$(7-3-4)$式运用拉格朗日乘数法，求得效用最大化条件下的 F_t：

$$F_t = \frac{\rho}{\sigma_e} \times \frac{e_0}{r} = \frac{\left(Ee_1 - e_0 \dfrac{r^*}{r}\right)e_0}{\sigma_e^2 r} \qquad (7-3-8)$$

在 t 期，在效用最大化的前提下，(7-3-8)式对 ρ 求偏导，有：

$$\frac{\partial F_t}{\partial \rho} = \frac{e_0}{\sigma_e r} > 0 \quad \text{或} \quad \frac{\partial \rho}{\partial F_t} = \frac{\sigma_e r}{e_0} > 0 \qquad (7-3-9)$$

假设 p_t 为国内股票价格；r_t 为东道国（在岸）股票收益率；r_t^* 为外国股票收益率；Δe 为东道国货币预期升值（贬值）率。根据利率平价理论：

$$r_t^* - \frac{E(p_{t+1}) - p_t}{p_t} = \Delta e = \lambda \rho_t, \quad \lambda > 0 \qquad (7-3-10)$$

其中 $r_t = \dfrac{E(p_{t+1}) - p_t}{p_t}$。通过改写(7-3-10)式，得：

$$p_t = \frac{E(p_{t+1})}{1 + r_t - \Delta e} = \frac{E(p_{t+1})}{1 + r_t^* - \lambda \rho_t} \qquad (7-3-11)$$

(7-3-11)式两边同时对 F_t 求偏导，并由(7-3-9)式，得

$$\frac{\partial p_t}{\partial F_t} = \frac{\lambda [E(p_{t+1})]}{(1 + r^* - \lambda \rho_t)^2} \frac{\partial \rho}{\partial F_t} > 0 \qquad (7-3-12)$$

据此得出：

结论 2：离岸金融中心的资本流入在岸市场会导致在岸资本市场的价格上涨。反之，资产价格的上涨会吸引离岸金融中心的资本流入。

为了方便分析设立人民币离岸金融中心前后股价波动的大小，假设在一定时期内，宏观基本面没有发生较大的变化，即通货膨胀率、央行的货币政策、经济增长都较为稳定；投资者为理性投资者，为风险厌恶型。

股票价格波动为：

$$\sigma_p^2 = E[p_t - E(p_t)]^2 \qquad (7-3-13)$$

其中，$E(p_t)$ 为真实股价，短时期内不会改变，主要由宏观基本面、行业发展情况、公司金融等多个因素决定。

在不考虑人民币国际化和人民币离岸金融中心时，股票价格 p_t 始终能够回归至 $E(p_t)$ 附近。一旦股价被低估，则会有投资者买入股票，从而推高股

价，使之能够接近 $E(p_t)$；一旦股价被高估，则会有投资者出售股票，从而股价下跌，回归理性，接近 $E(p_t)$。所以 σ_p^2 较小。

考虑人民币国际化和人民币离岸金融中心之后，当股价存在低估时，股价存在上升动力，根据结论 1 和结论 2，股价上升会吸引离岸市场的资本流入；而资本流入会进一步推高股价，直至股价泡沫破裂。这一过程中，股价会大幅度偏离其真实价值。同理，当股价存在高估时，股价具有下跌的压力，离岸市场的资金选择撤出股市，从而股市量价齐跌，导致更多资金流出，最后股价被打压，大幅度偏离其真实价值。据此分析，可得出：

结论 3：人民币离岸金融市场的建立会导致股价大幅波动，增加了股票市场的风险。

根据以上分析的三个结论，不难发现，随着人民币国际化的进展，资产价格波动和风险变大，货币政策传导通过 q 效应和财富效应渠道都变得模糊。

7.4 货币国际化对货币政策信用渠道的影响：CC-LM 框架

以上分析是仅仅基于凯恩斯主义利率渠道传导机制的框架。下面我们考察货币国际化的发展对货币政策信用传导渠道和效果的影响是怎样的，以及它与利率渠道相比有何不同，并以此说明为什么最近几年我国政府偏爱运用准备金政策。

7.4.1 CC-LM 模型与封闭条件下信用渠道传导效果

1. CC 曲线

当考虑货币政策信用渠道时，不仅要分析产品市场、货币市场均衡，还要考虑信贷市场均衡。设商业银行的资产、负债均衡等式为：

$$M = B^b + L + R \tag{7-4-1}$$

其中，M 为货币供给，它等于社会公众存放银行的存款，B^b 为银行持有的债券；L 为银行贷款；R 为银行准备金，$R = r \cdot M$；r 为准备金率。

另外，私人部门的投资需求 I 不仅受债券利率 i 的影响，还受贷款利率 i_L 与债券利率 i 之差（设为 a，$a = i_L - i > 0$）的影响，故 Y 也受 i 和 a 的影响。此时 (7-2-2) 式变为

$$IS: Y = Y(i, a) = A - \delta \cdot i - j \cdot a = A - \delta \cdot i - j(i_L - i), \quad (Y_a = -j < 0)$$
$$(7-4-2)$$

银行确定贷款比率是贷款利率 i_L 与债券利率 i 之差 (a) 的函数，即 $\dfrac{L}{L + B^b}$ $= f(a) = x + za$。$f_a = z > 0$，x 表示利差为零时银行持有贷款的比例 ($x \geqslant 0$)。将此式与 (7-4-1) 式联立，得：

$$L = M(1-r)f(a) = M(1-r)[x + z(i_L - i)] \qquad (7-4-3)$$

(7-4-3) 式为信贷市场均衡条件。将 (7-4-2) 与 (7-4-3) 式合并，我们得到商品信贷曲线 CC：

$$Y = A - \delta \cdot i - \frac{j}{z}\left[\frac{L}{M(1-r)} - \frac{x}{z}\right] \qquad (7-4-4)$$

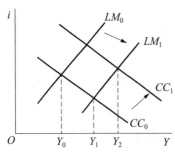

图 7-5　货币市场和商品信贷市场一般均衡

注：扩张性货币政策使产出从 Y_0 增加到 Y_2，大于利率渠道的传导效率。

CC 曲线是产品市场与信贷市场同时均衡时收入与利率的组合，如图 7-5 所示。[①] 一般情况下 CC 曲线的斜率亦为负数，而且在货币国际化条件下也变陡。

2. 货币政策信用渠道传导效果：CC-LM 框架

如图 7-5 所示，不考虑货币国际化条件下的信用渠道的传导机制如下：扩张性货币政策（准备金 R 增加）使 LM 曲线右移，引起国民收入从 Y_0 增加到 Y_1，市场利率 i 下降；同

---

① 为直观认识产品与信贷市场同时均衡时 CC 曲线的形态，此处 CC 曲线的推导是根据线性函数而得。限于篇幅，本书没有推导 CC 曲线的一般表达式，有兴趣的读者可参阅方显仓 (2004：34-36)。

时 R 增加时，必会引起信贷扩张，从而贷款利率 i_L 下降，从而投资 I 扩张，CC 曲线右移，又引起国民收入进一步增加到 Y_2。众所周知，如果只考虑利率渠道，则与 CC 曲线位置相对应的 IS 曲线在货币扩张条件下不移动，显然与纯粹的利率传导渠道相比，信用渠道传导的产出效应增强。

为体现求解货币政策信用渠道的过程，我们对 $(7-4-2)$ 式、$(7-4-3)$ 式和 $(7-2-1)$ 式进行全微分，

$$
\begin{cases}
dY + (\delta - j) \cdot di + j \cdot di_L = dA \\
-z \cdot di + z \cdot di_L = -\dfrac{L}{M^2(1-r)}dM + \dfrac{dL}{M(1-r)} \\
k \cdot dY - h \cdot di = dM
\end{cases}
\quad (7-4-5)
$$

$$
\begin{vmatrix} 1 & \delta-j & j \\ 0 & -z & z \\ k & -h & 0 \end{vmatrix} \cdot \begin{vmatrix} dY \\ di \\ di_L \end{vmatrix} = \begin{vmatrix} 1 & 0 & 0 \\ 0 & \dfrac{-L}{M^2(1-r)} & \dfrac{1}{M(1-r)} \\ 0 & 1 & 0 \end{vmatrix} \cdot \begin{vmatrix} dA \\ dM \\ dL \end{vmatrix}
$$

$$(7-4-6)$$

定义 $\Delta_{信} = \begin{vmatrix} 1 & \delta-j & j \\ 0 & -z & z \\ k & -h & 0 \end{vmatrix} = z(h+\delta \cdot k)$，利用克莱姆法则，得：

$$
\frac{dY}{dM} = \begin{vmatrix} 0 & \delta-j & j \\ \dfrac{-L}{M^2(1-r)} & -z & z \\ 1 & -h & 0 \end{vmatrix} \Bigg/ \Delta_{信} = \frac{\delta + \dfrac{hjL}{M^2(1-r)z}}{h+\delta k} > 0
$$

$$(7-4-7)$$

将 $(7-4-3)$ 式代入 $(7-4-7)$ 式，得：

$$
\frac{dY}{dM} = \frac{\dfrac{\delta}{h} + \dfrac{j \cdot (x/z+a)}{M}}{1+\delta k/h} > 0
\quad (7-4-8)
$$

上式亦可由 $(7-2-1)$ 式、$(7-4-4)$ 式解得。无论利率管制与否，$(7-4-8)$ 式的值都大于 $(7-2-5)$ 式 $\dfrac{dY}{dM} = \dfrac{\delta}{h+k\delta}$ 的值，同时表明了中央银行在货币市场操

作通过银行信贷渠道对产出 Y 的影响，比单纯通过利率渠道对产出的影响效果大。[①]

7.4.2 货币国际化冲击下信用渠道传导的效果

在 $CC\text{-}LM$ 模型中考虑货币国际化因子，如图 7-6 所示，在货币国际化和国际金融市场发展的情况下，CC 曲线变陡，LM 曲线变平，货币扩张的传导路径与前述相似，但传导效率为产出从 Y_0（CC_{g0} 与 LM_{g0} 的交点）增加到 Y_{g1}（CC_{g1} 与 LM_{g1} 的交点）。这里需指出两点：

第一，Y_{g1} 可能小于或大于 Y_1（CC_1 与 LM_1 的交点）。图 7-6 画出了小于、大于 Y_1 的两种情形。其具体情况取决于 CC 曲线随着货币扩张而右移的幅度。如果金融资产转换效率不高，CC 右移的幅度不大，移动到 CC_{g1} 的位置（如图 7-6-a 所示），则 Y_{g1} 就小于 Y_1，说明货币国际化条件下货币政策的传导效率减弱。如果金融资产转换效率高，CC 右移的幅度就变大，移动到 CC_{g2} 的位置（如图 7-6-b 所示），则 Y_{g2} 可能大于 Y_1，说明货币国际化条件下货币政策的传导效率增强。

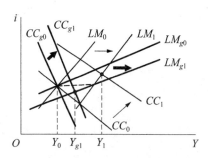

图 7-6-a　货币国际化条件下货币
市场和商品信贷市场一般均衡模型 1

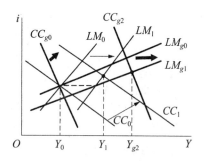

图 7-6-b　货币国际化条件下货币
市场和商品信贷市场一般均衡模型 2

① 笔者曾做过测算，不考虑信贷因素以及其他条件不变的情况下，中国狭义货币量(1990—2002年)增长 1% 时，产出增加近 0.81%，即产出的货币弹性为 0.81；若考虑信贷因素，则产出的货币弹性与信贷弹性之和为 0.86。因此，可以认为货币政策在信贷渠道下更有效一些(方显仓，2004：29-30)。

第二，与纯粹的利率渠道相比(考虑利率管制与否两种情况)。

情况一：利率管制。

在利率管制下，投资和货币需求的利率弹性都比较小，所以 CC 曲线很陡直，LM 曲线也相对比较陡直。可以设想图 7-6-a 中 CC 线的位置(具体指 CC_{g0})就是 IS 线初始的位置，而且它不随货币扩张而移动。那么 CC_{g0} 与 LM_{g1} 的交点所对应的收入(介于 Y_0 与 Y_1 之间，图 7-6-a 中未标出)，就相当于货币国际化条件下货币政策的利率渠道传导效果，它明显小于 Y_{g1}。

结论：即使货币国际化条件下货币政策信用渠道传导效率减弱，但仍比利率渠道有比较优势。

情况二：取消利率管制。

在无利率管制下，投资和货币需求的利率弹性比利率管制下大，所以 CC 曲线相对平缓，但仍然比无国际化下的 CC_0 曲线陡直；而 LM 曲线比利率管制下更平缓。CC 曲线越平缓，货币政策越有效；但 LM 曲线越平缓，货币政策越低效或无效。因此，货币国际化条件下不但货币政策信用渠道传导效率减弱，而且与利率渠道相比，两者优劣难辨。

可根据前文建模证明这两点结论。考虑货币国际化影响时(7-2-6)式(IS 线)变为：

$$Y = A - \delta(g)i - j(g)a; \quad \delta > 0, \quad j > 0 \qquad (7-4-9)$$

$j'(g) < 0$，表示真实投资对贷款-债券利差(a)变化的反应能力随货币国际化的增强而变小。这与前文前提三的分析也是吻合的。

LM 方程还是(7-2-7)式：$M = k(g)Y - h(g)i$。$f(a) = x + za$ 改写为：

$$f(a) = x + z(g)a \quad z(g) > 0, \quad z'(g) > 0 \qquad (7-4-10)$$

$z'(g) > 0$ 表明当利差扩大(即贷款的相对利率更高)时，贷款份额 $f(a)$ 的增加比没有货币国际化之前变大，因为货币国际化使投机性货币需求弹性变大，金融资产之间的互替性增强，当贷款的利率比债券利率高出更多时，银行当然更愿抛出证券而持有更多的贷款。

将(7-2-7)、(7-4-9)、(7-4-10)三式联立，解得：

$$\frac{\partial Y}{\partial M} = \frac{\dfrac{\delta(g)}{h(g)} + \dfrac{j(g) \cdot (x/z(g) + a)}{M}}{1 + \dfrac{\delta(g)k(g)}{h(g)}} \qquad (7-4-11)$$

(7-4-11)式的值≥0，说明货币国际化条件下，货币政策信用渠道是有效的。下面进行比较：

情况一：有无国际化因子下的信用渠道政策效果比较。

(7-4-11)式对 g 求偏导，结果比较繁琐。不妨定性考察一下，由于 g 上升时，$\delta(g)$ 下降，$j(g)$ 下降，$k(g)$ 下降，$h(g)$ 上升，$z(g)$ 增加，所以上式分母变小，分子第一项变小，第二项也变小，故分式值变大还是变小很难确定。即由于货币国际化使对货币政策信贷传导效果 $\partial Y/\partial M$ 大小的判断变得更加不确定，取决于 $k'(g)<0$、$j'(g)<0$、$h'(g)>0$、$z'(g)>0$、$\delta'(g)$ 的符号与大小，即要视经济交易效率 k、真实投资的利率偏好性 δ 和 j、金融投资（机）的利率偏好性 h 和贷款份额的利差敏感性这五个指标分别对货币国际化 g 的敏感性大小而定。从理论上说，货币国际化可能使货币政策信贷传导效果增强或减弱。

情况二：国际化下信用与利率渠道的比照。

从比较静态的结果(7-4-11)式来判断，由于该式中所有各项都是非负数，所以易发现，（7-4-11）式的值仍然大于（7-2-11）式 $\left(\dfrac{\partial Y}{\partial M}=\dfrac{\delta(g)}{h(g)+\delta(g)k(g)}\right)$ 的值。即在货币国际化条件下，货币政策传导通过信贷渠道的效应大于通过利率渠道的效应。前文已论证，在利率管制下，货币国际化可导致货币政策通过利率渠道传导的效果减弱，故货币政策信用渠道相对于利率渠道有较为显著的比较优势（方显仓，2004）。但放开利率管制后，货币国际化可能使得货币政策利率传导效果增强，使信用渠道的效果减弱，因此这种比较优势日渐式微。

7.5 人民币国际化对汇率传导机制的影响

7.5.1 两阶段汇率传导机制

在理想化的状态下，货币政策汇率传导途径表示为：货币供应量 M_S 或利

率 R_0 →汇率 E →产出 Y 和物价 P，即政府可以通过调节货币供应量对该国货币进行贬值或者升值的调节，最终实现物价稳定和经济增长等宏观目标。

但在现实状态下，货币政策汇率传导机制存在一定程度的阻滞。汇率传导机制可以分为两个阶段：第一阶段为操作目标影响汇率，第二阶段为汇率影响实体变量。阻滞在两个阶段都可能发生。阻滞的存在使得政府无法通过调节货币政策工具实现既定宏观目标。汇率渠道存在阻滞的一个重要因素是政府直接干预汇率。货币国际化后可以消除汇率干预和资本管制现象，从而提高货币政策汇率传导的有效性。具体表现如图 7-7 所示。

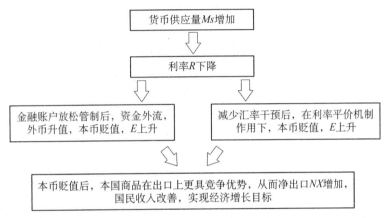

图 7-7　人民币国际化后的货币政策汇率传导机制

虽然货币国际化后可以提高货币政策汇率传导的有效性，但由于影响货币政策机制的因素变得更为复杂，波动幅度也更难把握，有可能出现过度贬值现象，对该货币的信心可能发生动摇，影响该国国际货币地位，甚至出现金融危机。另一方面，货币政策汇率传导的有效性也并非一定改善，可能出现相反的情形，例如，日元国际化后，汇率受其他因素的影响大于受 M_s 和利率的影响，出现了利率下降后，日元反而升值，汇率 E 下降的反向变化。

7.5.2　浮动汇率制下 Mundell-Fleming 模型 *IS-LM-BP*

在人民币国际化之前，我国资本流动可以认定为完全不流动或不完全流动状态。当资本处于完全不流动情况下，*BP* 曲线是一条垂直于横轴的直线（图

7-8)。在实施扩张性的货币政策前，IS_1、LM_1、BP_1 分别交于(Y_1，R_1)点，当采取扩张性的货币政策后，LM_1 曲线移至 LM_2，从而导致 Y 增加，恶化经常项目收支。由于此时资本完全不流动，所以利率的下降不影响资本项目收支，总的国际收支恶化，人民币从 E_1 贬值为 E_2，BP 曲线向右移动，本币贬值有利于出口，从而出口增加，IS 曲线向右移动，直到三条曲线重新相交于一点。此时可以发现国民收入 Y_1 增加至 Y_2，汇率贬值，利率变化不确定，扩张性货币政策效果实现。

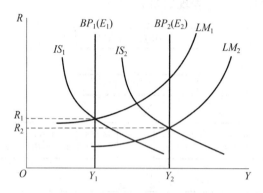

图 7-8 人民币国际化前资本完全不流动的 *IS-LM-BP* 模型

当资本不完全流动情况下 BP 曲线是一条斜向上的直线(图 7-9)。当实施扩张性货币政策后，传递路径和国际化之前类似，最终人民币贬值，国民收入 Y_1 增加至 Y_2，利率变化不确定，扩张性货币政策效果也得到实现。

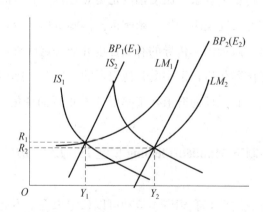

图 7-9 人民币国际化前资本不完全流动的 *IS-LM-BP* 模型

人民币国际化后，我国资本项目完全开放，BP 曲线为一条水平的直线（图 7-10）。在实施扩张性的货币政策后，LM_1 曲线移至 LM_2，R 下降，Y 增加。由于资本完全自由流动，人民币的收益率下降导致资本流出，使得本币贬值，从而使出口增加，进口减少，IS 曲线向右移动，直到三条曲线重新相交于一点，利率回到初始水平。国民收入 Y_1 增加至 Y_2，利率不变。因此，人民币国际化后的扩张性货币政策效果要好于国际化前的效果。

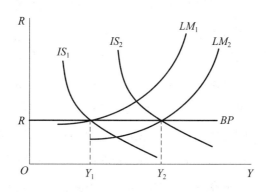

图 7-10　人民币国际化后资本完全流动的 *IS-LM-BP* 模型

7.6　人民币国际化可能增加货币政策传导的时滞

货币政策时滞是指货币政策从研究、制定、实施到实现其全部效应的时间过程，是影响货币政策实效的因素之一。货币政策时滞包括时滞的性质和时滞的长度及其变异。一般由内部时滞、外部时滞两阶段组成。

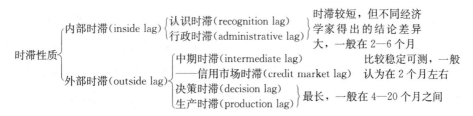

图 7-11　货币政策的时滞性质

1. 内部时滞

内部时滞是指从经济金融形势的变化到货币管理当局采取行动（开始实施货币政策工具）之间所花费的时间过程。内部时滞的第一阶段是认识时滞，即从经济金融形势发生变化，到货币管理当局认识到要采取行动的时间间隔；第二阶段是行政时滞，即从货币管理当局在主观上认识到需要改变货币政策到实际采取行动（即研究决定实施何种政策工具）之间的时间间隔。内部时滞的长短主要取决于多方面的因素。

内部时滞的长短取决于：①中央银行信息反馈系统的灵敏程度，包括收集资料、研究形势及制定政策采取行动的效率。在人民币国际化和国际金融市场的发展情况下，中央银行收集资料和研究的经济金融形势更为复杂，涉及国内和境外以及离岸市场的变化等，故可能拉长了内部时滞。②当时政治、经济的目标。在人民币国际化和国际金融市场的发展情况下，央行希望实现的目标较多，需花费更多的时间去甄别政策的取舍。③中央银行预测能力和管理当局的金融决策水平等。央行制定货币政策时，须考虑人民币国际化和国际金融市场发展的内容、速度和政策传导路径的改变。人民币国际化的发展削弱了中央银行货币政策独立性，因此内部时滞可能延长，政策传导效果下降。

2. 外部时滞

外部时滞是指货币当局操作货币政策工具到货币政策对经济运行产生影响并取得效果所经历的时间。外部时滞可分为三个阶段：第一阶段为中期时滞（属于广义的外部时滞），指自中央银行采取行动以至于对金融机构发生影响，使金融机构改变准备金水平、利率或其他信用指标的时间过程。其长短取决于商业银行及其他金融机构的反应及金融市场的敏感程度，为央行所难操纵。在人民币国际化和国际金融市场的创新发展情况下，货币供给过程被改变，境内外商业银行、非银行金融机构、非金融机构共同分担了货币创造过程，国内外金融业务的交融分散了央行调控的重点；所以制约了央行控制货币的能力，延长了中期时滞。第二阶段为决策时滞，指金融机构改变其利率和其他信用条件后，个人和企业面对新政策，决意改变其支出水平的过程。第三阶段为生产时滞，指从个人和企业改变支出水平到对整个社会的生产和就业等最终目标发生变化所经历的时间。

外部时滞因经济结构、市场主体行为因素不稳定而难以预测，故时间长度变异很大。因为央行采取政策措施后，需影响中间目标变量，通过政策传导机制，影响到社会各经济单位的行为，从而影响到总目标，这需要较长时间。它也是货币政策时滞中最复杂的问题。在人民币国际化和国际金融市场的创新发展情况下，出现大量创新金融工具，致使货币需求的利率弹性发生变化，这样当利率变化时，公众的行为与货币当局、金融机构预期可能不一致，从而货币政策传导效果下降。

一般而言，影响一国货币政策时滞长短的主要因素有：中央银行决策程序、货币政策工具运用、信息渠道畅通状况、金融市场发达程度等。政策时滞若有确定范围，则央行可依时滞长度，预先采取影响将来经济状况的货币政策（比如相机抉择等）。但在人民币国际化和国际金融市场的创新发展条件下，外在时滞有很大变异性，因而往往使得相机抉择的货币政策无效，甚至与目标背道而驰。

本章小结

人民币国际化使实际投资对利率的敏感程度下降，使金融资产之间替代转换程度提高，使金融资产价格对利率的敏感度提高，从而降低了交易成本，提高了交易效率。其结果是，IS、CC 曲线变得更加陡峭，LM 曲线变得更加平缓，致使货币政策利率渠道（尤其是在利率管制下）和信用渠道的传导效果减弱；加之，由于人民币国际化所产生的人民币离岸市场，扩张性货币政策难以使利率下降甚至出现利率上升，从而无法提振经济甚至导致经济衰退。在广义利率传导机制即资产价格传导机制的影响方面，人民币国际化将使投资意愿弱于国际化前甚至下降，但同时与资产价格对利率的敏感度提高、交易成本降低的效应抵消，故广义利率传导也变得模糊。在利率市场化不足的情况下信用渠道仍具有比较优势，这也是我国频繁使用存款准备金政策的原因之一；但在放松利率管制后，利率渠道的传导效果可能增强。在对汇率传导机制的影响方面，人民币国际化使货币政策的有效性加强。人民币国际化和国际金融市场的创新发展，还会延长货币政策的内部时滞，并使外部时滞的变异性更大，从而削弱货币政策传导效果。

第8章 人民币国际化对货币政策影响的实证分析

在从理论上梳理了人民币国际化对货币政策的影响后，本章我们构筑货币政策利率渠道、汇率渠道、资产价格渠道和信用渠道的实证模型，通过对比法实证分析人民币国际化前后货币政策传导的效果。本章通过实证说明货币国际化的逆向冲击。

8.1 实证模型构建

8.1.1 利率传导机制模型构建

根据弗里德曼及货币学派的货币需求理论，可以将货币需求函数表达为：

$$\frac{M}{P} = aY^bR^c \qquad (8-1-1)$$

对$(8-1-1)$式两边取对数后得到：

$$\ln M_t = \ln a + b\ln Y_t + c\ln R_t + \ln P_t \qquad (8-1-2)$$

其中，M_t、Y_t、R_t、P_t分别为当期的货币量、收入、利率、物价水平。

随着人民币国际化程度不断加强，货币供应量从原来仅由国内央行调控，增加了一部分离岸市场的影响，总的货币供应量表示为$M_s = m \times B + \beta \times B^*$。为简化处理，假设总的货币供应量与国内货币供应量的比值是以人民币国际化程度表示的幂函数：

$$M_{s\_total} = K \times A_t^n \times M_t \qquad (8-1-3)$$

其中，B、B^* 分别表示国内、国外的基础货币，M_{s_total} 为国内外总的货币供应量，M_t 为国内货币量，A_t 表示人民币国际化程度，$(8-1-3)$式可以理解为在国内货币供应量一定的情况下，国际化程度越高，总的货币供应量偏离原来国内货币供应量的程度越大。将$(8-1-3)$式代入$(8-1-2)$式，得到人民币国际化后的货币函数：

$$\ln M_t = b\ln Y_t + c\ln R_t + \ln P_t - n\ln A_t - \ln K + \ln a \qquad (8-1-4)$$

8.1.2 汇率传导机制模型构建

购买力平价模型表示为：

$$E = P/P^* \qquad (8-1-5)$$

其中 E 表示直接标价法下的汇率，P 表示国内物价水平，P^* 表示国外物价水平。

货币供给和货币需求的均衡方程表示为：

$$P_t = M_t / L(Y_t, \ R_t) \qquad (8-1-6)$$

$$P_t^* = M_t^* / L(Y_t^*, \ R_t^*) \qquad (8-1-7)$$

其中 M_t 表示国内的货币供应量，$L(Y_t, R_t)$ 表示国内的货币需求，Y_t 表示国内的产出，R_t 表示国内的利率，M_t^* 表示国外的货币供应量，$L(Y_t^*, R_t^*)$ 表示国外的货币需求，Y_t^* 表示国外的产出，R_t^* 表示国外的利率。

对$(8-1-5)$式、$(8-1-6)$式和$(8-1-7)$式进行对数化处理，得：

$$\ln E_t = \gamma_0 + \gamma_1(\ln M_t - \ln M_t^*) + \gamma_2(R_t - R_t^*) + \gamma_3(Y_t - Y_t^*)$$

$$(8-1-8)$$

货币政策的汇率传导机制分为两个阶段：第一阶段为货币供应量和利率→

汇率；第二阶段为汇率→产出和物价。因此第一阶段的实证模型简化为：

$$\ln E_t = \gamma_0 + \gamma_1(\ln M_t - \ln M_t^*) + \gamma_2(R_t - R_t^*)^{①} \qquad (8-1-9)$$

当只考虑我国变量时，(8-1-9)式可以简化为：

$$\ln E_t = \gamma_0 + \gamma_1 \ln M_{t\_total} + \gamma_2 \ln R_t \qquad (8-1-10)$$

将(8-1-3)式代入(8-1-10)式，得：

$$\ln E_t = \gamma_1 \ln M_t + \gamma_1 \cdot n \ln A_t + \gamma_2 \ln R_t + \gamma_0 + \gamma_1 \ln K \qquad (8-1-11)$$

利用货币、外汇和产品市场的均衡条件联立方程得到第二阶段的实证模型：

$$\ln P_t = K_0 + K_1 \ln E_t + K_2 \ln Y_t + K_3 \ln M_{t\_total} \qquad (8-1-12)$$

将(8-1-3)式代入(8-1-12)式，得 $\ln P_t = K_0 + K_1 \ln E_t + K_2 \ln Y_t + K_3 \ln(K \cdot A_t^n \cdot M_t)$，即：

$$\ln P_t = K_0 + K_1 \ln E_t + K_2 \ln Y_t + K_3 \ln M_t + nK_3 \ln A_t + K_3 \ln K$$

$$(8-1-13)$$

8.1.3 资产价格传导机制模型构建

根据资产价格传导机制 $M\uparrow \rightarrow R\downarrow \rightarrow Pe\uparrow \rightarrow I\uparrow$、$C\uparrow \rightarrow Y\uparrow$ 并结合相关文献[②]，建立实证模型如下：

$$\ln szz_t = \eta_0 + \eta_1 \ln M_t + \eta_2 \ln Y_t \qquad (8-1-14)$$

I、C 分别表示投资和消费，其余字母含义同上一节。

将(8-1-3)式代入(8-1-14)式，得：

$$\ln szz_t = \eta_0 + \eta_1 \ln M_t + \eta_2 \ln Y_t + n \cdot \eta_1 \ln A_t + \eta_1 \ln K \qquad (8-1-15)$$

---

① 参见：方显仓，吴锦雯. 我国货币政策汇率传导有效性的实证检验[J]. 上海金融，2013(12)：82-87.

② 周华，周晖. 从货币政策与资产价格互动关系中看货币政策调整：基于中国股票与债券市场的实证分析[J]. 山东社会科学，2013(6)：170-173.

8.1.4 信用渠道传导机制模型构建

1. 信贷市场的均衡

在信贷市场中首先要考虑贷款需求，贷款需求情况受信贷利率与收入的影响。一般来说贷款利率与贷款需求之间成反向关系，贷款利率越低，信贷需求越高，我们可以写出贷款的需求函数如下：

$$L^d = L(i_L, \quad i, \quad y) \tag{8-1-16}$$

i_L 为贷款利率，i 为债券的收益率，y 是收入。假设贷款供给为 L，$L = f(a)M(1-r)$，$f(a)$ 表示银行资产中（除准备金外）用于发放贷款的比例，M 为货币供给量，r 为准备金率，$L'(i_L) > 0$，$L'(i) < 0$，当贷款需求等于贷款供给时，信贷市场达到均衡，均衡条件如下：

$$L^d = L(i_L, \quad i, \quad y) = L = f(a)M(1-r) \tag{8-1-17}$$

2. 货币市场的均衡

货币需求函数为 $D = D(i, y)$，它是利率的减函数，收入的增函数，假定货币供给量 M 是外生给定的，货币市场均衡时有：

$$D(i, \quad y) = M \tag{8-1-18}$$

3. 商品市场的均衡

我们简化 IS 曲线为：$y = Y(i, \rho)$，其中产出是债券市场利率的减函数，是贷款市场利率的增函数。

由此可得，$CC\text{-}LM$ 模型为 $y = f(i, L, M)$，模型推导过程揭示了向量自回归模型中应包含的主要变量及其进入到脉冲响应函数的顺序。因此，用线性模型描述货币供给和贷款对经济的影响的 VAR 模型如下：

$$X_t = \sum_{i=1}^n X_{t-i} + \varepsilon_t (t = 1, \quad 2, \quad \cdots, \quad T) \tag{8-1-19}$$

在不考虑货币国际化条件下，信用渠道传导中包含的变量是贷款 L、货币供给 M 和产出 y，故 (8-1-19) 式中

$$X_t = (\ln L_t, \quad \ln M_t, \quad y_t)^{-1}, \quad \varepsilon_t = (\varepsilon_{1t}, \quad \varepsilon_{2t}, \quad \varepsilon_{3t})^{-1} \quad (8-1-20)$$

ε_t 为扰动项，t 为样本个数，$\ln$ 是对贷款和货币供给取对数，n 为滞后阶数。

在考虑货币国际化条件下：

$$X_t = (\ln L_t, \quad \ln M_{s\_totalt}, \quad y_t)^{-1} = (\ln L_t, \quad \ln A_t^n, \quad \ln M_t, \quad \ln K, \quad y_t)^{-1}$$
$$(8-1-21)$$

根据以上公式和我国宏观经济数据进行实证分析，可以观察货币政策的信贷渠道和货币渠道强度。

8.2 变量选取与指标处理

根据利率传导机制中推导得到的实证模型 (8-1-4) 式，在选择货币政策操作目标上，以国内货币供应量和实际利率指标为代表，来衡量我国货币政策工具，最终目标选取了工业增加值增速和通货膨胀率指标，分别来衡量经济增长和物价稳定的实现情况。根据汇率传导机制中第一阶段推导的模型 (8-1-11) 式，在选择货币政策操作工具上，也选择国内货币供应量和利率指标为代表，以汇率作为货币政策的中介目标。在汇率传导机制的第二阶段推导的模型 (8-1-13) 式中，最终目标同样也选择工业增加值增速和通货膨胀率。根据资产价格传导机制中推导得到的实证模型 (8-1-15) 式，在选择货币政策操作目标上，以国内货币供应量为代表，中介目标选择资产价格，最终目标选择工业增加值增速。

其中，在货币供应量数据选择上，选取广义货币供应量 M_2，数据来源于国家统计局网站。为剔除价格对于利率的影响，本研究选择实际利率，实际利率是根据 $R_2 = R_1 - p$，其中 R_2 表示实际利率，R_1 表示名义利率，p 表示通货膨胀率。为更好地反映市场化利率，R_1 选取银行同业拆借 7 天加权平均利率，

数据来源于中国人民银行网站和国研数据库。在汇率指标的选择上，选择人民币实际有效汇率 $REER$。人民币名义有效汇率和实际有效汇率都能以对他国贸易量为权重综合衡量相对购买力和人民币对外价值，前者可以更直观地反映人民币汇率，后者则在名义有效汇率的基础上剔除了通货膨胀率对于人民币汇率的影响，数据来源于国际清算银行网站。资产价格以上证综合指数 SZZ 为代表，数据来源于国研网。工业增加值增速 y，数据来源于国家统计局网站，但统计部门为消除春节日期不固定这一因素对于产出的影响，历年都是将 1—2 月份数据一起发布，本研究把工业增加值空缺数据以相邻两个数据的平均值表示。通货膨胀率指标 p 是通过公布 CPI 进行处理计算得到，数据来源于国家统计局网站。贷款指标选取我国金融机构各项贷款余额月度数据，数据来源于 Wind。

在人民币国际化程度指标选择上，本研究选择由陈雨露计量的人民币国际化指数（RII）A，数据来源于中国人民大学国际货币研究所 2012—2017 年的《人民币国际化报告》（中国人民大学出版社）。该指标是从国际货币的职能角度出发，以单个指标所表示的全球总量中的占比乘以相应的权重得到，如果人民币在任何交易和储备都没有被使用时，该指数为 0，当数值不断增大时，表示人民币国际化程度越来越高，最大值为 100。该指数从 2010 年第一季度开始发布，每年发布一次，且最新数据是上一年的国际化指数。由于最新发布的是 2017 年，故我们实证中所能使用的 RII 数据只有 2016 年 12 月之前的数据，同时数据频率为季度。考虑到本研究其他数据频率和实证对数据数量的要求，假设在同一季度的各月数据等于季度数据，这主要是因为同一季度中各月的人民币国际化程度不会差别太大，且出台相应政策后也存在一定的滞后性，从而模拟得到人民币国际化程度的月度数据。

由于广义货币供应量 M_2 和工业增加值增速 y 存在一定的季节性波动，在人民币国际化前数据较多的前提下，实证时采用移动平均比例法对原始数据进行季节调整，调整后的时间序列标记为 M_2SA 和 ySA，而人民币国际化后由于数据较少，没有进行季节调整。

本文实证分析以月度作为所有样本数据的频率，涉及变量包括货币供应量 M_2、实际利率 R_2、人民币实际有效汇率 $REER$、工业增加值增速 y 和通货膨胀率 p、上证综合指数 SZZ、金融机构各项贷款余额 L，样本时间范围为 2000 年 1

月至 2016 年 12 月。在人民币国际化程度 A 方面，样本选取的时间区间为 2010 年 1 月至 2016 年 12 月。本文以 2010 年 1 月作为人民币国际化前后的分割时点。根据上文的模型方程对货币供应量和汇率数据进行对数处理，分别表示为 $\ln M_2 SA$、$\ln REER$ 和 $\ln SZZ$，其他数据序列也都是以相对数的形式表示，能有效消除异方差和数据波动，本文实证所采用的计量分析软件是 Eviews8.0 版。

以上各实证变量及其说明如表 8-1 所示。

表 8-1　变量与数据说明

变量	符号	代理指标	单位	数据来源	数据区间
经济增长	y	工业增加值增速	％	中国国家统计局网站	2000M1— 2016M12
货币供应量	M	M_2	亿元		
通货膨胀率	p	CPI 环比增加	—		
名义利率	R_1	银行同业拆借 7 天加权平均利率	％	中国人民银行网站、国研数据库	
实际利率	R_2	$R_1 - p$	％	根据 $R_2 = R_1 - p$ 计算	
汇率	$REER$	人民币实际有效汇率	—	国际清算银行网站	
资产价格	SZZ	上证综合指数	点数	国研数据库	
信贷	L	金融机构贷款余额	亿元	Wind 数据库	
人民币国际化程度	A	人民币国际化指数	—	中国人民大学国际货币研究所：《人民币国际化报告》(中国人民大学出版社)	

8.3　利率传导机制实证检验与分析

8.3.1　人民币国际化前利率传导机制实证检验与分析

根据(8-1-2)式，人民币国际化前利率传导机制实证模型可以表示为：

$$\ln M_t = a + by_t + cR_t + dp_t \qquad (8-3-1)$$

1. 回归方程

经检验，各个变量的系数见表 8-2。可以看到，货币供应量与工业增加值增速、通货膨胀率正相关，与实际利率负相关。货币供应量增加时，利率会下降，刺激投资、消费等实体经济，工业增加值增速提高，而通货膨胀率自然也会有所上升。因此，我们假设人民币国际化以前，不存在其他因素影响货币政策，那么货币政策通过利率传导对实体经济进行调控是有效的。

表 8-2　人民币国际化以前的利率传导实证方程

变量	系数	标准差	T 统计值	概率值
ySA	0.010 8	2.010 8	0.989 2	0.024 6
R_2	−0.122 5	0.048 4	−2.529 0	0.012 8
p	7.496 0	1.837 7	4.079 1	0.000 1

2. 单位根检验

约翰逊(Johansen)协整检验和格兰杰(Granger)因果关系检验要以数据平稳为基础，这是因为如果用非平稳变量数据进行回归会导致伪回归现象。对 $\ln M_2 SA$、R_2、p 和 ySA 进行 ADF 单位根检验，从表 8-3 检验结果可发现，时间序列 $\ln M_2 SA$、R_2、p 和 ySA 在 1% 的显著性水平下无法拒绝原假设，因此具有单位根。而这些变量的一阶差分 D($\ln M_2 SA$)、D(R_2)、D(p)和 D(ySA)在 1% 的显著性水平下拒绝原假设，不具有单位根，因此该序列均为 I(1)序列，即为一阶单整。要建立约翰逊协整检验的前提条件是方程内的时间序列为同阶单整，因此时间序列 $\ln M_2 SA$、ySA、R_2、p 可以建立协整方程。

表 8-3　人民币国际化前利率传导机制实证模型 ADF 单位根检验结果

变量名	临界值(1%)	检验结果
$\ln M_2 SA$	−3.469 7	不平稳
D($\ln M_2 SA$)	−3.469 9	平稳
ySA	−3.473 1	不平稳

变量名	临界值(1%)	检验结果
D(ySA)	−3.473 1	平稳
R_2	−3.469 7	不平稳
D(R_2)	−3.469 9	平稳
p	−3.472 8	不平稳
D(p)	−3.472 8	平稳

3. 约翰逊协整检验

对 $\ln M_2 SA$、ySA、R_2、p 进行约翰逊协整检验，考察变量之间是否存在长期稳定关系。在约翰逊协整检验不存在协整关系的原假设下，当在 5％ 的显著性水平下迹统计量（Trace）大于相应的临界值时，可以拒绝原假设，说明变量之间存在长期均衡的协整关系；在至多存在一个或多个协整关系的原假设下，当在 5％ 的显著性水平下，迹统计量小于相应的临界值时，可以接受原假设，说明变量之间存在协整关系，即变量之间存在长期稳定关系。由表 8-4 可见，在 5％ 的显著性水平下迹统计值小于相应临界值，故变量间至少存在一个协整关系。

表 8-4　人民币国际化前的实证模型约翰逊协整检验结果

协整关系原假设	特征值	迹统计值	5%临界值	概率值	检验结果
None*	0.126 4	48.692 0	47.856 0	0.041 6	变量之间存在一个协整关系
At most 1	0.098 2	26.669 0	29.797 0	0.110 0	
At most 2	0.058 3	9.812 0	15.495 0	0.295 5	
At most 3	0.000 1	0.020 6	3.841 4	0.885 7	

4. 格兰杰因果关系检验

由于约翰逊协整检验只能反映变量之间是否存在长期稳定关系，而无法确定变量之间是否存在长期直接的因果联系，因此就要借助格兰杰因果检验来分析变量之间是否存在一定的因果关系。检验结果见表 8-5。在国内货币供应量方面，在10%的显著性水平下拒绝原假设，货币供应量是利率、通货膨胀率和工业增加值增速的原因，同时货币供应量受工业增加值增速的影响。在利率方面，在10%的显著性水平下拒绝原假设，实际利率是工业增加值增速的原因，同时工业增加值增速和通货膨胀率是实际利率的原因。

表8-5　人民币国际化前利率传导机制实证模型格兰杰因果关系检验结果

原假设	F 统计值	概率值	检验结果
ySA 不是 $\ln M_2SA$ 的原因	2.30	0.032 7	拒绝
$\ln M_2SA$ 不是 ySA 的原因	2.34	0.030 1	拒绝
R_2 不是 $\ln M_2SA$ 的原因	1.40	0.213 6	接受
$\ln M_2SA$ 不是 R_2 的原因	1.90	0.075 2	拒绝
p 不是 $\ln M_2SA$ 的原因	1.45	0.194 6	接受
$\ln M_2SA$ 不是 p 的原因	1.85	0.085 4	拒绝
R_2 不是 ySA 的原因	7.04	0.000 0	拒绝
ySA 不是 R_2 的原因	3.12	0.005 1	拒绝
ySA 不是 p 的原因	3.18	0.004 5	拒绝
p 不是 ySA 的原因	7.11	0.000 0	拒绝
p 不是 R_2 的原因	1.83	0.089 9	拒绝
R_2 不是 p 的原因	1.69	0.121 3	接受

从表8-5的因果关系检验结果可以发现，在人民币国际化之前，我国货币政策通过利率途径传导是畅通且有效的；我国的货币政策是基于实体经济的需求而制定的，能发挥对实体经济进行宏观调控的作用。

5. 脉冲响应函数分析

如图8-1所示，本期给货币供应量一个标准差单位的正向冲击，实际利率在第1—2期有正向微弱的响应，在第3—26期有负向响应，并在第11期产生最大的负向响应；在第27期以后虽然有正向响应，但响应很弱。这表明随着国内货币供应量的增加，无论在长期还是短期对实际利率都有一个负向的影响，这与扩张性货币政策所要达到的效果一致，从而可以证明人民币国际化前我国货币政策利率传导渠道货币调控能达到设定效果。

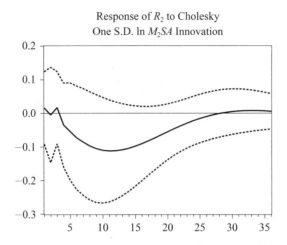

图 8-1　人民币国际化前 M_2 冲击引起 R_2 的脉冲响应

如图 8-2 所示，本期给货币供应量一个标准差单位的正向冲击，工业增加值增速在第 1 期就有正向响应，并在第 3 期达到最大正向响应，在第 17 期以后，变为轻微的负向响应，并逐渐减弱。这表明随着国内货币供应量的增加，在短期内会给国内经济增长带来正面的影响，从而可以证明人民币国际化前我国货币政策利率渠道在短期内对促进经济增长有效。

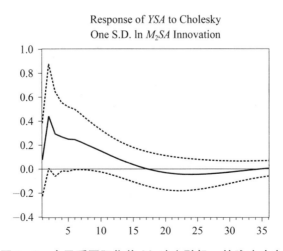

图 8-2　人民币国际化前 M_2 冲击引起 y 的脉冲响应

如图 8-3 所示，本期给货币供应量一个单位的正向冲击，通货膨胀率在第1—3 期有略微负的响应，在第 4—27 期有正的响应，在第 12 期达到最大正响应，并在第 28 期及以后响应逐渐减弱。这表明在人民币国际化之前采用扩张性的货币政策会在一定程度上使物价上升。

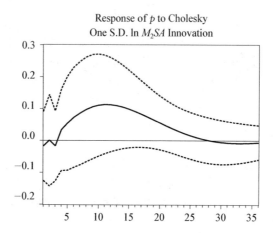

图 8-3　人民币国际化前 M_2 冲击引起 p 的脉冲响应

如图 8-4 所示，本期给实际利率一个单位正向冲击，工业增加值增速在第1—2 期存在一定滞后，但在第 3—27 期有持续的负向影响，并在第 13 期达到最大负向影响。这表明在人民币国际化前，无论短期还是长期，我国利率渠道下通过调控利率来影响实体经济的效果较为明显。

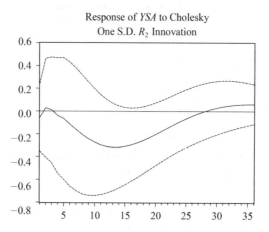

图 8-4　人民币国际化前 R_2 冲击引起 y 的脉冲响应

8.3.2　人民币国际化后利率传导机制实证检验与分析

根据(8-1-4)式，人民币国际化后利率传导机制实证模型可以写为：

$$\ln M_t = a + b y_t + c R_t + d p_t + e A_t \qquad (8-3-2)$$

1. 回归方程

人民币国际化以后的实证模型中各个变量的系数见表8-6。可知，人民币国际化程度越高，货币量越大；人民币国际化后，货币量仍和通货膨胀率正相关，与工业增加值增速和实际利率的关系有所改变。货币量越多，利率反而越高，从而增加了投资等的成本，工业增加值增速下降，因此货币政策的效果出现了偏差。

表8-6　人民币国际化以后的模型方程

变量	系数	标准差	T 统计值	概率值
y	−0.040 3	0.005 9	−6.814 8	0.000 0
R_2	0.013 2	0.008 7	1.508 0	0.135 6
p	0.018 8	0.010 3	1.829 2	0.071 1
A	0.122 5	0.015 4	7.940 8	0.000 0

2. 单位根检验

各变量单位根检验结果见表8-7。在1%的显著性水平下，$\ln M_2$、y、R_2、p 和 A 拒绝原假设，不具有单位根，该时间序列是 I(1)序列。因此时间序列 $\ln M_2$、R_2、p、y 和 A 可以建立协整方程。

表8-7　人民币国际化后的利率传导机制实证模型 ADF 检验结果

变量名	ADF 检验值	临界值(1%)	概率值	检验结果
$\ln M_2$	−0.637 9	−4.085 1	0.973 6	不平稳
$D(\ln M_2)$	−6.101 2	−4.085 1	0.000 0	平稳
y	−1.760 2	−3.513 3	0.397 5	不平稳

变量名	ADF 检验值	临界值(1%)	概率值	检验结果
$D(y)$	-9.8798	-3.5133	0.0000	平稳
R_2	-2.7523	-3.5113	0.0697	不平稳
$D(R_2)$	-10.8430	-3.5123	0.0001	平稳
p	-1.6692	-3.5113	0.4431	不平稳
$D(p)$	-11.3969	-3.5123	0.0001	平稳
A	-1.2253	-3.5113	0.6602	不平稳
$D(A)$	-9.0936	-3.5123	0.0000	平稳

3. 约翰逊协整检验

对 $\ln M_2$、y、R_2、p 和 A 进行约翰逊协整检验，结果如表 8-8 所示，在显著性水平为 5% 时，上述几个变量之间存在一个协整关系。

表 8-8　人民币国际化后的实证模型约翰逊协整检验结果

协整关系原假设	特征值	迹统计值	5%临界值	概率值	检验结果
None	0.3329	72.3546	69.8190	0.0309	
At most 1	0.2245	38.7491	47.8560	0.2704	
At most 2	0.1196	17.6505	29.7970	0.5920	存在一个协整关系
At most 3	0.0599	7.0826	15.4950	0.5680	
At most 4	0.0233	1.9533	3.8410	0.1622	

4. 格兰杰因果关系检验

对 $\ln M_2$、y、R_2、p 和 A 进行格兰杰因果关系检验，结果如表 8-9 所示。在 10% 的显著性水平下，货币供应量影响着工业增加值增长速度，而其余均未通过格兰杰检验。货币供应量不是利率、通货膨胀率和人民币国际化的原因，同时货币供应量不受利率、人民币国际化和工业增加值增速的影响。在 10% 的显著性水平下拒绝原假设，实际利率与工业增加值增速、与人民币国际化、与通货膨胀之间不存在格兰杰因果关系。

表 8-9　人民币国际化后利率传导机制的实证模型格兰杰因果关系检验结果

原假设	F 统计值	概率值	检验结果
y 不是 $\ln M_2$ 的原因	1.948 3	0.162 8	接受
$\ln M_2$ 不是 y 的原因	17.250 4	0.000 0	拒绝
R_2 不是 $\ln M_2$ 的原因	0.682 7	0.408 6	接受
$\ln M_2$ 不是 R_2 的原因	0.981 9	0.321 7	接受
p 不是 $\ln M_2$ 的原因	0.000 8	0.977 5	接受
$\ln M_2$ 不是 p 的原因	0.012 3	0.911 7	接受
A 不是 $\ln M_2$ 的原因	0.006 4	0.936 4	接受
$\ln M_2$ 不是 A 的原因	1.949 8	0.162 6	接受
A 不是 R_2 的原因	0.945 7	0.330 8	接受
R_2 不是 A 的原因	0.720 5	0.396 0	接受
A 不是 p 的原因	0.030 8	0.860 8	接受
p 不是 A 的原因	0.036 0	0.849 5	接受
A 不是 y 的原因	0.125 2	0.723 4	接受
y 不是 A 的原因	0.299 9	0.583 9	接受
R_2 不是 p 的原因	0.534 0	0.464 9	接受
p 不是 R_2 的原因	0.430 5	0.511 9	接受
R_2 不是 y 的原因	0.162 0	0.687 4	接受
y 不是 R_2 的原因	0.280 6	0.596 3	接受
p 不是 y 的原因	1.765 2	0.184 0	接受
y 不是 p 的原因	2.067 8	0.150 4	接受

综上所述，根据表 8-5 的检验结果，在人民币国际化之前，我国货币政策通过利率途径传导是畅通且有效的；但是根据表 8-9，我们可以得出如下结论：①人民币国际化阻碍了货币政策通过利率传导，削弱了其有效性，货币政策不完全独立了；②货币政策的利率传导机制不能有效调控实体经济。

5. 脉冲响应函数分析

如图 8-5 所示，本期给人民币国际化程度一个单位正向的影响，货币供应量在各期都有持续的正响应。这表明随着人民币国际化深化，会使我国货币供应量增加，这主要是因为在人民币国际化前期，为促进人民币的流通，货币当局增加了货币供应量的投放。

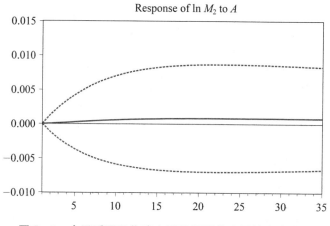

图 8-5　人民币国际化冲击引起货币供应量的脉冲响应

如图 8-6 所示，本期给人民币国际化程度一个单位的正向影响，实际利率在前 20 期有负向的响应，之后冲击逐渐减弱，趋近于 0。这表明人民币国际化在短期内会降低我国的利率，可能的原因是：一方面在人民币国际化的背景下货币供应量增加，导致实际利率下降；另一方面人民币国际化带来了一些潜在风险，使实际利率有所下降。

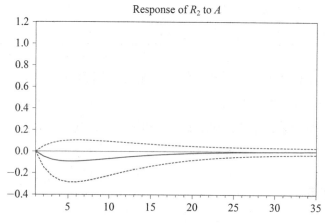

图 8-6　人民币国际化冲击引起实际利率的脉冲响应

如图8-7所示，本期给人民币国际化程度一个单位的正向影响，工业增加值增速在第1—13期有正向响应。在第14期及以后，有负向响应并逐渐减弱。这表明人民币国际化在短期内会促进我国经济增长，但无长期效果。

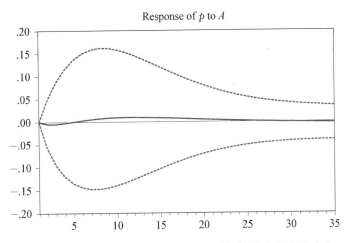

图8-7　人民币国际化冲击引起工业增加值增速的脉冲响应

如图8-8所示，本期给人民币国际化程度一个单位的正向影响，通货膨胀率在第1—5期存在一定微弱的负向影响，但在第6期及以后存在微弱的正向影响。这表明在人民币国际化后，货币供应量不断增加，实际利率有所下降，但并未有效促进经济生产，导致资金流动性过剩，产生通胀压力。

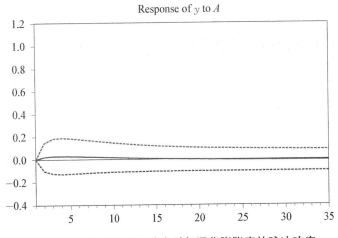

图8-8　人民币国际化冲击引起通货膨胀率的脉冲响应

如图 8-9 所示，本期给国内货币供应量一个单位的正向影响，实际利率在每一期都存在正向的影响。比较图 8-9(a)和(b)可以发现人民币国际化前我国可以通过扩张性的货币政策使利率下降，但国际化后扩张性货币政策实现利率下降的效果较差。这说明人民币国际化初期，虽然货币当局增加货币供给，但实际利率还在增加，从而导致我国货币政策利率渠道在随着人民币国际化程度加深后，其有效性和独立性被削弱甚至无效。

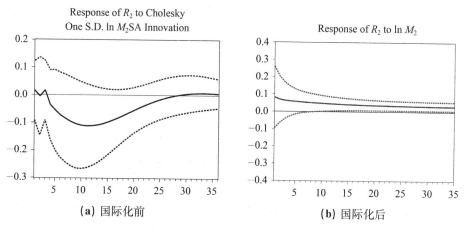

图 8-9　人民币国际化前(a)后(b)M_2 冲击引起 R_2 的脉冲响应

8.4　汇率传导机制实证检验与分析

8.4.1　人民币国际化前汇率传导机制实证检验与分析

1. 人民币国际化前汇率传导机制第一阶段实证模型

人民币国际化前汇率传导机制第一阶段实证模型为：

$$\ln E_t = \gamma_0 + \gamma_1 \ln M_t + \gamma_2 \ln R_t \qquad (8-4-1)$$

（1）单位根检验

对汇率 $\ln NEER$ 进行 ADF 单位根检验，结合前面的检验，发现时间序列

$\ln M_2 SA$、R 和 $\ln NEER$ 均为 I(1) 序列，能建立协整方程。

表 8-10　人民币国际化前汇率传导机制第一阶段实证模型 ADF 单位根检验结果

变量名	ADF 检验值	临界值（1%）	检验结果
$\ln REER$	−1.523 6	−3.486 6	非平稳
$D(\ln REER)$	−8.224 2	−3.486 6	平稳

（2）约翰逊协整检验

$\ln M_2 SA$、R_2 和 $\ln NEER$ 在一阶时都是平稳的，因此满足建立 VAR 模型条件，经过检验，$\ln M_2 SA$、R 和 $\ln NEER$ 在滞后 2 期时，LR、FPE 和 AIC 值最小。因此 VAR 模型以 2 期作为滞后期，经检验，变量 $\ln M_2 SA$、R 和 $\ln NEER$ 之间存在协整关系。

（3）格兰杰因果关系检验

如表 8-11 所示，在 10% 的显著性水平下拒绝原假设，实际利率是人民币实际有效汇率的原因，同时实际有效汇率是利率的原因。分析人民币实际有效汇率的因果检验结果可以发现，一方面在人民币国际化之前我国货币政策的汇率传导机制在第一阶段是通畅并且有效的，另一方面我国利率和汇率之间存在互为因果的联动。

表 8-11　人民币国际化前汇率传导机制第一阶段实证模型格兰杰因果关系检验结果

原假设	F 统计量	P 值	检验结果
$\ln M_2 SA$ 不是 $\ln REER$ 的原因	0.42	0.655 6	接受
$\ln REER$ 不是 $\ln M_2 SA$ 的原因	4.78	0.010 2	拒绝
R_2 不是 $\ln REER$ 的原因	3.09	0.049 3	拒绝
$\ln REER$ 不是 R_2 的原因	2.72	0.070 3	拒绝
R_2 不是 $\ln M_2 SA$ 的原因	6.24	0.002 7	拒绝
$\ln M_2 SA$ 不是 R_2 的原因	0.27	0.763 1	接受

（4）脉冲响应函数分析

如图 8-10 所示，本期给货币供应量一个标准差单位的正向冲击，人民币实际有效汇率在第 1—13 期有正向微弱的响应，在第 14 期以后为微弱负向响应并逐渐减弱，这表明随着国内货币供应量的增加，在短期内对人民币实际有

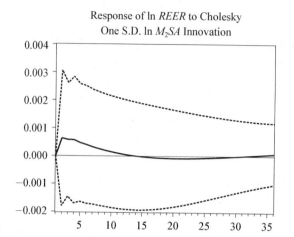

图 8-10　人民币国际化前 M_2 冲击引起 REER 的脉冲响应

效汇率有正向影响，即随着货币量的增加，人民币在一年的时间会出现升值，这主要是人民币在此前过多抑制升值所致，但长期货币供给量增加会使人民币小幅贬值。在人民币国际化之前，我国通过调节货币供应量来影响人民币汇率的效果不明显。

如图 8-11 所示，本期给实际利率一个标准差单位的正向冲击，人民币实际有效汇率在第 1—5 期有正向微弱的响应，在第 6 期以后有负向影响，并在第 18 期达到最大负向影响。这表明随着人民币实际利率的提高，在短期对人

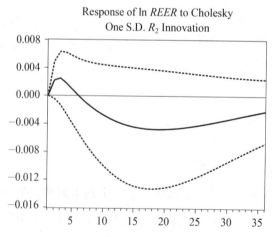

图 8-11　人民币国际化前 R_2 冲击引起 REER 的脉冲响应

民币实际有效汇率有正影响，即随着人民币利率的提高，人民币升值。在人民币国际化之前，我国在短期内可以通过调控人民币利率经汇率机制调节人民币实际汇率，汇率传导机制是有效的。

2. 人民币国际化前汇率传导机制第二阶段实证模型

人民币国际化前汇率传导机制第二阶段实证模型为：

$$\ln P_t = K_0 + K_1 \ln E_t + K_2 \ln Y_t + K_3 \ln M_{t\_total} \tag{8-4-2}$$

（1）单位根检验

上文我们已对 $\ln M_2 SA$、$\ln REER$、y 和 p 进行过 ADF 检验，这几个时间序列均为 I(1)序列，可以建立协整方程。

（2）约翰逊协整检验

$\ln M_2 SA$、$\ln REER$、y 和 p 在一阶时都是平稳的，因此满足建立 VAR 模型条件，经过检验，$\ln M_2 SA$、$\ln REER$、y 和 p 在滞后 2 期时，LR、FPE、AIC、SC 和 HQ 值最小，因此 VAR 模型以 2 期作为滞后期，经检验变量 $\ln M_2 SA$、$\ln REER$、y 和 p 之间存在协整关系。

（3）格兰杰因果关系检验

如表 8-12 所示，在 10% 的显著性水平下，人民币实际有效汇率是工业增加值增速和通货膨胀率的原因，同时通货膨胀率也是人民币实际有效汇率的原因。可见，一方面在人民币国际化之前我国货币政策的汇率传导机制在第二阶段有效且不存在阻滞，另一方面调整人民币币值对控制通胀率有效。

表 8-12　人民币国际化前汇率传导机制第二阶段实证模型格兰杰因果关系检验结果

原假设	F 统计量	P 值	检验结果
$\ln REER$ 不是 p 的原因	2.75	0.068 1	拒绝
p 不是 $\ln REER$ 的原因	3.36	0.038 4	拒绝
$\ln REER$ 不是 y 的原因	10.46	0.000 1	拒绝
y 不是 $\ln REER$ 的原因	2.13	0.124 1	接受

（4）脉冲响应函数分析

如图 8-12 所示，本期给人民币实际有效汇率一个标准差单位的正向冲击，

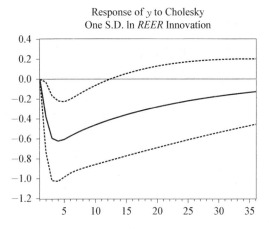

Response of y to Cholesky
One S.D. ln *REER* Innovation

图 8-12　人民币国际化前 *REER* 冲击引起 y 的脉冲响应

工业增加值增速在第 1 期及以后有负向的影响，并且在第 3 期达到最大负影响，负向影响随时间逐渐减弱。这表明当人民币实际有效汇率上升时，即人民币升值，会在短期和长期降低经济增长，我国货币政策汇率渠道的第二阶段对经济增长畅通有效。

如图 8-13 所示，本期给人民币实际有效汇率一个单位正向的影响，通货膨胀率在第 1 期及以后有负向的影响，并且在第 14 期达到最大负向影响，负向影响随时间逐渐减弱，这表明当人民币实际有效汇率上升时，即人民币升值，会在短期和长期降低我国通货膨胀率，我国货币政策汇率传导机制的第二阶段对稳定物价畅通有效。

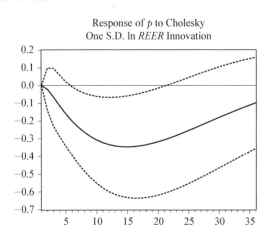

Response of p to Cholesky
One S.D. ln *REER* Innovation

图 8-13　人民币国际化前 *REER* 冲击引起 p 的脉冲响应

8.4.2　人民币国际化后汇率传导机制实证检验与分析

1. 人民币国际化后汇率传导机制第一阶段实证模型

人民币国际化后汇率传导机制第一阶段实证模型为：

$$\ln E_t = \gamma_1 \ln M_t + \gamma_1 \cdot n \ln A_t + \gamma_2 \ln R_t + \gamma_0 + \gamma_1 \ln K \quad (8-4-3)$$

（1）单位根检验

时间序列 $\ln M_2$、R_2、$\ln NEER$ 和 A 均为 I(1)序列，可建立协整方程。

（2）约翰逊协整检验

由于 $\ln M_2$、R_2、$\ln NEER$ 和 A 在一阶时都是平稳的，因此满足建立 VAR 模型条件，经检验 $\ln M_2$、R_2、$\ln NEER$ 和 A 在滞后 2 期时，LR、FPE 和 AIC 值最小，故 VAR 模型以 2 期作为滞后期，经检验变量 $\ln M_2$、R_2、$\ln NEER$ 和 A 之间存在协整关系。

（3）格兰杰因果关系检验

如表 8-13 所示，在 10% 的显著性水平下，实际利率不是人民币实际有效汇率的原因。但人民币实际有效汇率依然是实际利率的原因，同时是货币供应量的原因。分析发现：一方面在人民币国际化之后我国货币政策的汇率传导机制在第一阶段是存在阻滞的；另一方面汇率对利率、货币供应量的影响机制依然存在，但利率无法有效影响汇率，这主要因为在人民币国际化后影响人民币汇率的因素变得更多，不仅受国内因素影响，还受国外因素的影响。

表 8-13　人民币国际化后汇率传导机制第一阶段实证模型格兰杰因果关系检验结果

原假设	F 统计量	P 值	检验结果
$\ln M_2$ 不是 $\ln REER$ 的原因	2.251 3	0.324 4	接受
$\ln REER$ 不是 $\ln M_2$ 的原因	7.737 6	0.020 9	拒绝
R_2 不是 $\ln REER$ 的原因	2.501 0	0.286 4	接受
$\ln REER$ 不是 R_2 的原因	8.568 2	0.013 8	拒绝
A 不是 $\ln NEER$ 的原因	0.978 3	0.613 1	接受
$\ln NEER$ 不是 A 的原因	3.939 7	0.139 5	接受

（4）脉冲响应函数分析

如图 8-14 所示，本期给人民币国际化程度一个单位的正向影响，人民币实际有效汇率前 5 期有负向的响应，之后转为正向响应，并随时间逐渐减弱。这表明随着人民币国际化的推进，人民币的升值情况不确定：一方面人民币成为国际货币后其国际地位会有所提升；另一方面人民币国际化进程的加速也伴随着一些汇率风险。

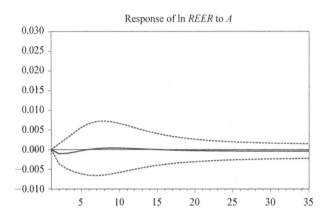

图 8-14　人民币国际化冲击引起人民币实际有效汇率的脉冲响应

如图 8-15 所示，本期给货币供应量一个单位正向的影响，人民币实际有效汇率在第 1—2 期有负向的响应，后期逐步转为正向响应。这说明在人民币国际化之后，国内货币供应量的增加短期内对人民币实际有效汇率有负向影

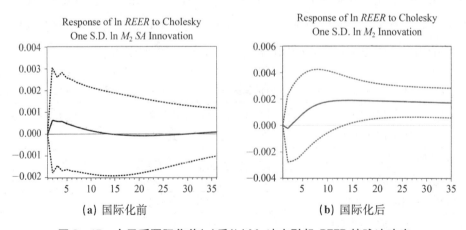

（a）国际化前　　　　　　　　（b）国际化后

图 8-15　人民币国际化前(a)后(b) M_2 冲击引起 REER 的脉冲响应

响，长期对汇率有正向影响。即随着货币量的增加，人民币升值。相比人民币国际化之前，国际化后的汇率将会加速释放抑制的升值。

如图 8-16 所示，本期给实际利率一个单位的正向影响，人民币实际有效汇率第 1—15 期有正向的响应，第 16 期以后有微弱的负向影响。这表明随着人民币实际利率的提高，短期内对人民币实际有效汇率有正向影响，而长期对人民币实际有效汇率有负向影响。相比人民币国际化之前，国际化后利率对汇率的影响效果更大；但从长期来看，我国货币政策通过调控人民币利率影响实际汇率的机制的效果依然不佳。

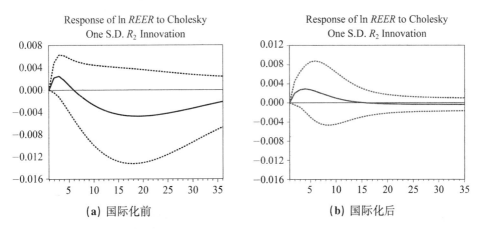

图 8-16 人民币国际化前(a)后(b)R_2 冲击引起 $REER$ 的脉冲响应

2. 人民币国际化后汇率传导机制第二阶段实证模型

人民币国际化后汇率传导机制第二阶段实证模型为：

$$\ln P_t = K_0 + K_1 \ln E_t + K_2 \ln Y_t + K_3 \ln M_t + n K_3 \ln A_t + K_3 \ln K$$

$$(8-4-4)$$

（1）单位根检验

上文已经对 $\ln M_2$、$\ln REER$、y、p 和 A 进行 ADF 检验，时间序列 $\ln M_2$、$\ln REER$、y、p 和 A 均为 I(1)序列，可以建立协整方程。

（2）约翰逊协整检验

经检验 $\ln M_2$、$\ln REER$、y、p 和 A 在滞后 1 期时，LR、FPE、AIC、SC 和

HQ 值最小，因此 VAR 模型以 1 期作为滞后期，经检验变量 $\ln M_2$、$\ln REER$、y、p 和 A 之间存在协整关系。

（3）格兰杰因果关系检验

如表 8 - 14 所示，在 10% 的显著性水平下，人民币实际有效汇率与通货膨胀率不具有因果关系；人民币实际有效汇率与工业增加值增速之间不具有因果关系。由此可以得出结论：在人民币国际化之后我国货币政策的汇率传导机制在第二阶段存在阻滞。

表 8 - 14　人民币国际化后汇率传导机制第二阶段实证模型格兰杰因果关系检验结果

原假设	F 统计量	P 值	检验结果
$\ln REER$ 不是 p 的原因	1.391 7	0.238 1	接受
p 不是 $\ln REER$ 的原因	0.868 2	0.351 5	接受
$\ln REER$ 不是 y 的原因	2.493 3	0.114 3	接受
y 不是 $\ln REER$ 的原因	0.626 6	0.428 6	接受

（4）脉冲响应函数分析

如图 8 - 17(b) 所示，本期给人民币实际有效汇率一个单位正向的影响，工业增加值增速在各期均有负向的影响，负向影响随时间逐渐减弱。相比人民币国际化之前，在人民币国际化后，当人民币实际有效汇率上升时，即人民币升值时，工业增加值增速会减少，但减少的幅度有所下降。由此可见，货币政策

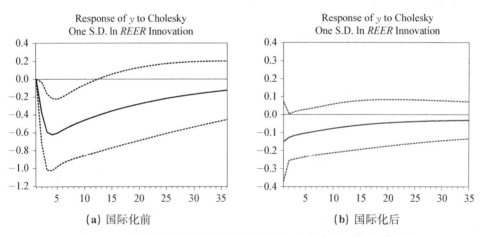

图 8 - 17　人民币国际化前(a)后(b)REER 冲击引起 y 的脉冲响应

汇率传导机制的第二阶段对经济增长仍有效，但力度有所减弱。

如图 8-18 所示，本期给人民币实际有效汇率一个单位正向的影响，通货膨胀率在第 2 期及以后有负向的影响，并且在第 7 期达到最大负向影响，负向影响随时间逐渐减弱。相比人民币国际化之前，当人民币实际有效汇率上升，即人民币升值时，在短期和长期内我国通货膨胀率降低的效果有所减弱，我国货币政策汇率渠道的第二阶段有助于稳定物价，但有效性有所降低。

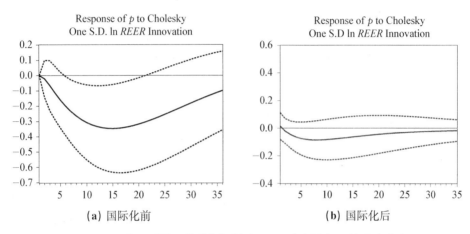

图 8-18　人民币国际化前(a)后(b)REER 冲击引起 p 的脉冲响应

8.5　资产价格传导机制实证检验与分析

8.5.1　人民币国际化前资产价格传导机制实证检验与分析

人民币国际化前资产价格传导机制实证模型为：

$$\ln SZZ_t = \eta_0 + \eta_1 \ln M_t + \eta_2 \ln Y_t \qquad (8-5-1)$$

1. 单位根检验

对 $\ln SZZ$ 进行 ADF 单位根检验，结果如表 8-15，时间序列 $\ln M_2 SA$、

$\ln SZZ$ 和 ySA 均为 I(1) 序列，可以建立协整方程。

表 8 - 15 人民币国际化前资产价格传导机制实证模型 ADF 单位根检验结果

变量名	ADF 检验值	临界值(1%)	检验结果
$\ln SZZ$	$-1.359\,5$	$-3.487\,0$	非平稳
$D(\ln SZZ)$	$-5.595\,9$	$-3.487\,0$	平稳

2. 约翰逊协整检验

$\ln M_2 SA$、$\ln SZZ$ 和 ySA 在一阶时都是平稳的，因此满足建立 VAR 模型条件，经检验 $\ln M_2 SA$、$\ln SZZ$ 和 ySA 在滞后 2 期时，LR 和 HQ 值最小，因此 VAR 模型以 2 期作为滞后期，$\ln M_2 SA$、$\ln SZZ$ 和 ySA 之间存在协整关系。

3. 格兰杰因果关系检验

如表 8 - 16 所示，在 10% 的显著性水平下，股票价格是货币供应量的原因。但股票价格不是工业增加值增速的原因，货币供应量也不是股票价格的原因。分析以上因果检验结果可以发现，在人民币国际化之前，我国货币政策资产价格机制的效果并不理想。

表 8 - 16 人民币国际化前资产价格传导机制实证模型格兰杰因果关系检验结果

原假设	F 统计量	P 值	检验结果
$\ln SZZ$ 不是 y 的原因	1.186 5	0.552 5	接受
y 不是 $\ln SZZ$ 的原因	2.950 1	0.228 8	接受
$\ln M_2$ 不是 $\ln SZZ$ 的原因	2.351 6	0.308 6	接受
$\ln SZZ$ 不是 $\ln M_2$ 的原因	5.138 3	0.076 6	拒绝

4. 脉冲响应函数分析

如图 8 - 19 所示，本期给货币供应量一个正向的影响，股票价格在各期均为正向的响应，并在第 2 期达到最大正向影响。这表明国内货币供应量的增加

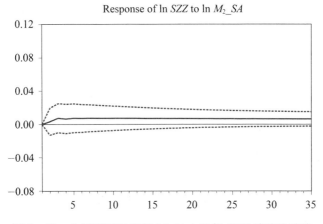

Response of ln *SZZ* to ln *M₂_SA*

图 8-19 人民币国际化前 M_2 冲击引起 *SZZ* 的脉冲响应

对股价有正向影响。因此，在人民币国际化之前，我国货币政策资产价格机制
具有一定的效果。如图 8-20 所示，本期给上证综合指数一个单位正向的影响，
工业增加值增速第 5 期之前有正向的影响，并于第 2 期达到最大正向影响，之
后逐步转为负向影响。这表明在人民币国际化之前，短期内股价的上升一方面
可以通过财富效应增加消费，另一方面股价上升也增加了上市公司与投资者的
信心和乐观预期，从而增加实体投资，最终促进经济增长；但是长期来看，股
价上升对经济增长并无带动作用，这可能与我国资本市场运作机制不健全、投
机气氛浓、优胜劣汰机制弱等因素有关。

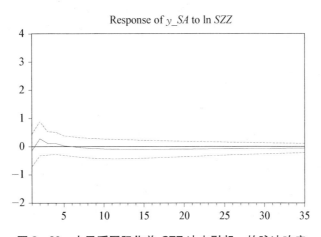

Response of *y_SA* to ln *SZZ*

图 8-20 人民币国际化前 *SZZ* 冲击引起 *y* 的脉冲响应

8.5.2 人民币国际化后资产价格传导机制实证检验与分析

人民币国际化后资产价格传导机制实证模型为：

$$\ln SZZ_t = \eta_0 + \eta_1 \ln M_t + \eta_2 \ln Y_t + n \cdot \eta_1 \ln A_t + \eta_1 \ln K \quad (8-5-2)$$

1. 单位根检验

对 $\ln SZZ$ 进行 ADF 单位根检验，结果如表 8-17 所示，时间序列 $\ln M_2$、$\ln SZZ$、y 和 A 均为 I(1)序列，可以建立协整方程。

表 8-17　人民币国际化后资产价格传导机制实证模型 ADF 单位根检验结果

变量名	ADF 检验值	临界值(1%)	检验结果
$\ln SZZ$	-1.5779	-3.5112	非平稳
$D(\ln SZZ)$	-7.4441	-3.5123	平稳

2. 约翰逊协整检验

$\ln M_2$、$\ln SZZ$、y 和 A 在一阶时都是平稳的，因此满足建立 VAR 模型条件，经过检验 $\ln M_2$、$\ln SZZ$、y 和 A 在滞后 1 期时，FPE 和 AIC 值最小，因此 VAR 模型以 1 期作为滞后期，经检验 $\ln M_2$、$\ln SZZ$、y 和 A 之间存在协整关系。

3. 格兰杰因果关系检验

如表 8-18 所示，在 10% 的显著性水平下，股票价格不是工业增加值增速和货币供应量的原因，货币供应量也不是股票价格的原因。即，在人民币国际化之后，股票价格的上升不是促进经济增长的原因，这主要是人民币国际化之后，人们的消费和投资标的无论在数量上还是地域范围上都变得丰富，我国企业和个人会将一部分投资和消费转移至海外，从而难以促进我国经济增长。因此股价上升虽增加个人财富和消费、再投资，但效果相比人民币国际化之前要弱得多。

表 8 - 18　人民币国际化后资产价格传导机制实证模型格兰杰因果关系检验结果

原假设	F 统计量	P 值	检验结果
$\ln SZZ$ 不是 y 的原因	0.101 5	0.750 0	接受
y 不是 $\ln SZZ$ 的原因	4.463 2	0.034 6	拒绝
$\ln M_2$ 不是 $\ln SZZ$ 的原因	1.373 3	0.241 2	接受
$\ln SZZ$ 不是 $\ln M_2$ 的原因	0.838 5	0.359 8	接受

这表明无论在人民币国际化前还是国际化之后，我国通过货币政策资产价格机制提高股价的效果始终不理想。

4. 脉冲响应函数分析

如图 8 - 21 所示，本期给人民币国际化程度一个单位正向的影响，股票价格有微弱的正向响应，并逐渐趋近于 0。这表明人民币国际化后正向影响对股市有微弱的促进作用，但长期来看这种作用并不明显。

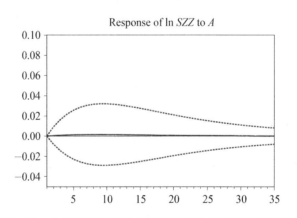

图 8 - 21　人民币国际化冲击引起上证综合指数的脉冲响应

如图 8 - 22 所示，在人民币国际化之后，本期给货币供应量一个单位正向的影响，股票价格在初期为微弱的负向响应，从第 12 期开始转为正向响应，但也很微弱。这表明随着国内货币供应量的增加在前 10 个月左右对股价有负向影响，但长期是正向影响，人民币国际化程度的加深在某种程度上干扰了资产价格机制。

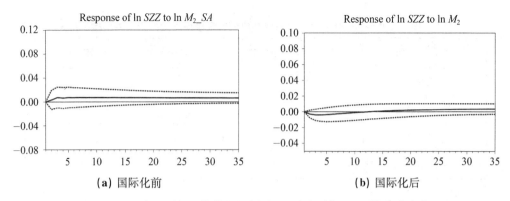

图 8 - 22　人民币国际化前(a)后(b) M_2 冲击引起 SZZ 的脉冲响应

如图 8 - 23 所示，在人民币国际化之后，本期给上证综合指数一个单位的正向影响，工业增加值增速在 1—12 期有正向影响，且正向影响逐渐减弱；后期转为负向影响。这表明在人民币国际化后，股价的上升会增加个人财富和消费，促进经济增长，但效果相比人民币国际化之前要弱。

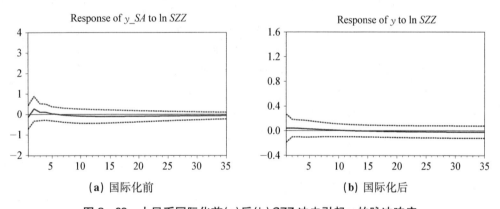

图 8 - 23　人民币国际化前(a)后(b) SZZ 冲击引起 y 的脉冲响应

8.6　信用渠道传导机制实证检验与分析

8.6.1　人民币国际化前信用渠道传导机制实证检验与分析

根据(8 - 1 - 19)式可知，实证检验的 VAR 模型如下：

$$X_t = \sum_{i=1}^{n} X_{t-i} + \varepsilon_t \quad t = 1, \ 2, \ \cdots, \ \mathrm{T} \qquad (8\text{-}6\text{-}1)$$

1. 单位根检验

上文已经对 $\ln M_2$ 和 y 进行 ADF 检验，$\ln L$ 单位根检验结果见表 8-19。在 1% 的显著性水平下，$\ln L$ 拒绝原假设，不具有单位根，该时间序列是 I(1) 序列。因此时间序列 $\ln M_2$、y 和 $\ln L$ 可以建立协整方程。

表 8-19　人民币国际化前的信用渠道传导机制实证模型 ADF 检验结果

变量名	ADF 检验值	临界值(1%)	P 值	检验结果
$\ln L$	−0.567 7	−4.072 4	0.978 2	不平稳
$D(\ln L)$	−10.741 2	−4.073 9	0.000 0	平稳

2. 约翰逊协整检验

$\ln M_2$、y 和 $\ln L$ 在一阶时都是平稳的，因此满足建立 VAR 模型条件，经检验 $\ln M_2$、y 和 $\ln L$ 在滞后 3 期时，LR、FPE 和 AIC 值最小，因此 VAR 模型以 3 期作为滞后期，$\ln M_2$、y 和 $\ln L$ 之间存在协整关系。

3. 格兰杰因果关系检验

如表 8-20 所示，在 10% 的显著性水平下，货币供应量是贷款余额变化的原因，工业增加值增速是货币供应量变化的原因，贷款余额与工业增加值增速不存在因果关系。

表 8-20　人民币国际化前信用渠道传导机制实证模型格兰杰因果关系检验结果

原假设	F 统计量	P 值	检验结果
$\ln M_2$ 不是 $\ln L$ 的原因	3.013 7	0.033 1	拒绝
$\ln L$ 不是 $\ln M_2$ 的原因	2.098 3	0.105 0	接受
y 不是 $\ln L$ 的原因	1.285 4	0.283 0	接受
$\ln L$ 不是 y 的原因	0.822 0	0.484 4	接受
y 不是 $\ln M_2$ 的原因	2.923 5	0.037 1	拒绝
$\ln M_2$ 不是 y 的原因	1.284 3	0.283 4	接受

4. 脉冲响应函数分析

由图 8-24 和图 8-25 可知，信贷对货币供应量的脉冲响应和货币供应量对信贷的冲击都是正向的，但是影响程度不同。信贷对货币供应量冲击的响应更加敏感，最高是在第 35 期达到了 0.5%；而货币供应量对信贷冲击的敏感程度先升后降，最高在第 3 期接近 0.5%，在第 35 期回落为 0.25%。

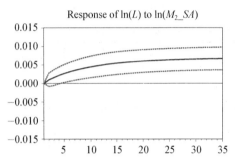

图 8-24　人民币国际化前 M_2 冲击引起
L 的脉冲响应

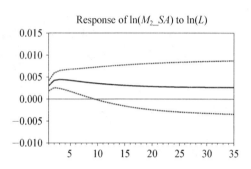

图 8-25　人民币国际化前 L 冲击引起
M_2 的脉冲响应

由图 8-26 和图 8-27 可知，信贷对工业增加值增速的冲击为正；货币供应量对工业增加值增速的冲击波动较大，前 3 期冲击先负后正再转为负，此后冲击一直为负且影响很弱。

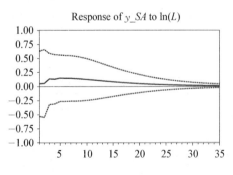

图 8-26　人民币国际化前 L 冲击引起
y 的脉冲响应

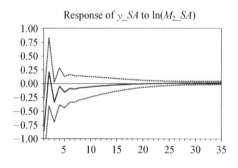

图 8-27　人民币国际化前 M_2 冲击引起
y 的脉冲响应

8.6.2 人民币国际化后信用渠道传导机制实证检验与分析

人民币国际化后信用渠道传导机制实证模型为：

$$X_t = (\ln L_t, \ \ln M_{s\_total}, \ y_t)^{-1} = (\ln L_t, \ \ln A_t^n, \ \ln M_t, \ \ln K, \ y_t)^{-1}$$

$$(8-6-2)$$

1. 单位根检验

上文已经对 $\ln M_2$、y、A 和 $\ln L$ 进行 ADF 检验。$\ln M_2$、y、A 和 $\ln L$ 均为 I(1) 序列，可以建立协整方程。

2. 约翰逊协整检验

$\ln M_2$、y、A 和 $\ln L$ 在一阶时都是平稳的，因此满足建立 VAR 模型条件，经检验 $\ln M_2$、y、A 和 $\ln L$ 在滞后 1 期时，LR 和 HQ 值最小，因此 VAR 模型以 1 期作为滞后期，$\ln M_2$、y、A 和 $\ln L$ 之间存在协整关系。

3. 格兰杰因果关系检验

如表 8-21 所示，在 10% 的显著性水平下无法拒绝原假设，贷款余额、工业增加值增速、货币供应量不是人民币国际化的原因，但是贷款余额、人民币国际化、货币供应量是工业增加值增速的原因。

表 8-21　人民币国际化后信用渠道传导机制实证模型格兰杰因果关系检验结果

原假设	F 统计量	P 值	检验结果
$\ln M_2$ 不是 $\ln L$ 的原因	0.282 7	0.596 4	接受
$\ln L$ 不是 $\ln M_2$ 的原因	2.402 4	0.125 1	接受
y 不是 $\ln L$ 的原因	0.409 8	0.523 9	接受
$\ln L$ 不是 y 的原因	24.706 4	0.000 0	拒绝
A 不是 $\ln L$ 的原因	0.612 0	0.436 4	接受
$\ln L$ 不是 A 的原因	2.409 0	0.124 6	接受
y 不是 $\ln M_2$ 的原因	0.025 1	0.874 5	接受

原假设	F 统计量	P 值	检验结果
$\ln M_2$ 不是 y 的原因	27.218 9	0.000 0	拒绝
A 不是 $\ln M_2$ 的原因	0.007 1	0.933 1	接受
$\ln M_2$ 不是 A 的原因	2.732 3	0.102 3	接受
A 不是 y 的原因	9.598 6	0.002 7	拒绝
y 不是 A 的原因	1.152 8	0.286 2	接受

4. 脉冲响应函数分析

如图 8-28 所示，本期给人民币国际化程度一个标准差单位的正向冲击，工业增加值增速有比较明显的正向响应，并随时间逐渐减弱。这表明随着人民币国际化的推进，工业增加值增速会不断增加。

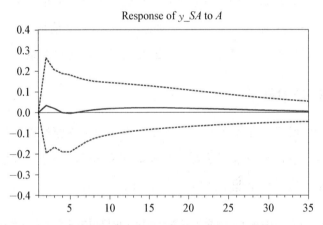

图 8-28　人民币国际化冲击引起工业增加值增速的脉冲响应

如图 8-29 所示，在人民币国际化之后，本期给贷款余额一个标准差单位的正向冲击，工业增加值增速在初期为正向响应，1 期后转为负向响应，并随时间推移而逐渐减弱，随之转为微弱的正向响应，在第 13 期左右转为微弱的负向响应。相比人民币国际化之前，贷款余额对工业增加值增速从短期和长期来看都是负向的影响，在中期有微弱的正向影响。这说明在人民币国际化条件下，贷款余额对工业增加值增速的影响明显减弱，甚至变成了逆向影响。

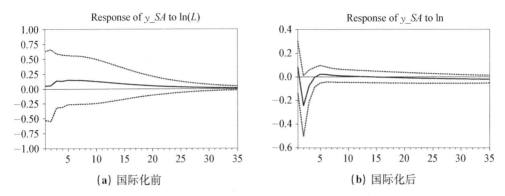

(a) 国际化前　　　　　　　　　**(b) 国际化后**

图8-29　人民币国际化前(a)后(b)贷款余额冲击引起工业增加值增速的脉冲响应

如图8-30所示，在人民币国际化之后，本期给货币供应量一个标准差单位的正向冲击，工业增加值增速有负向的响应。相比人民币国际化之前，当货币供应量增加时，工业增加值增速在短期内也不会有正向响应。主要原因在于人民币国际化后，人民币离岸市场的发展会不断干扰甚至抵消货币政策的作用。总之，在人民币国际化后，我国货币政策信用渠道的传导效果也减弱。

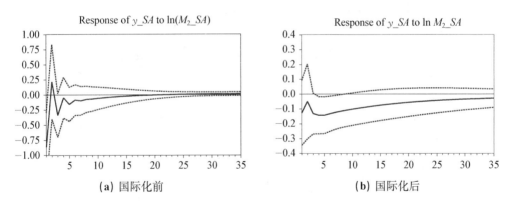

(a) 国际化前　　　　　　　　　**(b) 国际化后**

图8-30　人民币国际化前(a)后(b)货币供应量冲击引起工业增加值增速脉冲响应

8.7　人民币国际化对货币政策影响的预测

以上主要基于历史数据对人民币国际化影响货币政策问题进行实证分析。

由于自 2010 年以来实证数据的时间序列时长有限，加之人民币国际化指数公布不及时(有一年左右的滞后期)，因此数据的限制降低了实证结果的说服力。本节笔者根据历史数据的演进趋势，试图运用较为简单的 VAR 模型方法对人民币国际化影响中国货币政策传导效果进行初步的预测。

1. VAR 模型变量的选取

预测分析采用 2010 年 1 月至 2016 年 12 月上证综合指数 SZZ、货币供应量 M_2、人民币国际化指数 A 以及工业增加值增速 y 的月度数据，对货币供应量以及上证综合指数 SZZ 进行对数化处理，得到四维向量时间序列 $Y = (\ln SZZ，\ln M_2，A，y)$，以该七年的月度数据为样本，建立 VAR 预测模型。

2. 单位根检验

对 $\ln SZZ$、$\ln M_2$、A、y 进行 ADF 单位根检验，结果如表 8-22 所示，时间序列 $\ln SZZ$、$\ln M_2$、A、y 均为 I(1)序列，可以建立协整方程。初步建立模型 VAR(1)以进行协整、格兰杰因果关系检验。

表 8-22　ADF 单位根检验结果

变量名	ADF 检验值	临界值(1%)	P 值	检验结果
$\ln SZZ$	$-1.857\,2$	$-3.512\,3$	$0.350\,8$	不平稳
$D(\ln SZZ)$	$-6.871\,1$	$-3.512\,3$	$0.000\,0$	平稳
$\ln M_2$	$-3.148\,4$	$-3.520\,3$	$0.027\,2$	不平稳
$D(\ln M_2)$	$-5.315\,3$	$-3.516\,7$	$0.000\,0$	平稳
A	$-1.225\,3$	$-3.511\,3$	$0.660\,2$	不平稳
$D(A)$	$-9.093\,6$	$-3.512\,3$	$0.000\,0$	平稳
y	$-2.270\,6$	$-3.511\,4$	$0.184\,0$	不平稳
$D(y)$	$-10.017\,9$	$-3.514\,4$	$0.000\,0$	平稳

3. 约翰逊协整检验

$\ln SZZ$、$\ln M_2$、A 和 y 在一阶时都是平稳的，因此满足建立 VAR 模型条件，经检验 $\ln SZZ$、$\ln M_2$、A 和 y 之间存在协整关系，如表 8-23 所示。

表 8 - 23　约翰逊协整检验

协整关系原假设	特征值	迹统计值	5%临界值	概率值	检验结果
None*	0.423 4	59.009 0	47.856 0	0.003 2	变量之间存在协整关系
At most 1	0.089 3	13.855 0	29.797 0	0.848 7	
At most 2	0.043 8	6.187 8	15.495 0	0.673 3	
At most 3	0.030 2	2.513 9	3.841 4	0.112 8	

4. 模型滞后阶数确定

经检验 $\ln SZZ$、$\ln M_2$、A 和 y 在滞后 1 期时，LR 的值最大，FPE 和 AIC 值最小，因此 VAR 模型以 1 期作为滞后期，如表 8 - 24 所示。

表 8 - 24　滞后期选择结果

滞后期	LR	FPE	AIC
0	不适用	0.002	4.933
1	711.810*	0.000*	−4.538*
2	25.523	0.000	−4.498
3	14.530	0.000	−4.309
4	18.613	0.000	−4.204

5. 参数估计

建立 VAR(1) 模型，并进行参数估计，结果如 (8 - 6 - 3) 式所示。

$$\begin{bmatrix} y_t \\ \ln SZZ_t \\ \ln M_t \\ A_t \end{bmatrix} = \begin{bmatrix} -0.225\,2 & -0.268\,7 & -14.91 & -0.116\,9 \\ -0.002\,6 & 0.940\,0 & 0.003\,6 & 0.000\,2 \\ -0.000\,2 & 0.005\,4 & 0.989\,9 & -0.000\,2 \\ -0.000\,1 & 0.210\,0 & 0.593\,3 & 0.831\,7 \end{bmatrix} \begin{bmatrix} y_{t-1} \\ \ln SZZ_{t-1} \\ \ln M_{t-1} \\ A_{t-1} \end{bmatrix}$$

$$+ \begin{bmatrix} 222.11 \\ 0.448\,6 \\ 0.110\,3 \\ -9.582\,3 \end{bmatrix} \qquad (8-6-3)$$

对所建的 VAR(1)模型进行稳健性检验，结果如图 8-31 所示。可知，模型的所有特征根都在单位圆内，即其特征根的倒数都小于 1，说明模型是稳健和有效的，可以用于预测。

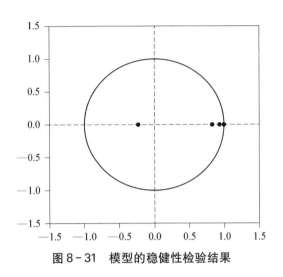

图 8-31　模型的稳健性检验结果

6. 模型预测

图 8-32、图 8-33、图 8-34 和图 8-35 是利用动态方法计算出的样本期内观察值(字符后面不带 pre)与拟合值(字符后面带 pre)的比较，表 8-25 是对2017 年 1 月到 2020 年 1 月的预测值。由图 8-32 至图 8-35 可看出，动态拟合结果可以大致反映出序列的变化趋势。

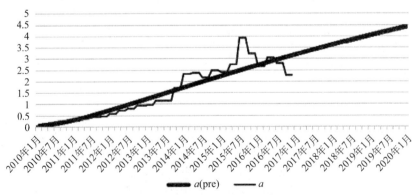

图 8-32　人民币国际化指数及其预测(2010 年 1 月—2020 年 1 月)

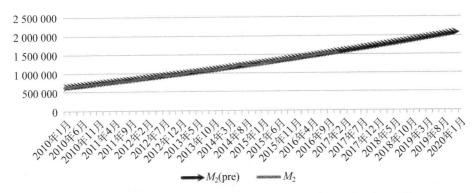

图 8 - 33　货币供给量指数及其预测(2010 年 1 月—2020 年 1 月)

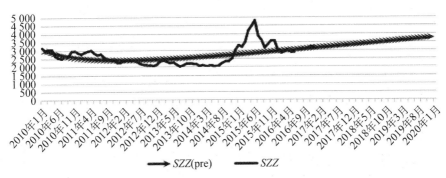

图 8 - 34　上证综合指数及其预测(2010 年 1 月—2020 年 1 月)

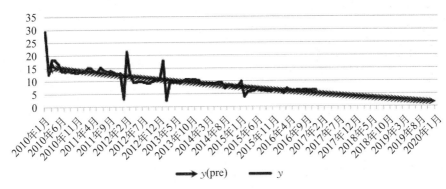

图 8 - 35　工业增加值增速及其预测(2010 年 1 月—2020 年 1 月)

根据表8-25的预测值，随着人民币国际化程度增加，货币供应量处于缓慢上升之势，但是工业增加值增速呈现出缓慢下降态势。从这个意义上来说，当人民币已经成为国际化货币时，货币扩张可能并不能促进反而会抑制我国的经济增长速度。

表8-25　各变量预测结果

t	a	M₂	SZZ	y
2017年1月	3.163 7	1 564 317.2	3 126.47	4.752 1
2017年2月	3.201 2	1 577 639.0	3 143.11	4.651 0
2017年3月	3.238 6	1 590 994.7	3 159.80	4.550 34
2017年4月	3.275 8	1 604 415.4	3 176.52	4.450 2
2017年5月	3.312 8	1 617 884.5	3 193.28	4.350 5
2017年6月	3.349 7	1 631 401.5	3 210.07	4.251 3
2017年7月	3.386 4	1 644 965.6	3 226.89	4.152 6
2017年8月	3.423 0	1 658 576.0	3 243.74	4.054 3
2017年9月	3.459 4	1 672 232.3	3 260.62	3.956 4
2017年10月	3.495 7	1 685 950.4	3 277.53	3.859 0
2017年11月	3.531 7	1 699 713.0	3 294.47	3.762 1
2017年12月	3.567 7	1 713 519.5	3 311.43	3.665 6
2018年1月	3.603 5	1 727 369.0	3 328.42	3.569 6
2018年2月	3.639 1	1 741 260.8	3 345.42	3.474 0
2018年3月	3.674 5	1 755 211.6	3 362.45	3.378 9
2018年4月	3.709 8	1 769 203.5	3 379.50	3.284 2
2018年5月	3.745 0	1 783 253.4	3 396.57	3.189 9
2018年6月	3.780 0	1 797 342.9	3 413.66	3.096 1
2018年7月	3.814 8	1 811 471.4	3 430.76	3.002 7
2018年8月	3.849 5	1 825 637.9	3 447.89	2.909 7
2018年9月	3.883 9	1 839 859.9	3 465.02	2.817 1
2018年10月	3.918 3	1 854 137.2	3 482.17	2.725 0
2018年11月	3.952 6	1 868 431.7	3 499.34	2.633 3
2018年12月	3.986 6	1 882 798.9	3 516.52	2.542 1

t	a	M_2	SZZ	y
2019 年 1 月	4.020 5	1 897 181.6	3 533.71	2.451 2
2019 年 2 月	4.054 3	1 911 636.0	3 550.91	2.360 8
2019 年 3 月	4.087 9	1 926 104.3	3 568.13	2.270 8
2019 年 4 月	4.121 3	1 940 643.2	3 585.35	2.181 2
2019 年 5 月	4.154 6	1 955 213.6	3 602.58	2.092 0
2019 年 6 月	4.187 8	1 969 814.6	3 619.83	2.003 2
2019 年 7 月	4.220 8	1 984 465.2	3 637.07	1.914 9
2019 年 8 月	4.253 6	1 999 144.7	3 654.33	1.826 9
2019 年 9 月	4.286 3	2 013 892.6	3 671.60	1.739 4
2019 年 10 月	4.318 9	2 028 647.8	3 688.86	1.652 2
2019 年 11 月	4.351 3	2 043 470.2	3 706.14	1.565 5
2019 年 12 月	4.383 5	2 058 318.6	3 723.42	1.479 1
2020 年 1 月	4.415 6	2 073 212.7	3 740.70	1.393 1

本章小结

　　本章构筑了货币政策利率渠道、汇率渠道、资产价格渠道和信用渠道的实证模型；介绍了各模型中实证数据的选取和指标设计；采用对比法实证检验人民币国际化前后货币政策通过这四条传导途径的效果。本章的主要目的在于实证说明人民币国际化的逆向冲击，给各经济变量和货币政策传导渠道带来的影响。人民币国际化使得利率传导渠道、资产价格传导渠道和信用传导渠道的有效性与独立性都受到一定程度的影响，而汇率传导渠道依然有效，人民币国际化将会使政策当局从重视传统的广义货币传导渠道，转向更重视汇率传导渠道。

　　本章的实证分析也为下一章分析人民币国际化的风险、监管及货币政策转型做了铺垫。

第9章 结论与政策建议

本章我们先对人民币国际化进程及其对货币政策的影响进行总结。在此基础上提出稳步推进人民币国际化、缓和其对货币政策冲击的政策建议。

9.1 主要结论

1. 货币国际化具有四个一般规律

借鉴主要国际货币的国际化经验，我们得出货币国际化具有以下一般规律性：一是货币要实现国际化需要强大的国家综合实力作基础支撑；二是需要强大的贸易规模作为货币国际化的物质支撑；三是需要发达的金融市场作为货币国际化的金融支撑；四是货币政策的自主性和币值稳定是货币国际化的信心支撑。

2. 人民币国际化初期面临诸多障碍

目前国际社会对人民币的接受程度有了很大的提高，但人民币国际化基本上处于结算货币和投资货币的初期，仍然面临着国内经济结构、金融体制、国际货币的历史惯性（在位者优势效应）以及人民币国际化的负面影响等诸多障碍。

3. "市场内生力"和"政策外生力"推动人民币国际化稳步进展

人民币国际化是以民间推动为先导、以周边市场为依托、以区域合作为手段，人民币国际化是市场力量选择(国际分工、规模经济、范围经济、网络外部性以及货币替代等)和政府推动融合的过程，市场力量主导，政府力量辅助。伴随我国国际分工地位的提高、贸易交易规模的扩大、交易网络的扩张，人民币在国际上的地位和影响力提高，其他国家经济体对人民币的需求增加；政府颁布政策措施优化宏观经济环境、扩大对外贸易、发展对外投资、发展上海国际金融中心，为人民币国际化提供制度安排，刺激市场需求。而政策效果——推进人民币国际化进展中暴露出来的问题，又反过来促进政策制度的优化，这种"市场内生力"和"政策外生力"的融合作用，相互促进，不断优化，推动人民币国际化和国际金融中心建设的目标稳步进展。

4. 人民币国际化给我国政策变量和实体变量带来正面影响

（1）提高了我国工业增加值增速

这主要得益于人民币国际化可以使我国一定程度上减少外汇储备，充分利用资金进行投资和购置材料设备等；同时人民币国际化也提升了我国货币地位，吸引更多资本和技术。

（2）助推我国金融市场的成长和发展

在货币国际化环境下，金融资产之间替代转换程度提高，交易成本降低，资产价格对利率变化更为敏感，从而提高了交易效率和速度。从这个意义上说，人民币国际化的演进有利于助推我国金融市场的成长和发展。

5. 人民币国际化对货币金融的负面影响

第一，使货币供应量内生性增强，货币量增加并与实体经济运行存在一定程度脱节，导致资金流动性过剩。第二，利率进一步上升。货币调控不能有效发挥作用，原因是货币供应量 M→利率 R 的传导受到了人民币国际化程度的干扰，可能使得国内的利率不断上升，从而就导致了资金流动性过剩和利率上升并存的现象。第三，易导致人民币升值。第四，通胀压力加大。第五，对股价有负面冲击。

6. 人民币国际化的演进削弱了我国货币政策传导机制和执行效果

第一，货币国际化改变了 IS、CC 和 LM 曲线的形态，因而改变了产品市场、信贷市场和货币市场均衡的状态。由于 IS 和 CC 曲线变陡、LM 曲线变得平缓，因此，降低了货币政策利率渠道和信用渠道的传导效率，也说明利率、货币供应量、信贷作为货币政策中间指标的功能已大大下降。

第二，人民币国际化使货币政策信用渠道传导及其效果变得更加复杂和不确定。因为相对于金融机构的资产负债业务而言，中央银行对金融机构表外业务的控制能力较弱。与人民币国际化伴生的金融制度创新，比如入世和金融项目开放条件下，中央银行对外资银行的控制能力较弱，外资银行的资金主要来自国外金融市场，受利率管制、窗口指导信贷政策等货币政策的约束很小。这必然会缩小货币政策执行的覆盖面，弱化其效果。但是，理论论证的结果表明，由于货币国际化的影响，货币政策通过信用渠道传导的产出效应仍然大于通过利率渠道的产出效应，即信用渠道仍具比较优势。笔者认为，这正是 2003 年以来中国人民银行注重运用准备金政策工具，通过信用渠道调控宏观经济的原因之一。同时，利率渠道偏弱的重要制度约束在于我国长期的利率管制。

第三，人民币国际化使得汇率传导机制在第一阶段短期内更有效，在第二阶段促进经济增长稍有延迟，但调控通货膨胀的作用更强。

第四，人民币国际化也抑制了资产价格传导机制(广义利率机制)的传导和政策效果。资产价格的上升无法有效促进实体经济，因此，在人民币国际化之前该渠道效果就不理想，人民币国际化并未改善反而在一定程度上恶化了此渠道的政策传导。总体而言，人民币国际化将会使传统的广义货币传导渠道转向汇率传导渠道。

虽然欲为人民币国际化的进程设定出严密的、可掌控的实施步骤是不可行的，阻断货币国际化对货币政策的负面冲击属于国际难题；但是我们可以借鉴货币国际化的一般规律，为人民币国际化及其缓和对货币政策的冲击提供基本的制度、政策保障，这就是本章论述的重点。

9.2 巩固人民币国际化的基础

人民币国际化的基础保障是强大的国家综合实力，包括：雄厚的经济实力、有竞争力的对外贸易、发达的金融市场、稳定的币值。巩固人民币国际化的基础，就要做好这几个方面的工作。

9.2.1 深化经济改革，进一步提升国家经济实力

改革开放 40 年来，中国经济突飞猛进，2010 年经济总量世界排名第二，超过日本；根据国家统计局数据显示，2014 年中国成为继美国之后的第二个经济总量超过 10 万亿美元的经济体，稳居世界第二。但是，在前期，我国经济的快速发展主要依靠"低效益、高能耗、高污染"的粗放型增长方式，重视经济增长、轻环境保护，重外需、轻内需，重投资、轻消费，重视第二产业而轻第一、第三产业，导致出现环境污染、内需不足、投资过度等问题，这种经济增长是不可持续的，最终也必将阻碍人民币国际化的脚步。因此，从效益和质量上发展经济，使经济增长可持续，从而成为人民币国际化发展的坚实后盾。

中国经济发展至今，在经济总量快速增长的同时，经济结构失衡的矛盾依然显现，制约了我国经济健康持续发展。经济结构失衡缘于我国市场经济体制不完善、政府职能转变跟不上，因此调整经济结构迫在眉睫。我们要以科学发展观为指引，不断完善市场经济体制，切实转变政府职能，从粗放型经济增长方式转为集约型经济增长方式。从美国、德国等国货币国际化的经验我们可以得出科技是第一生产力的结论。科技革命往往能带来经济实力的快速提升，原因在于科技进步能带动劳动者素质和劳动生产率的提高，从而提高经济增长的质量和效益。要提高劳动者素质，我们还需加大教育投入。与此同时，我们要大力鼓励自主创新，创新能力的强大必然能带来科技实力的提高。为了提高创

新能力，我们需要重视原始创新，加强基础研究和高科技研究的投入，提升企业的竞争力。

9.2.2 提升国际分工的地位，提高对外贸易的竞争力

对外贸易往往是带动一国货币国际化的最直接、最有效的渠道，而一国在国际分工体系中的地位又决定了该国对外贸易的竞争力。我国的对外贸易结构是出口主导，主要出口劳动密集型产品、进口资本密集型产品，因此要提高我国的国际分工的地位，必须做出以下改变：

一是转变我国对外贸易的发展方式。要改变"顺差在中国、利润在欧美"的局面，必须优化产业结构，淘汰"高污染、高能耗、高成本"的产业，大力发展节能环保、高科技产业和服务业，鼓励企业自主创新，提高企业的竞争力。

二是调整出口产品的结构和出口国别的结构，从出口加工贸易产品为主转向出口一般贸易产品、服务贸易产品和高科技产品，同时实施出口国家多元化的战略。我国出口过度依赖欧美市场。一方面增加了中国与欧美的贸易摩擦和争端；另一方面增加了中国经济受欧美市场波动影响而遭受损失的巨大风险。因此，我国要实施进出口多元化市场战略，维持欧美市场的同时，大力发展亚洲和其他地区市场，加强与亚洲和其他地区国家的经贸合作。

三是增加出口产品的科技含量。由于我国自主创新能力不足，导致我国前期出口的产品多是低附加值产品、科技含量不高，出口产品缺乏竞争力，出口企业定价能力低，在对外贸易中缺少话语权。要彻底改变这一局面，还是得继续提高企业自主研发的水平，大力发展新能源、信息技术、高端设备制造等战略性新兴产业；持续支持高科技产业，用高科技改造传统产业，淘汰夕阳产业；发展风险投资和资本市场，促进高新技术产业发展。

9.2.3 深化金融体制改革

货币国际化通常需要发达的金融市场作金融支撑。"发达"具体通过金

融市场的深度和广度来体现。"深度"通过金融市场的交易规模来体现，规模越大，市场越有深度；"广度"主要指市场参与者的类别与数量，类别与数量越多，市场越有广度。因此，我们需要深化金融体制改革，推动金融市场发展。

1. 加快金融体制改革的进程

第3章中分析了目前我国的金融体制仍存在很多问题，制约了人民币成为区域货币甚至是国际货币，因此我们还需加快深化金融体制改革。培育多元化市场主体，构建大企业和中小企业公平竞争的机制。进一步推动利率市场化改革，使利率能真正反映货币市场的供求关系，实现资源的合理配置。学习国际金融业混业经营的模式，提高金融企业的竞争力；同时要完善相应的监管体系，提高金融管理的国际化水平。

2. 完善金融市场

从第3章的分析中我们得知，我国金融市场还存在不少问题：总体规模较小，金融结构失衡，金融创新不足。人民币要实现国际化需要包括资金借贷市场、长期资本市场、期货市场等在内的结构合理、功能齐全的金融市场，特别是债券市场的发展。债券市场能提供巨大的资产池，它的发展直接决定了人民币国际化的成功与否。我国债券市场的发展明显滞后于股票市场，而且长期重视国债、轻企业债，债市融资比重不高，国际化程度也不高，因此我国要着重发展国内债券市场和熊猫债券市场，同时注重香港地区乃至更大范围的人民币债券市场的发展。

3. 提高金融市场的开放度

目前最主要的是循序渐进地推动资本与金融项目的开放，逐步实现从部分可兑换到基本可兑换再到完全可兑换的目标。在开放顺序上按照"先放开资本流入，再放开资本流出；先放开长期资本流动，再放开短期资本流动；先放开直接投资，后放开证券投资；先放开机构投资者，后放开个人投资者；先放开居民国内交易，再放开非居民国内交易；先放开债权类工具，再放开股权类工具和金融衍生品；先放开发行市场，后放开交易市场；先放开有真实背景的交易，后放开无真实背景的交易"（刘克等，2006）。[①] 当然要适时灵活地调整开放顺序，不能拘泥于先后顺序，也可以双管齐下，总体上资本与金融项目的开放要分步骤、分阶段地推进，可以和人民币国际化进程合二为一。

9.2.4 维持本币价值稳定

当某种货币的价值稳定，用其进行交易的成本就低，国际投资者就会倾向于使用该货币，从而这种货币就能扩大发挥计价交易功能的范围，进而用于投资计价结算，德国马克的国际化经验就是很好的例子。币值稳定的内涵包括国内物价稳定和汇率稳定。

1. 保持国内物价稳定

我国从1978年改革开放以来，经济飞速发展，国内的物价也逐步趋于稳定，尤其自2009年以来，CPI波幅越来越小（见图9-1、图9-2）。这不但有利于经济稳定，也增加了人们持有人民币的信心。

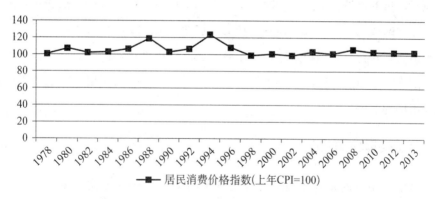

图9-1 1978—2013年居民消费价格指数的波动情况

数据来源：国家统计局网站。

---

① 刘克，王元龙. 关于人民币资本项目可兑换的战略问题[J]. 国际金融研究，2006(3)：43-47.

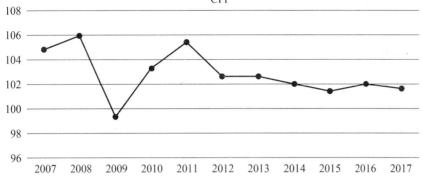

CPI

图 9 - 2　2007—2017 年居民消费价格指数的波动情况

数据来源：国家统计局网站。

2. 维持汇率相对稳定

自 2005 年人民币汇改以来，受国际收支顺差的影响以及人们对汇率的预期，人民币汇率总体上呈现上升的趋势，从 2006 年 1 月 20 日的 8.06 人民币/美元，上升至 2014 年 1 月 14 日的 6.093 人民币/美元，即人民币对美元升值了32.3%。2014 年，中国人民银行扩大人民币汇率浮动幅度至 2%，而人民币的汇率也趋于稳定（见图 9 - 3）。为了维持人民币汇率的稳定，一方面我们要健全外汇市场，使人民币汇率更有弹性；另一方面要以国际收支平衡为目标，并实

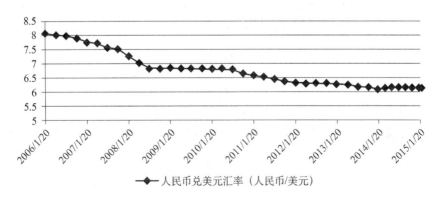

──◆── 人民币兑美元汇率（人民币/美元）

图 9 - 3　2006—2015 年人民币兑美元的汇率走势图

数据来源：根据中国人民银行网站公布数据整理所得。

施稳健的货币政策，维持国际上对人民币价值的信心。

9.3 完善人民币跨境流通循环机制

人民币要实现国际化，就要建立合理、有效的人民币境外投放和回流机制，使人民币能够走出去、留在境外、回得来，我们可以按照人民币国际化的进程，分阶段、有步骤、有重点地采取一系列政策措施完善人民币跨境流通循环机制。

9.3.1 人民币流出机制的建设

人民币的流出渠道主要包括境外消费、进口贸易支付、对外直接投资和货币互换等。在短期，人民币主要通过金融渠道和政府往来渠道流出，通过实体经济渠道流入；而在中国经济发展方式完全转型后，即中长期人民币就会逐步转变为实体经济渠道流出、金融渠道回流的方式，中国也会成为外国的债务国和消费者，这也是美元等货币国际化成功的经验。

首先，在人民币国际化的初级阶段，资本项目还未完全放开、国内经常项目顺差的局面短期内无法改变。一方面，我们可以拓宽人民币输出的金融渠道，包括：(1)通过国内银行或其海外分支行向境外经济主体提供人民币贷款，从短期贸易贷款开始，含买方信贷和卖方信贷等，逐步发展到一般性的中长期贷款；(2)增加 QDII 中人民币资产可以投资的内容。另一方面，在实体经济中应该增加人民币在境外直接投资中的使用。中国已经成为资本较丰富的国家，需要创造条件让资本"走出去"。从政府自身的角度，应该加强与东道主国家的沟通协调，允许人民币直接兑换成当地货币进行投资。从投资主体的角度，应该借鉴国际经验逐步开展个人境外直接投资，带动人民币"走出去"。从投资地域的角度，应该拓宽人民币的投资范围。受金融危机的影响，很多国家经济复苏和增长存在资金缺口，我国应该抓住这个机会，直接投资从东盟重点地区扩展到非洲、南美洲等发展中国家以及美国等发达经济体。从投资方式的角度，应该增加人民币境外投资方式，比如可以采用人民币境外并购重组等。

其次，在人民币国际化的中级阶段，继续拓宽人民币的输出渠道。一是要提高人民币在跨境贸易中的结算比重。最根本的还是调整对外贸易结构，进行产业和贸易升级，增加企业和产品的竞争力，提高我国在国际分工体系中的地位，从而提高我国企业决定结算货币的话语权。二是大力发展国内债券市场，鼓励海外机构和企业到境内发行"熊猫债券"，筹集人民币资金。三是完善"沪港通"制度，不断积累经验。

再次，在人民币国际化的高级阶段，人民币逐步实现可兑换，要健全人民币流出机制。一是扩大RQDII的额度，拓宽境内投资者资金配置渠道，促进境外人民币产品创新，扩大境外人民币资金池；二是在"沪港通"、"深港通"的基础上，探索并完善"沪新通"、"沪伦通"等，逐步扩大境内投资者投资境外证券市场的范围；三是视市场发展情况，允许更多境外金融机构和企业到中国进行融资，从而使人民币资金走出去。

从政府直接作为的角度，就目前的阶段，可以采取如下的措施：一是继续加强货币合作，逐步扩大货币互换的额度、国别范围，延长互换期限；二是在全球范围内铺设人民币清算网络，保障跨境交易的服务，扩大人民币资金池；三是尽快消除外汇核销、出口退税等技术性障碍，促进人民币跨境贸易和投资结算；四是采取税收优惠措施，鼓励企业到海外设立分支机构，并鼓励银行拓展跨境金融服务，更好地提供境外人民币服务。

9.3.2　人民币回流机制的建设

目前，人民币主要是通过贸易渠道回流，境外人民币持有者通过投资人民币资产获取收益的需求不能得到满足，就有可能放弃持有人民币，这样就削弱了本币国际化的市场需求基础。因此，我们需要根据本币国际化的进程，分阶段、有重点地建立人民币回流的长效机制来加强本币国际化的市场基础。当前，人民币回流的渠道主要有：跨境贸易结算入境、旅游渠道、人民币FDI渠道、内地债券市场回流、人民币离岸债券、RQFII渠道、跨境贷款等，主要可以概括为实体经济渠道和金融渠道。

在人民币国际化的初级阶段，人民币回流主要是通过贸易出口和人民币FDI渠道。在贸易出口中结算货币的选择，取决于贸易双方的地位、进口方持有人民币的规模和政策的限制。根据我国的现实情况，一方面，我国要继续扩大和周边国家及东南亚地区使用人民币进行贸易结算的规模；另一方面，政府要加强与其他贸易国的协商，使其鼓励本地企业从中国进口时使用人民币进行支付。人民币 FDI 是指境外投资者用其持有的人民币资产直接投资于境内实体经济。为了继续扩大人民币 FDI 的规模，还需作出一系列政策调整：简化外资审批的手续，确立人民币 FDI 的管理框架，同时加强账户开立、收支申报等环节的监管。对于境外个人持有的人民币，鼓励其来中国进行旅游和消费，使人民币有序地回流境内。

在人民币国际化的中级阶段，境外人民币的存量越来越大，境外人民币持有者对人民币的投资需求会越来越旺盛，而债券市场是容量巨大的资金池，因此这个阶段的重点是大力发展内地债券市场和人民币离岸债券市场。2010 年 8 月，我国允许境外三类机构用人民币投资境内银行间债券市场，我们可以按照风险管理和循序渐进的原则，适度扩大机构投资主体的范围、投资额度以及投资期限。人民币离岸债券的发行是从 2007 年开始的，进展一直较缓慢，近几年随着资本与金融项目开放的进程加速，人民币离岸债券市场也进入正式启动阶段。在这个阶段，关键是在全球范围内建立人民币离岸市场的网络，扩大债券的发行规模，允许更多的机构主体发债，丰富债券产品和业务结构，待市场较成熟的时候，启动债券二级市场的建设，提升人民币债券市场的深度和广度。通过债券市场带动人民币离岸资产业务范围的扩大，包括发行人民币计价股票和金融衍生品，同时推进资本与金融项目的开放。

在人民币国际化的高级阶段，资本与金融项目实现可兑换，人民币回流主要通过金融渠道，因此重点是发展 RQFII 业务、跨境人民币贷款以及其他金融工具。一是继续扩大 RQFII 的国别范围及额度，逐步拓宽境外合格机构投资者用人民币投资境内资本市场的渠道；二是可以考虑和香港特别行政区金融管理局合作，设立香港人民币存款的法定准备金制度，鼓励香港银行对投资于境内的企业发放人民币贷款的业务，并逐步拓宽贷款对象的范围，同时可以考虑邀请非洲、美洲等与中国有密切合作关系的国家及地区的跨国机构设立分支机构于中国香港，这样有利于解决中国香港对其他地区企业的信用状况不熟悉的问题，扩大人民币贷款的范围；三是在新加坡、中国香港等金融中心设立人民币基金，允许其投资境内经济建设，还应该放开境外银行间人民币拆借，使人民币在境外也具有易得性，方便境外使用人民币。

总体上来讲，随着资本与金融项目逐步开放，利率、汇率也逐步实现市场化，人民币跨境流通机制逐步完善。到人民币国际化的中高级阶段，通过金融创新和制度改革，人民币跨境流通的渠道越来越多，人民币金融产品和业务趋于多样化，市场参与主体趋于多元化，人民币跨境流通的成本降低，促进人民币跨境流通，形成人民币"走出去再流回来"的良性循环(见图9-4)(任书丹，2013)。

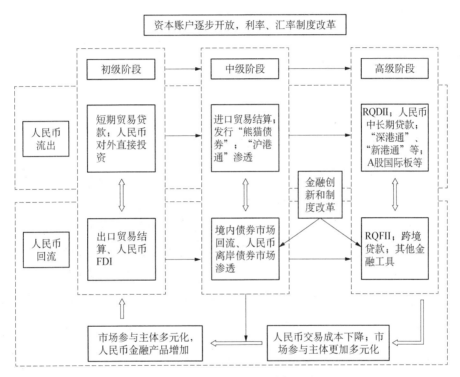

图9-4　人民币跨境流通循环机制

9.4　打造人民币国际化的金融平台

人民币实现国际化需要高度发达的金融市场作支撑，包括国内金融市场、人民币离岸金融市场和在岸金融市场。因此，在我国进行深度金融改革的同时，利用好上海和香港各自的优势，并处理好两者之间的关系，促进"内外互动"，在共同推进人民币国际化的过程中实现自身的发展。

9.4.1 打造上海在岸国际金融中心

2009 年国家确定了将上海建设成国际金融中心的总体目标：到 2020 年，基本建成与我国经济实力以及人民币国际化地位相适应的国际金融中心。[①] 通过前面的分析，上海国际金融中心的建设与人民币国际化是相互促进的，因此，可以通过加快上海国际金融中心的建设来推动人民币国际化的进程，具体可以从五个方面来推进。

1. 完善金融市场

第一，要协调好各个市场的发展关系，使整个大市场能够协调、平稳地发展。第二，上海要建成国际金融中心，就需要有足够的力量应对国际金融市场的影响和冲击，这股力量来自巨大的资金池，而债券市场就是这个资金池的主要组成部分。我国债券市场的发展严重滞后于股票市场，为此需要优化债券品种结构和期限结构，扩大债券的发行规模，尝试联通交易所债券市场和柜台债券市场，并推动二级子市场的建设。第三，要规范并丰富市场投资主体，积极发展社保基金、企业年金、证券投资基金等各类机构投资者，并积极引进海外金融机构参与上海金融市场的建设。第四，逐步解决一些制度性障碍，重点是资本与金融账户的开放，利率和汇率的放开问题。通过完善金融市场，逐步使上海成为人民币跨境投融资平台(方显仓，2011)。

2. 健全金融机构

一要大力发展除银行以外的金融机构，健全金融市场组织体系。二要大力发展银行业金融机构，吸引国内外银行来上海设立总行，推动国内银行向综合

[①] 中央政府门户网站. 国务院关于推进上海加快发展现代服务业和先进制造业建设国际金融中心和国际航运中心的意见[EB/OL]. (2009 - 04 - 29). [2018 - 05 - 09]. http：//www. gov. cn/zwgk/2009-04/29/content_1299428. htm.

经营的方向发展，提高国内银行的竞争力。三要鼓励各类创新型企业的发展，从试点开始。四要提高金融业的国际化程度，可以率先让合资基金公司等扩大业务范围。

3. 创新金融业务和金融工具，丰富在岸人民币金融产品

根据信息流金融中心理论(高印朝、姚洪心，2007)，伴随当今社会通信、电子等信息水平的发展，以及金融全球化、自由化的推进，国际金融业的竞争会趋向于金融创新的竞争。上海要建设成国际金融中心，金融创新是其不竭的动力。针对当前上海金融业务的发展情况，一方面要鼓励银行、证券、保险、信托等机构创新金融业务，积极发展离岸金融、券商直接投资、私人银行、信托租赁等业务。另一方面，积极开发债券品种，比如外币债券、项目收益债券、资产支持债券等，创新股票指数、汇率、期货、期权、利率等金融衍生品品种；同时，在岸市场必须加快人民币计价产品的推出。目前内地金融期货市场只有利率期货和股指期货产品，分别是沪深 300 股指期货(IF)、上证 50 股指期货(IH)、中证 500 股指期货(IC)、5 年期国债期货(TF)和 10 年期国债期货(T)，而无汇率类期货产品。当前我国对外贸易对象广泛，与美国、欧盟的贸易紧密；所以我们面临双重汇率风险，既有人民币汇率风险，也有欧元对美元的汇率风险。当下欧元对美元期货是国际上成熟的外汇期货品种，我们应当抓住人民币汇率市场化改革、人民币资本与金融项目可兑换进程加快及上海自贸区的三大机遇，适时引进这些期货产品，最终建立起权益类、利率类、外汇类三大完整的产品体系。

4. 完善金融基础设施的建设，提升金融服务水平

发达的金融中心往往需要一流的金融服务水平相匹配。为此，首先，要跟随金融电子化的国际趋势，大力发展电子交易，联通各类交易系统和金融信息系统，提高交易效率，降低交易成本。其次，要完善金融基础设施的建设，提高金融市场的服务质量和效率。针对人民币国际化，可以在上海建立人民币清算结算系统。最后，要有序地规范金融中介的服务，大力发展各类服务中介机构，加强监管和自律(方显仓，2012)。

5. 改善金融发展的环境

一要加强金融法治建设，健全金融法律制度，建立高效、廉洁的金融监管机构，完善金融执法体系。二要建立激励措施，吸引金融人才，设立基金奖励金融创新。三要优化税收制度，形成有竞争力的税制。四要建立有效的信息披露制度，完善征信系统的建设，及时更新并维护企业和个人的信用数据。五要创造良好的国际金融环境，积极开展经济与金融方面的国际合作。

9.4.2 大力发展自贸区离岸金融市场，打造上海人民币产品中心

境内资本市场易受到境外资金影响，表面上看，减少影响的最直接方法便是阻拦住外来资本流入，但这显然是违背市场化原则的。另一个方法便是丰富离岸市场的人民币产品，使得境外人民币资金有可投资的渠道，能有效地回避风险，就会减少对境内资本市场的冲击。

1. 丰富离岸人民币金融产品

根据范围经济理论，企业通过扩大经营范围，增加产品种类，生产两种或两种以上的产品可引起单位成本降低。这种多元化经营战略，同样可以运用到货币市场。上海(自贸区)要发展人民币离岸中心，必须建立自己的离岸人民币循环机制，这要求必须丰富人民币计价产品，拓宽人民币的使用范围，以吸引更多海外投资者。具体措施包括(以自贸区离岸为例)着重发展对实业支持性金融业务。离岸产品的创新应当立足于跨国企业，加强对境内外产品的协同和整合，有效连接境内外市场，满足市场主体的需求，为客户集中管理境内外资产提供便利，提高资本的流动性。

第一，大力发展离岸银行业务。(1)建立一个人民币银团贷款集团，满足离岸市场上对离岸货币的巨大需求。(2)在贸易支持方面，支持自贸区内银行发展跨境融资业务，为客户提供背对背信用证，能够提供服务于贸易系统的远期产品。包括大宗商品贸易融资、全供应链贸易融资、离岸船舶融资、外保内贷、商业票据等。(3)支持区内银行发展跨境投资业务，包括跨境并购贷款和

项目贷款、内保外贷、跨境资产管理和财富管理业务、房地产信托投资基金等。④在贸易结算方面，及时对接跨境人民币结算，发展离岸保函担保、联动保险等业务。

第二，积极培育离岸保险市场。经过近20年的发展，离岸再保险已经发展成为全球再保险市场的重要组成部分。上海自贸区的建设为建设离岸再保险创造了有利的政策条件。具体金融产品发展措施包括：支持再保险机构以自贸区的航运金融为依托，加大保险产品的创新力度；应大力扶持国际专业再保险机构在自贸区落户发展；应进一步开放保险资金进行境外投资的渠道和放宽投资限制。

第三，开发自贸区离岸人民币证券产品。①大力发展离岸人民币债券市场。鼓励区内企业、境外企业发行人民币国际债券。香港"点心债"市场显示出强大的市场需求，但是上海在离岸债券的发行上更具优势，所以在人民币国际化背景下，上海离岸中心的主攻方向应该是人民币债券市场。继续扩大离岸人民币债券的规模和品种，即发行多种形式满足不同融资需求的债券产品。相对于境内债券发行，离岸人民币债券在监管方面的限制要少很多，所以能够创造巨大的人民币流量，可以较好地促进人民币流出与回流机制的完善。在具备初步规模之后应适度涉及世界其他国家的金融产品和衍生品，扩大上海离岸金融中心的辐射区域。②鼓励在上海的离岸市场发行人民币计价股票，推出A股指数类产品和人民币ETF，开展人民币计价大宗商品期货等。

第四，加强人民币产品的金融创新程度。在开始阶段，可以先从离岸外币的交易、衍生品交易开始。例如，可以直接引进CME外币的(汇率、利率)掉期、期货、期权。随着汇率市场化及外汇市场改革的深化，再推出人民币同类衍生品等，以满足国际贸易、投资的需求。金融衍生品市场的杠杆风险需要结合监管机构、市场机构的力量进行化解。

第五，大力发展跨境融资租赁业务。降低准入门槛，实行税收优惠，扩大区内融资租赁的业务经营范围，鼓励开展特色融资租赁业务。

第六，在客户理财方面，为高净值客户提供专业的离岸产品；在电子化交易方面，为客户提供移动端的离岸信息查询等。

2. 人民币离岸市场参与者需要多元化

目前市场参与者主要是在我国境内注册的企业和银行，如与跨境贸易相关的进出口企业、境外代理行、境外清算行等，但其他国际金融机构的参与程度较低，有待提高。需进一步提高对保险、证券、基金、信托、金融咨询等机构的吸引力，放松资金进入离岸再保险市场的限制；应出台各种措施吸引保险业人才落户自贸区。

一是发行主体的多元化，当前境外（主要是在中国香港）发行人民币债券的主体主要是大型国有商业银行，这将会直接限制境外人民币回流的总量，应制定境外（包括上海离岸区域）发行人民币的资质条件，加强牌照管理，增加一些达到资质要求的中外资中小银行进入自贸区发展，参与到发行境外人民币债券的队伍中，支持民间资本进入区内银行业，同时简化准入方式；二是发行对象的多元化，要借助在港发行人民币债券的经验，不断增加发行对象，尤其是可在人民币接受程度较高的东南亚国家，尝试发行人民币债券，从而大大提高人民币回流的总量，可直接提高人民币国际化程度；三是债券发行种类的多元化。

9.4.3 发展香港离岸人民币金融中心

香港和内地一直保持着紧密的经贸关系，又由于香港国际金融中心的地位，中国内地很多金融改革开放的措施在香港先行先试，把香港建设成人民币离岸金融中心有利于提高境外人民币流通效率，减少人民币国际化的政策成本，提高人民币的国际地位。

2003 年，中国人民银行允许香港特别行政区的银行试点开展个人人民币业务，之后一系列政策的支持推动了香港离岸人民币市场迅速发展。截至 2014 年底，香港特别行政区的人民币存款超过 1 万亿元；2014 年香港特别行政区共发行了 1 960 亿元人民币的相关产品。① 香港特别行政区已经成为人民币离岸市

---

① 数据来源：凌云峰. 海外离岸市场两万亿人民币在流通[Z/OL]. 东方财富网（外汇要闻），（2015 - 01 - 20）. [2018 - 07 - 09]. http：//forex. eastmoney. com/news/1129, 20150120469725134. html.

场的重要基地，但是距离成为人民币离岸金融中心还有一定的距离。

目前，重点任务是要活跃人民币离岸金融市场，提高人民币的流动性，为此提出以下几点政策建议：

1. 要加速发展人民币离岸债券市场

因为债券市场是容量巨大的资金池，可以为投资者提供有效的投资及对冲利率风险的工具，通过债券市场的发展，带动其他人民币离岸资产业务的拓展，包括以人民币计价的股票和金融衍生品等。为此，一方面要构建有效的信用评级机制和相应的信用评级机构，保护投资者利益和市场的规范运行；二要在债券市场推出更多长期融资工具，允许国际金融机构参与。

2. 拓展人民币跨境的渠道以增加人民币的流动性

一是继续扩大货币互换的额度，延长互换的期限，增加其他经济体持有人民币的规模；二是鼓励境内银行和香港特别行政区的银行开展人民币贷款业务，包括贸易信贷和投资信贷；三是根据市场发展的情况，逐步允许境内外银行参与货币市场和同业拆借市场的业务；四是视市场发展的情况，逐步扩大可参与境内银行间债券市场的境外机构的范围；五是逐步扩大 RQFII 和 RQDII 的额度，使更多机构投资者使用人民币进行证券投资；六是加强和香港特别行政区政府的协商与合作，使其允许使用人民币进行对外援助和海外并购；七是允许在香港发行股票、债券、期货等获得的人民币资金通过 FDI 或其他符合规定的渠道回流境内以获得较高的收益；八是在香港组建人民币基金，允许其投资内地实体经济等。

3. 构建安全高效的离岸人民币支付清算系统

目前，人民币离岸业务支付清算是通过代理行模式进行的，未来随着人民币国际化的逐渐深入和离岸人民币市场的蓬勃发展，代理行模式的缺陷逐渐暴露出来，比如支付信息安全不能保障、监管层面存在重大漏洞、存在结算风险等，因此人民币离岸市场客观要求尽快建立高效的离岸人民币清算系统。可以参考美国 CHIPS 系统来建立人民币离岸清算系统(见表 9-1)。①

表 9-1　拟建立的离岸人民币清算系统

结算方式	净额结算
组织形式	以商业模式操作,以中国境内的大银行和若干国际大银行为股东,股东个数限制在 10 个左右,成员控制在 50—100 个
运营模式	直接使用跨境人民币支付系统进行人民币支付和清算。在全球发展人民币跨境结算支付系统(IPSR)的成员银行,负责全球其他金融机构的人民币跨境支付,当前的代理行都可以成为其成员银行
主要特点和机制安排	①能够实现跨境支付中中文和英文双语言自动转换,消除支付系统的语言障碍;②争取 24 小时运行,为全球主要金融中心(包括中国香港、伦敦、新加坡等)的人民币支付与结算提供及时的服务;③与国际上其他主要货币清算系统通过跨货币同步交收的方式连接;④从其他完善的外汇清算系统引入高效率的算法系统,降低跨境人民币支付的成本

根据中国香港发展人民币离岸市场的经验,我们还可以通过在全球范围内建立人民币清算安排,在欧洲、非洲等地发展人民币离岸市场。当人民币离岸市场逐渐成熟,人民币形成有规模的交易市场,境外大量进出口企业会选择人民币进行计价结算,人民币境外交易的规模经济和网络外部性就逐步显现,通过自我强化效应,进一步促进人民币金融产品创新和人民币境内外流通的良性循环。在成熟阶段,离岸人民币交易市场的资金规模会很大,这些资金一部分来源于人民币贸易结算,还有一部分来自中国人民银行和其他国家达成的货币互换安排。在这个过程中,人民币会逐步在贸易结算、金融投资以及国际储备中发挥货币的职能。

9.4.4　协调好人民币在岸市场和离岸市场的关系

香港和上海各有各的优势。香港可以建成人民币离岸金融中心;上海首先须发展成国际金融中心,在此基础上打造人民币离岸产品中心。两者在实现各

---

① 中国人民大学国际货币研究所. 人民币国际化报告 2014[R]. 北京:中国人民大学出版社,2014:192-194.

自目标的过程中，既存在合作，又存在竞争，两者的关系见图9-5。^① 在人民币国际化的进程中，要处理好香港和上海的关系，做好分工与合作。

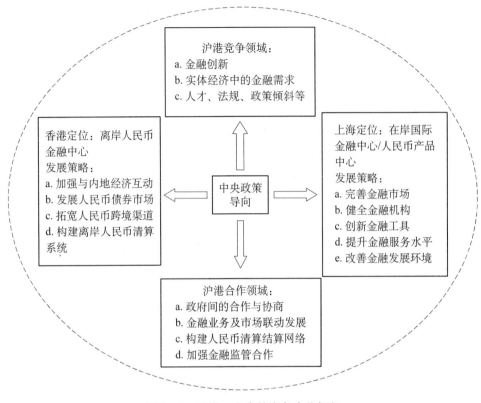

图9-5　香港、上海的竞争合作框架

1. 明确两者的市场定位，发挥各自优势

上海最初的定位是成为中国内地的金融中心，也一直是金融改革和政策的试验田。现在的发展定位是成为国际金融中心，包括上海离岸金融中心的建设，主要目的是有序地引入国外资本进入国内金融市场，发展本国经济。由于上海主要以人民币交易，当人民币成为国际货币，上海有望成为人民币金融产品定价中心。而香港的市场定位是成为人民币离岸金融中心。在内地资本项目

---

① 参考：顾仁俊．建立人民币上海离岸中心的动力机制和政策选择［D］．上海：华东师范大学，2014：67-71.

还未完全放开的情况下，香港是人民币走向国际化的"桥头堡"，应该利用好自身国际金融市场的营运机制和制度体系，在加强与内地经济互动的同时提高在全球金融中心中的地位。

2. 把握好两者的发展节奏和秩序

上海发展成国际金融中心还存在较多体制性障碍：资本金融项目还未实现完全可兑换，利率未完全市场化，汇率机制有待完善等。因此，优先发展香港人民币离岸市场是理性的选择。香港作为国际金融中心，具有抵御风险能力强等优势，通过香港人民币离岸市场的建设，有利于促进内地各项改革的进行，逐步解决上海国际金融中心的体制问题。

3. 加强香港与上海的合作

香港是人民币国际化项目的重要试验地，上海可以向香港学习金融市场建设的经验，香港也可以通过与上海的合作扩大其市场规模。第一，加强合作协商，为两地市场发展提供政策支持。第二，两者应该在金融合作的框架下，互促互进，推进金融业务和金融市场的联动发展，比如"沪港通"制度的建立，对两地的投资者和市场都是有利的。第三，合作构建人民币清算结算网络，为人民币的跨境业务提供服务。第四，在金融合作的同时，还应该加强两地金融监管机构的合作和协调，共同抵御潜在的金融风险。

9.5 防范人民币国际化的风险

9.5.1 人民币国际化的主要风险

1. 货币政策的独立性难以维持

随着本币国际化程度的加深，人民币流入、流出的规模和频率难以监测。

这在第 3 章中已有分析，我国的货币供应量要考虑国内因素和国际因素，能够创造货币的不仅仅是国内银行，还有庞大的境外银行体系和离岸金融市场。我们知道，离岸市场会扩大货币乘数，增加货币供应量，离岸市场的人民币存款量与证券市场流通市值呈正相关。证券市场是货币政策传导机制中的重要环节，央行通过影响货币供应量和利率，继而影响证券市场成交量和价格，影响筹资额和投资额，最终作用于实体经济。人民币离岸市场发展，对在岸市场货币供给管理带来了不利的影响。在离岸市场上创造的货币，加大了央行对货币供给的控制与监控负担。离岸市场的加入，会令传导机制复杂化，可能造成货币供应量不符合实体经济的需求，削弱货币政策的有效性和稳定性；更易引发通货膨胀，影响经济增长。因此我国货币政策的调控难度大大增加。

根据"三元悖论"，当人民币逐步实现国际化，资本与金融项目必然逐步放开，资本可以自由流动，那么人民币汇率稳定和货币政策的独立性就不可能同时实现了。而人民币汇率不能波动太大，以免国际上对人民币丧失信心，因此货币政策的独立性很难维持。

2. 国内市场受国际大规模资金冲击形成三类风险

人民币实现国际化，中国的金融市场将彻底和世界接轨，届时将会有大规模的资金流入、流出，金融监管的难度加大，无法监管到全部金融交易活动，当然也不能监管到所有金融机构。随着人民币资本与金融项目越来越开放，跨境活动中人民币的结算额会越来越大，人民币境外存量规模快速上升，资本套利、套汇、洗钱等活动将会越来越频繁，这必然形成巨大的对国内银行体系的冲击、对外汇市场的冲击和对资本市场的冲击的风险，我们把这三类风险分别称为银行体系风险、外汇市场风险和资产泡沫风险。理论与实证分析表明：人民币国际化进程中随着资本金融账户开放，会引起我国外汇市场风险、银行体系风险和资产泡沫风险显著提高；长期来看受影响最大的是资本市场（股票、房地产市场等），其次是银行体系和信贷市场，外汇市场受影响最小；人民币国际化和金融账户开放影响的传导，最迅速的是银行体系，最持久的是资本市场（方显仓、孙琦，2015）。

3. 受其他国际货币挤压的风险

本书第 3 章曾提到，在位国际货币具有历史惯性。首先，市场交易主体转换使用新国际货币会产生转换成本，只有当使用新货币的成本更低时，人们才会选择转换成新货币；其次，在位货币已经形成一定的交易网络和网络外部性，新货币与其竞争需要付出高昂的成本；最后，为了保住本币在国际上的地位，在位国际货币会对新货币进行打压，美元打压欧元、日元国际化就是例证。人民币实现国际化就会占据其他国际货币的市场空间，对其他国际货币形成一定的威胁，因此近年来人民币被迫不断升值。

4. 货币国际化逆转[①]的风险

日元国际化的后期，由于国内经济泡沫破灭导致日本经济出现严重的衰退，日元大幅度贬值，日元国际化的进程出现严重倒退，日本经济至今还没恢复当时的辉煌，日元国际化也基本局限于亚洲。一旦出现货币国际化逆转，再通过经济重建恢复市场信心将很困难。人民币国际化也要注意逆转风险的威胁：我国经济体制还存在较多问题，消费、投资和出口等各种结构性矛盾交织，较易引起经济动荡；我国金融市场还比较脆弱，金融调控不到位，易受国际资本冲击引起人民币币值剧烈波动。一旦这些问题出现，人民币国际化很可能逆转。

9.5.2 防范风险的主要措施

1. 加强国际货币政策与汇率政策协调

一旦发生大的外生冲击，会对货币国际化国家及其关联国产生深远影响。比如 2007 年爆发的美国次贷危机，其蔓延及影响就很深重。美国、欧洲、日本、中国等经济大国或地区的政府频频出手，发行大手笔货币或救助资金试图减小或者消灭金融市场的波动。这一定程度上体现了各国货币政策协调的加

---

① 李华民. 铸币税区域扩展与人民币国际化[J]. 南方金融，2002(8)：19-20.

强。为防止此类影响，中国必须联合国际社会，建设与完善国际货币政策和汇率政策有效协调机制。在发生严重外部冲击的条件下，各国更好的措施是进行国际货币政策和汇率政策的协调，而不是追求各自的"理性经济人"市场原教旨主义下的"古诺利益"均衡。理论分析证明了以下结论(方显仓，2011)：

(1) 对货币国际化国家(作为领头国)而言，当存在对称性负面冲击时，固定汇率制度安排使斯塔克尔伯格(Stackelberg)合作博弈均衡时，其货币量减少幅度最小；而浮动汇率下斯塔克尔伯格解中的货币量减少更多，浮动汇率下古诺解中其货币供应量的减少幅度最多。同时，固定汇率制度安排使斯塔克尔伯格博弈均衡时货币国际化的领头国的损失，小于浮动汇率下斯塔克尔伯格博弈解中的损失，更小于浮动汇率下古诺博弈解中的该国损失。

(2) 对于国际化货币的追随国：固定汇率制度安排使斯塔克尔伯格博弈均衡时，其货币供应的减少幅度小于浮动汇率下斯塔克尔伯格解，也小于浮动汇率下古诺解。同时，当存在对称冲击时，固定汇率制度安排使斯塔克尔伯格博弈均衡时追随国的损失 L_{fx}^{*S} 最小，$L_{fx}^{*S} < L_{fx}^{*N} < L^{*S} < L^{*N}$。即：$L_{fx}^{*S}$ 小于固定汇率制下古诺解中的损失 L_{fx}^{*N}，L_{fx}^{*N} 小于浮动汇率下斯塔克尔伯格博弈解中的损失(L^{*S})，L^{*S} 又小于浮动汇率下古诺博弈解中的损失(L^{*N})。可见合作博弈时追随国的效用水平最高。

上述理论分析证明，对于整个世界经济，合作博弈能增强抵御外部冲击的能力。各国不应只关注自身的眼前利益，而应联合起来增加货币信贷供给，至少不减少本国的货币，才能使包括自己在内的世界经济走出低谷。同时，应该在汇率政策方面进行一定程度的合作与协调。尽管汇率制度的发展趋势是浮动汇率制，但是当若干经济体共同面临来势汹汹的逆向冲击的洪流时，各国政府应适时发挥"看得见的手"功能，坚持联合维持汇率的稳定，而非任由汇率"自由浮动"。这样可以一定程度上提高经济社会的福利(效用)。中国政府2005年7月以来的汇率改革，虽然浮动范围扩大了，但是汇率的变化依然很平稳，作出了一个正走向货币国际化的经济大国对世界经济的重大贡献。

2. 重点加强人民币离岸金融市场的监管

一要建立专门的人民币离岸市场的金融监管机构，负责经营性业务许可和执法活动，维持金融秩序。同时，监管机构可以设置贪污调查部门，发现、遏制和防止贪污受贿行为，保持金融监管机构的廉洁高效。二要实行市场准入监管，对进入离岸市场的金融机构类型、规模和层次进行限定，通过颁发不同牌照对各类企业和金融业务进行管理。三要对离岸金融市场的业务范围、交易对象、资本金、交易货币等经营相关问题制定相应法律制度进行管理。四要进行退出机制监管，包括危机预警机制、存款保险制度和最后贷款人制度。五要加强与境外人民币离岸市场清算机构的协作。

3. 建立适应人民币国际化的国际收支管理制度

一要完善汇率形成制度，减少对外汇市场的干预。二要建立并完善资本管理体系。随着人民币国际化的推进，资本项目的开放加速，有必要建立对应的资本管理体系，使资本有序地流入、流出。三要制定人民币账户制度，把人民币一般账户和外汇账户区分开来，交易者使用境外的人民币必须通过人民币外汇账户，防止大规模境外人民币流入造成对国内经济的冲击。

4. 进一步加强并改善宏观调控

我国需要加强财政政策与货币政策的配合，完善货币政策调控机制模式，畅通货币政策的传导渠道，提高金融市场的运行效率，也进一步提高货币政策的有效性。我们需要时刻记住日元国际化进程中出现逆转的教训，提高我国宏观调控的水平和效率。宏观调控到位了，也能及时解决经济中存在的某些风险，从而维持我国经济社会稳定，为人民币国际化创造良好的宏观经济环境，维持人民币汇率的稳定。

9.6 完善货币政策调控模式

根据人民币国际化给我国货币政策所带来冲击的理论和实证分析，我们发现，制定货币政策应充分考虑人民币国际化的影响因素。故可以为货币政策制定者和实施者提出以下政策建议。

9.6.1 传统数量型货币调控模式向价格型货币调控模式转变

1. 重视价格型货币政策调控机制

人民币国际化一定程度上会削弱货币政策调控机制，数量型调控模式尤甚。因此不能再仅仅依靠传统的货币数量传导机制和调控模式（如信贷渠道），而是要更重视价格型货币调控，比如利率渠道和汇率渠道传导。虽然理论和实证表明我国货币政策的利率渠道可能受到人民币国际化的负面冲击，但相关分析受到实证数据取自较为严格的利率管制时期的限制。在我国全面放开利率管制后，货币政策利率渠道（包括狭义、广义利率渠道）效果如何尚需时间检验。

2. 增强公开市场操作灵活性，更重视汇率渠道的政策传导机制

由于人民币国际化后，我国货币政策汇率传导渠道日益重要，因此，要增加调控汇率机制的货币政策工具的使用，尤其要增加公开市场操作工具的使用。公开市场操作的优势在于，一方面可以弥补人民币国际化引起的货币调控失灵，另一方面可提供更具针对性的冲销。当应对长期资本流入时，可以通过公开市场操作进行长期债券回购，回收流动性；当短期资本流入时，可以进行短期债券回购。

3. 保持汇率长期稳定和短期小幅波动相结合的汇率政策模式

在人民币国际化初期，人民币会因其国际地位的提高而升值，但随着人民币国际化的不断推进，要求人民币汇率在长期内保持稳定。因此，保持汇率长期稳定和短期小幅波动相结合的汇率政策模式很有必要。长期稳定的汇率并不是指汇率的固定不变，而是在一定的币值区间内的稳定汇率，稳定的币值区间要求是在市场供求关系均衡下所形成的，而不是指恒久不变的币值僵化。汇率僵化就会导致人民币的持续高估或者低估。人民币持续高估会使我国出口竞争力下降，出现贸易逆差，国内房地产市场和股票市场会存在泡沫，一旦以暴跌

的形式来纠正高估的汇率就会导致资产价格泡沫破裂，同时会增加我国对外债务的负担。相反，如果人民币持续低估，会影响国际对于我国货币的信心，影响人民币国际化进程，同时也会使国内通胀现象加剧；持续的低估还会产生对升值的预期，从而使热钱大量涌入。防止人民币汇率僵化就要求汇率制度能够允许汇率根据市场供求关系，以短期波动的方式调整到均衡汇率，并在长期内维持在这一均衡的汇率上，以保障所持有人民币的价值稳定。

9.6.2 保持我国国内货币供给量的稳定

虽然增加货币供给量可以提高人民币的流动性，满足各方对人民币的需求，但是一国货币供给量的增速应该与其综合国力和国际地位相匹配。人民币国际化仍处于较为初级的阶段，目前我们要做好的是维持我国国内货币供应量的稳定态势。这一方面符合我国的综合国力，使货币市场和商品市场同步；另一方面也能增强我国货币政策在货币调控上的及时调整和反应，从而及时准确地应对人民币国际化所导致的资本的"大出大进"和货币替代等现象。同时货币供应量稳定还有助于减缓我国的通胀压力，实现物价稳定。因此：

（1）中国人民银行在投放基础货币之时或之前，应当准确计算出货币乘数。此时，整个银行体系，包括境内与境外都应在考虑范围内，能分别计算出在岸和离岸市场的货币创造能力，把握总的人民币市场。

（2）应将离岸市场的影响因素加入到货币政策测算和监控范围内。加强监管合作，也可以联合国际清算银行，掌握其他人民币离岸市场的资金情况。我国政府可以借鉴美联储的经验，运用准备金制度管理境外人民币市场的净资金，以避免人民币离岸市场净资金流入导致的国内信贷扩张。对经营人民币离岸业务的银行颁发牌照，针对这些银行从境外分支机构的借款和在境外分支机构开户的境内非银行客户的贷款提出准备金要求。

9.6.3 完善货币供应量的实时监测统计和准确预测

人民币国际化后对于人民币的货币供给来自两方面即国内市场（包括货币

当局)和人民币离岸市场，这就增加了对货币供给量统计的复杂性。因此，要完善相应的数据监测系统，及时准确地统计跨境流动的人民币数量，在及时统计数据的基础上货币当局才能做出准确的冲销措施，以保持我国货币政策的独立性。当国内经济出现低迷时，央行采取宽松的货币政策，增加货币供应量，利率下降；如果能监测到有人民币流向境外的迹象或预测人民币将会大量流出时，应及时暂停货币供应量的增加，使利率停止下降，避免大量人民币的输出，保障扩张性货币政策的实施效果。及时监测和统计是准确预测的前提，避免因统计数据不及时而引起预测错误，例如，实际上人民币并未如预测的那样从境内流出而导致货币政策扩张过度、流动性过剩而产生通胀现象。

9.6.4 加快金融业形成有效的竞争机制

金融业的有效竞争可以畅通货币政策传导渠道，夯实人民币国际化进程的微观基础。中、农、工、建、交五大国有商业银行，无论在资产规模、人员数量、营业网点，还是在业务份额上，都占我国银行业的绝对优势。这一状况既不利于通过竞争提高商业银行的经营效率，更不利于中央银行的间接调控。因此，适应金融开放和货币国际化形势，应考虑尽快放松市场准入的条件，继续引进外资银行，发展区域性银行以及面向中小企业的中小银行、民营银行和民营金融机构，从而优化金融机构结构和完善信贷市场结构。因此，在人民币完全国际化和资本项目开放给我国带来巨大影响之前，要尽快让实际利率回归货币市场均衡利率，从而使得在人民币进一步国际化后，当我国宏观或者微观体系受到影响时，能够有效利用货币政策来冲销不利影响。这不但是利率和信用传导渠道畅通的充分条件，而且是夯实人民币国际化进程的微观基础。

9.6.5 加强金融市场与金融制度改革

1. 随着人民币国际化的推进，金融管制放开的力度将进一步加大

就我国目前金融市场现状来看，投资标的较少，多层次资本市场建设成绩一般，这将会导致资金外流现象，既不能满足金融市场发展所需要的活跃度和流动性要素，又损害我国实体经济的发展。因此，我国要加快金融市场改革，能够留住资金。一方面，我国要加快多层次资本市场建设，从而满足不同偏好投资者的需求；同时有助于我国企业融资，尤其是中小企业融资。另一方面，我国应该培养更多理性投资者，增加金融市场的活跃度。如果说完善的资本市场是硬件，那么合格投资者是其必不可少的软件。

2. 顺应人民币国际化，须重视价格型传导模式

鼓励大刀阔斧的银行产权制度改革与制度创新，这也是奠定人民币国际化的基础。为此，要继续重视银行制度改革，厘清银行产权关系，建立有效的银行法人治理结构，加快国有银行的商业化改革。同时，加大金融机构市场化改革和开放的力度，支持境内外金融机构进入境内与国内金融机构开展开放性重组，积极推进金融服务业对外开放，支持中外资金融机构深化战略合作，以增强金融机构创新能力。在此基础上，以建设人民币跨境投融资平台为重点，加快提高货币金融国际化水平。人民币国际化增强了银行等金融机构的流动性，流动性增强不仅可以化解国有商业银行的不良资产、减少损失、增加银行收益，而且有利于充分发挥金融价格对流动性的调节机制，提高人民币国际化条件下货币政策(尤其是价格型货币政策)传导的效果；同时，商业银行和金融机构的制度改革与流动性增强，更为进一步推进人民币国际化奠定了基础。

3. 减少、取消政府直接干预，推进和完善我国证券市场建设

应当完善证券市场法律法规建设，特别是诚信制度建设，强化法律法规的执行力、惩戒力，培育证券市场的自我发育，减少政府的人为干预。比如废除IPO核准制，实行注册制，充分体现"市场"的"用脚投票"和优胜劣汰机制。这才得以凸显股市的财富效应和q效应，从而疏通货币政策的证券市场传导(资产价格传导)渠道。事实上，核准制属于"用手投票"，其结果必然是"看得见的手"力大无穷，金融市场的诚信制度极易被虚置，无法显露真正的股市财富效应或q效应。

9.6.6　把握"时空"路径，循序渐进推动人民币国际化进程

1. 在风险可控的前提下，合理安排人民币金融账户开放顺序

根据本书第 4 章的分析，人民币国际化与上海人民币离岸金融中心发展互为宏观推动力，但是现阶段中国的资本金融账户存在一定的管制，制约着人民币进一步"走出去"和流回国内。所以在策略选择上，改善资本与金融账户势在必行。

对于资本与金融账户管制，不是放或者不放两个选择，需要的是对现有的资本与金融账户进行管理。只有对现有资本境内外流动的规模和渠道有一个全面的了解和控制之后，在调节机制和监管机制完善的前提下，资本与金融账户的开放才是有本之木。事实上，在很多发达国家中也没有完全无限制的资本与金融账户开放，尤其是在交易、审慎管理层面上。理论上，不具备审慎管理能力或者交易环节有效管理能力，是不可能放弃汇兑限制的。

由于各种金融风险受资本金融账户开放水平影响的程度不一，金融机构和跨国公司的境外资本风控水平不高，因此需要对金融账户开放进行合理排序以有效规避风险。所谓循序渐进，就是把控人民币国际化的时空路径，使之有序推进。遵循渐进有序开放的原则，先流入后流出、先长期后短期、先直接后间接、先机构后个人、"先非居民的境内交易，后居民的境外交易"，在有条件的地区比如上海先行先试人民币资本与金融项目分步骤有序开放。短期内，放松有真实交易背景的金融账户子项目，如放松直接投资管制；中期，放松交易稳定性较高的金融账户子项目，比如有真实经常项目交易背景的商业信用管制，允许和贸易有关的人民币的购售、资金的融通、拆借，包括贸易融资贷款等；长期，加强离岸金融市场建设，先开放资本流入后开放流出。由于我国资产泡沫风险受金融账户开放影响最大，故金融性资本如证券投资、投机性资本交易等只能在长期内渐次开放（方显仓、孙琦，2015），上海自贸试验区的建设恰好为此提供了契机。因此以上按照时间划分的不同阶段再嵌合于立体化的空间布局中，就应该依次按"境内自贸区—周边化—区域化—泛区域化—国际化"的

空间布局循序推进。

2. 通过人民币离岸市场适度推进资本金融账户开放

人民币国际化必须与中国离岸金融中心建设相辅相成。我国建立离岸金融中心的路径是内外分离并且适度渗透型的。其中，适度渗透自然就关系到资本金融账户开放。通过把握渗透的程度，逐步放开资本账户的管制，以境内外投资人利润最大化为驱动力，实现投融资主体在境内外市场之间的转移。

（1）通过金融创新修改 QDII 规则

通过制定规则，允许境内居民的人民币资产通过专门账户进入离岸市场（这里主要是指上海自贸区内）进行交易。一是上海自贸区跨境直接投资，可按上海市有关规定与前置核准脱钩，直接向银行办理所涉及的跨境收付、兑换业务；二是在区内就业并符合条件的个人，可按规定开展包括证券投资在内的各类境外投资；三是个人在区内获得的合法收入可向外支付；四是区内个体工商户可向其在境外经营主体提供跨境资金支持；五是允许符合条件的区内金融机构和企业按照规定开展境外证券期货投资。

（2）通过金融创新扩展 QFII 规则

在监管下，允许境外居民或机构通过专门账户，从离岸市场进入我国境内金融市场，进行资本账户类的投资。具体措施包括：一是在区内就业并符合条件的非居民个人，可按规定在区内金融机构开立非居民个人境内投资专户，按规定开展包括证券投资在内的各类境内投资；二是区内金融机构和企业可按照规定进入上海地区的证券和期货交易所进行投资和交易。

在这个过程中，资本与金融账户是逐步开放的。

本章小结

在总结全书理论分析和实证论证的主要结论的基础上，考虑到人民币国际化所处的初级阶段，本章从巩固人民币国际化的基础、完善人民币跨境流通循环机制、打造人民币国际化的金融平台、防范金融风险和转变货币政策调控模式五个方面提出了推进人民币国际化和稳定货币政策有序运作的保障措施、监管机制与协调政策。巩固基础方面，强调深化经济改革，进一步提升国家经济实力，包括提升国际分工的地位、提高对外贸易的竞争力、深化金融体制改革、维持本币价值稳定等；完善循环机制方面，重点阐述人民币流出、回流机制建设；打造金融平台方面，建议打造上海在岸国际金融中心、发展自贸区离岸金融市场，以打造上海人民币产品中心、发展香港离岸人民币金融中心、协调好人民币在岸市场和离岸市场的关系；防范风险方面，着重论述了加强人民币离岸金融市场的监管、建立适应人民币国际化的国际收支管理制度、进一步加强并改善宏观调控；转变政策模式方面，从传统数量型货币调控模式向价格型货币调控模式转变、更重视汇率渠道的政策传导机制、增强公开市场操作灵活性、保持国内货币供给量稳定、完善货币供应量的实时监测统计和准确预测、强化金融业有效竞争机制、改革金融市场与金融制度、把握"时空"路径、循序渐进推动人民币国际化进程等角度，分析了人民币国际化条件下提高我国货币政策有效性的举措。

主要参考文献

一、中文参考文献

[1] 巴曙松.人民币国际化的边贸之路[J].浙江经济,2003(15):11-12.

[2] 毕颖娟.人民币国际化的现状与途径选择[J].山西农业大学学报(社会科学版),2005,4(2):119-121.

[3] 曹远征,陈世波,林晖.三元悖论非角点解与人民币国际化路径选择:理论与实证[J].国际金融研究,2018(3):3-13.

[4] 陈江生,丁俊波.关于人民币国际化途径的几点思考[J].中共中央党校学报,2012,16(1):77-80.

[5] 陈晞,虞红霞.全球金融危机下的人民币国际化路径研究[J].金融发展研究,2009(5):45-47.

[6] 陈雨露."一带一路"与人民币国际化[J].中国金融,2015(19):40-42.

[7] 陈雨露,王芳,杨明.作为国家竞争战略的货币国际化:美元的经验证据[J].经济研究,2005(2):46-49.

[8] 戴鸿广,蒋琳,潘文娣.人民币国际化的利弊分析[J].经济研究导刊,2009(15):47-48.

[9] 丁立.人民币国际化路径问题研究[J].当代经济,2015(19):4-5.

[10] 范祚军,凌璐阳.基于后危机时代国际金融竞争格局转换的人民币区域化策略调整[J].东南亚纵横,2010(4):78-84.

[11] 范祚军,唐文琳.人民币国际化的条件约束与突破[M].北京:人民出版社,2012.

[12] 方显仓.打造人民币跨境投融资中心的五个办法[N].东方早报(上海经济论

坛),2012 - 04 - 10.

[13] 方显仓.金融创新对货币政策利率与信用渠道传导的影响[J].内蒙古社会科学
(汉文版),2013,34(3):93 - 97.

[14] 方显仓.离岸金融的放与管[N].东方早报(上海经济评论),2013 - 08 - 27
(C03).

[15] 方显仓.人民币国际化对货币政策传导的影响[J].华东师范大学学报(哲学社
会科学版),2013(6):140 - 147.

[16] 方显仓.人民币跨境投融资平台[N].解放日报,2011 - 03 - 21(11).

[17] 方显仓.危机冲击、汇率制度与货币政策协调研究[J].华东师范大学学报(哲学
社会科学版),2011(6):116 - 122.

[18] 方显仓.上海建立人民币离岸中心的动力机制[J].社会科学,2014(12):
45 - 51.

[19] 方显仓.我国货币政策信用渠道传导论[M].上海:上海财经大学出版社,2004.

[20] 方显仓,孙琦.金融账户开放与三类风险的互动机制[J].世界经济研究,2015
(2):3 - 14.

[21] 方显仓,孙琦.资本账户开放与我国银行体系风险[J].世界经济研究,2014(3):
9 - 14.

[22] 方显仓,吴锦雯.我国货币政策汇率传导有效性的实证检验[J].上海金融,2013
(12):82 - 87.

[23] 方琢.货币国际化模式比较与人民币国际化的思考[J].山东省青年管理干部学
院学报,2006(6):91 - 93.

[24] 高洁.人民币国际化:基于人民币周边流通状况分析[D].厦门:厦门大学,
2007:44 - 48.

[25] 高海红,余永定.人民币国际化的含义与条件[J].国际经济评论,2010(1):59 -
64.

[26] 高洪民.沪港合作构建人民币金融循环推动人民币国际化问题初探[J].经济研
究导刊,2010(34):68 - 70.

[27] 高洪民.基于两个循环框架的人民币国际化路径研究[J].世界经济研究,2016
(6):3 - 11.

[28] 高洪民.以沪港金融中心推动人民币国际化的思路与对策研究[J].学理论,
2010(35):79 - 81.

[29] 高印朝,姚洪心.基于"金融地理"观的金融中心形成理论的经济学评述[J].上海金融,2007(6):15-18.

[30] 顾仁俊.建立人民币上海离岸中心的动力机制和政策选择[D].上海:华东师范大学,2014:67-71.

[31] 黄梅波.货币国际化及其决定因素:欧元与美元的比较[J].厦门大学学报(哲学社会科学版),2001(2):45-49.

[32] 黄泽民.分步推进人民币国际化[J].国际融资,2009(5):33-34.

[33] 何慧刚.人民币国际化的模式选择和路径安排[J].经济管理,2007(5):10-15.

[34] 何金旗,张瑞.人民币国际化、汇率波动与货币政策互动关系研究[J].审计与经济研究,2016(3):120-129.

[35] 李稻葵,刘霖林.双轨制推进人民币国际化[J].中国金融,2008(10):42-43.

[36] 李华民.铸币税区域扩展与人民币国际化[J].南方金融,2002(8):19-20.

[37] 李景晶.后危机时期人民币国际化的条件、收益与障碍分析[J].市场论坛,2014(6):87-88.

[38] 李晓,丁一兵,等.人民币区域化问题研究[M].北京:清华大学出版社,2010.

[39] 李晓,李俊久,丁一兵.论人民币的亚洲化[J].世界经济,2004(2):21-34.

[40] 李艳军,华民.人民币国际化:继续前行还是暂停推进[J].财经科学,2016(1):13-23.

[41] 林成.基于国际货币比较视角下的人民币国际化路径研究[J].时代金融,2015(32):6-8.

[42] 林乐芬,王少楠."一带一路"建设与人民币国际化[J].世界经济与政治,2015(11):72-90.

[43] 刘崇.以贸易发展推进人民币国际化[J].南方金融,2007(10):21-24.

[44] 刘光灿,蒋国云,周汉勇.人民币自由兑换与国际化[M].北京:中国财政经济出版社,2003.

[45] 刘建丰,潘英丽.人民币国际化的成功标志及其可行路径:一个"有保有压"具有中国特色的推进策略[J].国际经济评论,2018(2):52-67.

[46] 刘克,王元龙.关于人民币资本项目可兑换的战略问题[J].国际金融研究,2006(3):43-47.

[47] 刘克,王曦.人民币国际化对我国货币政策实施的影响及对策[J].现代管理科学,2015(6):70-72.

[48] 刘莹.从日元国际化看人民币国际化问题[J].特区经济,2010(10)：73－74.

[49] 刘有树."一带一路"倡议下人民币国际化路径研究[J].工业经济论坛,2017,4(6)：18－25.

[50] 鲁国强.人民币离岸化与人民币国际化探讨[J].企业家天地,2008(1)：81－83.

[51] 鲁力.关于人民币国际化的思考[J].金融经济,2013(4)：28－30.

[52] 陆磊,李宏瑾.纳入SDR后的人民币国际化与国际货币体系改革：基于货币功能和储备货币供求的视角[J].国际经济评论,2016(3)：41－53.

[53] 陆雪,方显仓.IBF监管问题再审视及其对发展上海离岸金融中心的启示[J].时代经贸,2013(19)：28－31.

[54] 梅建予,陈华.人民币国际化对货币政策有效性的影响[J].南方经济,2017,36(4)：1－18.

[55] 蒙代尔.蒙代尔经济学文集(第六卷)——国际货币：过去、现在和未来[M].北京：中国金融出版社,2003.

[56] 穆西安.抓住机遇因势利导推进人民币国际化[J].南方金融,2009(03)：5－9.

[57] 潘理权.人民币国际化发展路径及保障措施研究[M].北京：中国社会科学出版社,2013.

[58] 彭红枫,谭小玉.人民币国际化研究：程度测算与影响因素分析[J].经济研究,2017,52(2)：125－139.

[59] 任书丹.境外人民币回流机制研究[D].上海：华东师范大学,2013：44－49.

[60] 任玮.人民币国际化的路径选择[J].华南金融研究,2003(5)：32－35.

[61] 沙文兵,刘红忠.人民币国际化、汇率变动与汇率预期[J].国际金融研究,2014(8)：10－18.

[62] 沙文兵,肖明智.人民币国际化进程中汇率变动的经济效应研究[J].世界经济研究,2016(1)：39－47.

[63] 石良平,孙浩,黄丙志,等.中国(上海)自由贸易试验区建设与上海国际贸易中心转型升级[M].上海：上海人民出版社,2014.

[64] 宋亭亭,方显仓.人民币国际化的现状、障碍与策略：结构视角的分析[J].金融,2014(4)：33－40.

[65] 宿玉海,刘璐,刘春宏.人民币国际化条件下货币政策困境[J].经济与管理评论,2017(4)：102－111.

[66] 中国人民银行南宁中心支行课题组,孙刚,苏意君.人民币区域化、国际化的趋

势及影响[J].广西金融研究,2007(7):10-17.

[67] 孙健,魏修华,唐爱朋.从三大货币发展历程看人民币国际化战略的路径选择[J].亚太经济,2005(2):69-71.

[68] 谭小芬,耿亚莹,徐慧伦.金融危机后的人民币国际化:制约、风险与对策[J].新视野,2017(3):29-34.

[69] 王博,赵明.人民币国际化进程与路径选择研究[J].现代管理科学,2018(5):12-14.

[70] 王成瑶."丝路货币"视角下的人民币国际化路径研究及启示[J].时代金融,2016(35):10-11.

[71] 王大树,房飞.关于人民币国际化问题的思考[J].西南金融,2011(7):25-28.

[72] 王倩.东亚货币合作与人民币核心货币地位研究[M].北京:清华大学出版社,2013.

[73] 王胜,廖曦.人民币国际化与最优货币政策:基于汇率传递视角的分析[J].经济评论,2017(6):122-134.

[74] 王胜,田涛.人民币汇率变动的不完全传递:基于非对称视角[J].上海金融,2013(9):59-63.

[75] 王元龙.关于人民币国际化的若干问题研究[J].财贸经济,2009(7):18-20.

[76] 吴富林.论国际货币与货币的国际化[J].经济学家,1991(2):74-82.

[77] 吴锦雯.人民币国际化对我国货币政策的影响[D].上海:华东师范大学,2014.

[78] 胥良.人民币国际化问题研究[D].上海:华东师范大学,2010:11-14.

[79] 徐敬红,张岳.当前人民币国际化的路径选择[J].黑龙江科学,2014,5(10):104-105.

[80] 亚当·斯密.国民财富的性质和原因的研究[M].北京:商务印书馆,1972.

[81] 杨均华.后金融危机时代人民币国际化条件与路径的多维思考[J].对外经贸,2012(1):29-31.

[82] 杨雪峰.国际货币的决定因素及人民币国际化研究[J].求是学刊,2009,36(4):59-63.

[83] 姚雪松,王志勇.当前人民币国际化面临的主要问题及对策[J].西华大学学报(哲学社会科学版),2014,33(1):78-83.

[84] 余翔.人民币国际化与汇率的相互影响及政策协调[J].金融论坛,2016(1):59-71.

[85] 曾宪明.关于人民币国际化独特路径的思考[J].生产力研究,2012(10):49－
50.

[86] 张洪梅,刘学梅,杨勇.欧元国际化经验对人民币国际化的启示与借鉴[J].工业
技术经济,2008,27(12):151－154.

[87] 张礼卿.人民币国际化面临的挑战与对策[J].金融论坛,2016,21(3):3－8.

[88] 张青龙.中国和平崛起背景下人民币国际化战略研究[M].上海:上海财经大学
出版社,2014.

[89] 张文佳.论人民币国际化的条件及进程[J].经济问题探索,2013(7):100－104.

[90] 张晓晶.加入金融创新的 $IS-LM$ 模型[J],经济研究,2002(10):9－15.

[91] 赵进文,张敬忠.人民币国际化、资产选择行为与货币政策独立性[J].经济与管
理评论,2013(6):78－86.

[92] 中国人民大学国际货币研究所.人民币国际化报告2014[R].北京:中国人民大
学出版社,2014:32－33.

[93] 钟伟.略论人民币国际化的进程[J].世界经济,2002(3):56－59.

[94] 钟伟.缺乏国际化资产池支撑:欧元内在不稳定性分析[J].国际贸易,2002
(5):51－53.

[95] 周林,温小郑.货币国际化[M].上海:上海财经大学出版社,2001.

[96] 朱堃.人民币国际化的条件分析[J].中国市场,2011(1):63－64.

[97] 朱卫娟."一带一路"背景下人民币国际化路径研究[J].商场现代化,2017(16):
108－109.

二、外文参考文献

[1] ALOGOSKOUFIS G, PORTES R. European Monetary Union and international
currencies in a tripolar world [R]// CANZONERI M, GRILL V, MASSEN P.
Establishing a central bank: issues in Europe and lessons from the US.
Cambridge: Cambridge University Press and CEPR, 1992.

[2] BERNANKE B S, BLINDER A S. Is it money or credit, or both, or neither? credit,
money, and aggregate demand [J]. American Economic Review, 1988,78(2):
435－439.

[3] BERGSTEN C F. The dilemmas of the dollar: The economics and politics of United

States international monetary policy [M]. New York: New York university press, 1975.

[4] BORDO M D, CHOUDHRI E U. Currency substitution and the demand for money: evidence for Canada [J]. Journal of Money, Credit, and Banking, 1982,14(2): 48 – 57.

[5] BOTTELIER P, DADUSH U. The future of the renminbi as an international currency [N]. International Economic Bulletin, 2011(2).

[6] CARSE S, WOOD G E. The choice of invoicing currency in merchandise trade [J]. National Institute Economic Review, 1981(98): 60 – 72 .

[7] CHINN F. Will the euro eventually surpass the dollar as leading international reserve currency [J]. NBER Working Paper, 2005: 11510.

[8] COHEN B J. The future of sterling as an international currency [M]. London: MacMillan, 1971.

[9] COHEN B J. The tuan tomorrow? Evaluating China's currency internationalization strategy [J]. New Political Economy, 2012,17(3): 361 – 371.

[10] COOPER R N. Dealing with the trade deficit in a floating rate system [J]. Brooking Papers on Economic Activity, 1986(1): 195 – 207.

[11] EICHENGREEN B. History and reform of the international monetary system [R]. Center for International and Development Economics Research (CIDER) Working Papers C94(041), University of California-Berkeley, 1994.

[12] EICHENGREEN B. The renminbi as an international currency [J]. Journal of Policy Modeling, 2011,33(5): 723 – 730.

[13] FRANKEL J. Internalization of the RMB and historical precedents [J]. Journal of Economic Integration, 2012(27): 329 – 365.

[14] HARTMANN P. Currency competition and foreign exchange market: the Dollar, the Yen and the Euro [M]. Cambridge University Press, 1998.

[15] HAYEK F A. The denationalization of money [R]. London: Institute of Economic Affairs, 1970.

[16] HE D, Yu X. Network effects in currency internationalisation: insights from BIS triennial surveys and implications for the renminbi [J]. Journal of International Money and Finance, 2016,68(10): 203 – 229.

[17] ITO T. China as number one: how about the renminbi? [J]. Asian Economic Policy Review, 2010,5(2): 249 - 276.

[18] ITO T. The internalization of the RMB: opportunities and pitfalls [R]. Council on Foreign Relations, 2011(11).

[19] KANG J S, MAZIAD S. RMB internationalization: onshore/offshore links [R]. IMF Working Paper, 2012(133).

[20] KAWAI M, TAKAGI S. The renminbi as a key international currency?: lessons from the Japanese Experience [R]. Paris: Notes Prepared for the Asia-Europe Economic Forum, 2011 - 01 - 10(11).

[21] KENEN P B. International money and macro economics [R]// ELLIOTT K A, WILLIAMSONEDS J. World Economics Problems, Institute for International Economics, Washington: 1988.

[22] KING S R. Monetary transmission through bank loan or bank liabilities? [J]. Journal of Money, Credit and Banking, 1986,18(3): 290 - 303.

[23] KING D T, PUTNAM B H, WILFORD D S. A currency portfolio approach to exchange rate determination: exchange rate stability and the dependence of monetary policy [M]. The Monetary Approach to International Adjustment, New York: Praeger, 1978.

[24] KROEBER A. The renminbi: the political economy of a currency [R]. Brookings, 2011 - 09 - 07.

[25] MALLABY S, WETHINGTON O. The future of the yuan: China's struggle to internationalize its currency [J]. Foreign Affairs, 2012(1): 135 - 146.

[26] MAZIAD S, FARAHMAND P, WANG S, et al. Internalization of emerging market currencies: A balance between risks and rewards [R]. IMF Staff Discussion Note, 2011(11/17).

[27] MELTZER A H. Monetary, credit and (other) transmission processes: a monetarist perspective [J]. Journal of Economic Perspectives, Fall, 1995,9(4): 49 - 72.

[28] MILES M A. Currency substitution, flexible exchange rates, and monetary independence [J]. American Economic Review, 1978,68(3): 428 - 436.

[29] PAGE A B. Currency of invoicing in merchandise trade [J]. National Institute Economic Review, 1977(81): 77 - 81.

[30] POLOZ S S. Currency substitution and the precautionary demand for money [J]. Journal of International Money and Finance, 1986,5(1): 115 - 124.

[31] PRASAD E, YE L. The renminbi's role in the global monetary system [R]. Brookings, 2012(2).

[32] RANJAN R, PRAKASH A. Internationalization of currency: The case of the Indian Rupee and Chinese Renminbi [R]. RBI Staff Studies, 2010(4).

[33] SUBRAMANIAN A. Renminbi rules: The conditional imminence of the reserve currency transition [R]. Peterson Institute for International Economics, Working Paper, 2011: 11 - 14.

[34] TAVLAS G S. Internationalization of currencies: The case of the US Dollar and its challenger Euro [J]. Thunderbird International Business Review, 2015,39(5): 581 - 597.

[35] TAVLAS G S. The international use of currencies: The U. S. Dollar and the Euro [J]. Finance & Development, 1998,35(2): 46 - 49.

后　记

笔者从事货币银行学、国际金融等方面的教学与科研已近二十载，一直关注货币政策理论和实践问题。2004年，有幸在上海市马克思主义学术著作出版基金资助下，出版了专著《我国货币政策信用渠道传导论》（上海财经大学出版社），但该书对中国货币政策问题的研究中没有考虑资本市场发展的因素。2010年，在华东师范大学新世纪学术著作出版基金资助下，出版了拙作《中国证券市场发展与货币政策传导效应》，是对前一本著述的"续论"。近年来笔者陆续主持完成教育部人文社科规划基金项目"人民币国际化的动力机制、时空路径选择——兼论上海国际金融中心建设"和上海市哲学社会科学规划一般课题"上海发展人民币离岸中心的障碍、动力机制与政策策略选择"等课题研究。此拙作也是在这些课题研究成果的基础上撰写形成的。通常认为2009年为人民币国际化元年，随着人民币国际化的不断推进和我国金融市场的发展（特别是上海国际金融中心建设），我国货币政策操作模式、传导机制及传导效果也会受到影响。《人民币国际化及其货币政策效应》的选题也是对前两部著述的"续论"。

本书以人民币国际化理论与货币政策理论为基础，从理论和实证两个方面考察人民币国际化因素对我国货币政策利率渠道、资产价格渠道、信用传导渠道、汇率传导渠道及其效果的影响。笔者深知此选题内容的难度和复杂性，后续的理论论证和实证模型还须进一步深入和完善。非常幸运，拙作再次获得华东师范大学新世纪学术著作出版基金资助出版。

在本书的著述过程中，世界经济专业的硕士和博士研究生吴锦雯、顾仁俊、杨密密、陆雪、丁羡、仲毓桦、张旭、霍宇辉、曹政、付崇文、孙琦、任书丹、孙敏、谢欣、张卫峰和霍东星等，对本书初稿数据、文献资料的整理、输入和校对等做了大量工作，在此表示感谢。

因水平所限，本书错漏难免，敬请读者批评、指正。

方显仓

2018年7月19日于丽娃河畔

图书在版编目(CIP)数据

人民币国际化及其货币政策效应/方显仓著．—上海：华
东师范大学出版社，2019
华东师范大学新世纪学术著作出版基金
ISBN 978－7－5675－8775－5

Ⅰ.①人… Ⅱ.①方… Ⅲ.①人民币－金融国际化－研
究 Ⅳ.①F822

中国版本图书馆 CIP 数据核字（2019）第 042025 号

华东师范大学新世纪学术著作出版基金资助出版

人民币国际化及其货币政策效应

著　　者　方显仓
组稿编辑　孔繁荣
项目编辑　夏　玮
特约审读　孙小帆
责任校对　王丽平
装帧设计　高　山

出版发行　华东师范大学出版社
社　　址　上海市中山北路 3663 号　邮编 200062
网　　址　www. ecnupress. com. cn
电　　话　021－60821666　行政传真 021－62572105
客服电话　021－62865537　门市（邮购）电话 021－62869887
地　　址　上海市中山北路 3663 号华东师范大学校内先锋路口
网　　店　http://hdsdcbs. tmall. com

印 刷 者　常熟市文化印刷有限公司
开　　本　787×1092　16 开
印　　张　17. 25
字　　数　271 千字
版　　次　2019 年 4 月第一版
印　　次　2019 年 4 月第一次
书　　号　ISBN 978－7－5675－8775－5/F·422
定　　价　78. 00 元

出 版 人　王　焰

（如发现本版图书有印订质量问题，请寄回本社客服中心调换或电话 021－62865537 联系）